档案信息化建设与管理创新

王雅琼　王　瑞　刘幸幸　著

北方文艺出版社

哈尔滨

图书在版编目(CIP)数据

档案信息化建设与管理创新 / 王雅琼, 王瑞, 刘幸
幸著. -- 哈尔滨 : 北方文艺出版社, 2022.6
ISBN 978-7-5317-5598-2

Ⅰ. ①档… Ⅱ. ①王… ②王… ③刘… Ⅲ. ①档案工
作 – 信息化建设 – 研究 Ⅳ. ①G270.7

中国版本图书馆CIP数据核字(2022)第095793号

档案信息化建设与管理创新
DANGAN XINXIHUA JIANSHE YU GUANLI CHUANGXIN

作　者 / 王雅琼　王　瑞　刘幸幸
责任编辑 / 周洪峰　　　　　　　封面设计 / 左图右书

出版发行 / 北方文艺出版社　　　邮　编 / 150008
发行电话 / (0451)86825533　　　经　销 / 新华书店
地　址 / 哈尔滨市南岗区宣庆小区1号楼　网　址 / www.bfwy.com
印　刷 / 湖北诚齐印刷股份有限公司　开　本 / 787mm×1092mm　1/16
字　数 / 178千　　　　　　　　　印　张 / 14.5
版　次 / 2022年6月第1版　　　　印　次 / 2022年6月第1次印刷
书　号 / ISBN 978-7-5317-5598-2　定　价 / 57.00元

编委会成员

主编

王雅琼

王　瑞

刘幸幸

副主编

王　雪

AUTHOR
作者简介

王雅琼（1980.10—），女，汉族，河北涿鹿人，中共党员，本科学历。汉语言文学专业，文学学士，现为市级媒体人力资源部负责人。自修和掌握系统的档案学基础知识与文化知识，档案管理与信息管理的基本知识，从事档案信息化管理工作，凭借自身掌握的理论知识能有效指导本单位的档案工作，推进人事档案数字化建设，并为基层工作人员进行培训指导，先后发表《浅析人力资源管理上强化人事档案管理的思考》《人才流动背景下人事档案管理浅析》等多篇期刊论文。

王瑞（1977.04—），男，汉族，涉县井店镇人，本科学历。1996年9月参加工作，第一学历中专，文秘专业，1998年参加高等教育秘书专业专科自学考试，2001年12月毕业，毕业学校河北师范大学。2000年参加城镇经济与管理专业本科高等教育自学考试，2003年6月30日毕业，毕业学校河北农业大学。参加工作以来，本人一直从事档案管理工作，为本系统档案管理提升做了大量工作，2016年评为档案馆员中级职称，受到领导和同事们一致好评。

刘幸幸（1988.10—），女，汉族，山西吕梁人，中共党员，本科学历。2010年毕业后一直从事文秘、文书档案管理工作，主修和掌握系统的档案学基础知识与文化知识，档案管理与信息管理的基本知识。凭借自身掌握的理论知识能有效指导本单位的档案工作，并为基层工作人员进行培训指导，2021年被市委市政府评选为"十三五期间档案工作先进个人"。

PREFACE
前言

21世纪以来,随着计算机应用技术、Internet技术、高密度安全存储技术、多媒体技术等高科技的飞速发展,为数字资源的形成、流传、组织、保存、管理和利用提供了现有凭证性、参考性和利用性的有价值的信息化档案信息。伴随着信息技术的革命性成功,信息化以前所未有的速度在各行各业中实现应用,上到宏观战略的决策,下至业务流程的规范,信息化的管理与方法都渗入其中。档案由纸质信息转化为数字信息已成为档案管理的重要工作内容。相较于纸质存储信息,数字化信息无论是在查询读取上还是在保存上都有着不可比拟的优势,因此,实现档案信息化是档案管理的必由之路。加快档案信息化建设是我国信息化建设的重要内容之一,也是加强档案规范管理工作,实现档案管理科学化,实现档案信息社会化服务的要求,为此各部门应加大档案信息化建设的资金投入,完善档案信息化建设的基础设备,加快建立档案数据库和数字档案室的步伐。

全书共分六个部分。第一部分为档案信息化建设基础理论,介绍了信息技术基本概念、相关信息化与档案的主要工作、档案信息的战略与任务等,并探讨了档案信息化管理及其发展的趋势。第二部分以档案信息化的基本程序和要求为研究视角,阐述了档案信息化概况、纸质档案的数字化、照片档案的数字化、录音档案的数字化、录像档案的数字化以及档案数字化工作实例。第三部分通过对档案管理信息系统建设的探讨，重点介绍了档案管理软件的开发与应用、档案网站的建立和维护、数字档案馆的建设。第四部分从档案信息化保障体系建设的角度出发，深入剖析了宏观管理保障体系、标准规范保障体系、信息安全保障体系、人才队伍保障体系、信息技术保障体系。第五部分对档案信息化实施策略进行分析研究，并进一步探讨了档案信息化的措施、档案信息化的实施途径与过程、档案信息系统实施的步骤。第六部分从对档案信息化管理的创新进行探索，包括对多载体档案统筹管理、文件档案一体化管理以及档案资源多元化利用的启发。

信息技术发展呈蓬勃、增速的态势，由技术创新驱动的档案信息化无论从理论、建设、管理还是创新来说，都是一个与时俱进的领域。因此，档案信息化建设与管理创新需要在建设和管理的互动发展中不断更新、深化、丰富和完善档案信息化建设理论体系。本书在撰写过程中参考了许多专家学者的观点，在此表示衷心感谢。书中内容仍有不完善之处，还望广大专家学者批评指正。

CONTENTS
目录

第一章 档案信息化建设与管理概述

20世纪末,信息技术,特别是数字技术和网络技术的迅猛发展,正在深刻地改变着信息的收集、组织、管控、保管、传递和利用方式,这种改变广泛渗透到人类生活的各个方面和社会发展的各个领域,给人类社会的进步注入了强大的动力,极大地提升了社会生产力,也给各项事业的发展提供了宝贵的机遇。认清信息化潮流,抓住信息化机遇,应对信息化挑战,顺势而为,乘势而上,是21世纪我国档案事业发展的突出主题、战略举措和神圣使命。

第一节 信息技术概述

我国的档案信息化建设是在信息技术日新月异、国家信息化战略不断推进、电子政务建设迅猛发展的多重背景下发展起来的。其中,信息技术是档案信息化的前提和基础。认识信息化和信息技术的基本概念和知识,有利于把握档案信息化的基本规律,克服盲目性,提高自觉性,增强对信息化战略的执行力。[①]

一、信息化基本概念

信息化是当今世界发展的大趋势、大潮流,是各地区、各领域发展的战略制高点。在档案信息化建设的理论研究和实践推进中,档案工作者需要掌握信息化的基本概念和特点。

(一)信息

研究信息化首先须认识信息。一般来说,信息有广义和狭义之分。广义(即本体论)信息是指事物存在方式和运动状态的表现形式。"事物"是指存在于人类社会、思维活动和自然界中的一切对象;"运动"是指一切意义上的变化,包括机械、物理、化学、生物思维、社会的运动。在这一层次上定义

---

①金波,张大伟.档案信息化建设[M].上海:上海教育出版社,2016.

的是最广泛的信息,既包括自然信息,如鸟语花香、冬去春来;也包括社会信息,如政治信息、经济信息、军事信息、文化信息、科学技术信息、社会生活信息。狭义(即主体论)信息是指人所感知或表述的事物存在方式和运动状态。"感知"是外界向主体输入信息;"表述"是主体向外界输出信息。本体论层次上的信息是客观信息,不以人的存在为前提。主体论层次上的信息建立在人的意志基础上,是人的认识感知,理解、表达、传递能力的产物,用于特定目的,因此,其内涵要比本体论层次上的信息丰富得多。显然,档案信息属于主体论层次,是人按照自己的意志,在对本体信息效用价值判断的基础上有选择地感知、存储和表述的信息。信息技术的发展,极大地拓展和增强了人对本体信息的感知和表述能力,档案信息化应当充分利用信息技术的强大功能和技术条件,增强人类对社会记忆信息的掌控和驾驭能力。

(二)信息资源

信息资源也有广义和狭义之分。广义信息资源是指人类在社会信息活动中积累起来的信息、信息生产者、信息技术等信息活动要素的集合。狭义信息资源是指人类社会活动中经过加工处理后达到有序化并大量积累起来的有用信息集合。随着信息技术,特别是互联网的普及,人们实实在在地感受到了信息的普遍性和价值性。将信息看作并转换为一种资源,是对信息或信息活动相关性要素价值高度认可的表现,是当今社会的一种先进意识。同时,从上述概念可以看出,不能随意地将信息称为信息资源。信息的资源化是有条件的,这种条件同样适用于档案信息资源。因此,我们在从事档案信息资源的建设时,也需要在"有序化"和"大量积累"上下功夫,并且要将与信息有关的信息生产者、信息技术等要素一并纳入信息资源建设和管理的范畴,实现信息资源体系的整体优化和信息资源价值的最大化。

(三)信息技术

档案信息化的物质基础是信息技术,全面认识信息技术是档案信息化建设的前提条件。信息技术是指完成信息的获取、传递、加工、再生和利用等功能的技术。它是一门综合性很强的高新技术,包括以下四项基本内容:一是感测技术,它是人的视觉听觉、触觉等感觉器官功能的扩展,使人们能更好地从外部世界获得各种有用的信息。二是通信技术,它是人的神经网络功能的扩展,其作用是传递、交换和分配信息,消除或克服空间上的限制,以便更有效地利用信息资源。三是计算机及人工智能技术,它是人的思维器官记忆、联想、计算功能的扩展,使人们能更好地存储、加工和再生信息。四是控制技术,它是人的效应器官(手、脚、口)功能的扩展,它是根据输入的指令对外部事物的运动状态实施干预,实现信息的效应。

(四)信息化

信息化是指社会经济结构从以物质与能源为重心向以信息与知识为重心转变的过程。也就是在经济和社会活动中,通过普遍采用信息技术和电子信息装备,更有效地开发和利用信息资源,推动经济发展和社会进步,使利用信息资源创造的劳动价值在国民经济生产总值中的比重逐步上升,直至占主导地位的过程。因此,信息化不是一种固定的状态,而是一个动态变化的过程。这个过程有着丰富的内涵,包含两个支柱三个层面四个特点。全面认识信息化的内涵,有利于我们准确把握信息化的基本规律,引导和促进档案信息化事业持续健康地发展。

"两个支柱"是指数字化和网络化。数字化是将现实世界中的各种模拟信息转变为以二进制代码表示的数字信息,供计算机处理和网络传输的过程。数字化是信息化的基础,没有数字化就没有计算机技术和信息技术。网络化是指利用通信技术和计算机技术,把分布在不同地点的计算机及各类电子终端设备互联起来,按照一定的网络协议相互通信,以达到所有用户都可以共享软件、硬件和信息资源的目的。网络化是信息化的手段,没有网络化,计算机终端就成为"信息孤岛",难以提升数字信息的价值。由此可见,档案信息化建设必须紧扣住数字化和网络化两个主题。

"三个层面":一是信息技术的开发和应用过程,这是信息化建设的技术基础,信息技术的开发和应用是信息技术与档案工作有机结合和融合的过程,在很大程度上影响档案信息化发展的效率和质量。二是信息产品制造业不断发展的过程,这是信息化建设的物质条件。信息产品包括计算机软硬件和网络产品,它在很大程度上决定了档案信息化平台建设,也进而决定了档案信息系统建设的水平。三是信息资源的开发和利用过程,这是信息化建设的核心与关键。档案信息资源是档案信息化管理和利用的对象,其本身的规模和质量,以及潜在和显性的价值,决定了档案信息化的效率和效益。这三个层面是相互促进、共同发展的过程,需要全面协调、持续地投入和发展。在档案信息化建设过程中,需要建立档案信息化发展长效机制,充分利用和平衡这三个层面的互动关系。

"四个特点"：一是渗透性,信息化可以渗透并融入人类社会生活的各领域,深刻改变人类的工作、学习、交流、生活等方式。二是增值性,信息化可以实现信息的增值,使信息转变为信息资源,进而转换为知识,通过网络共享,广泛地传递信息、传承文化、传播知识,不断提升信息资源创造的社会价值和经济价值。三是创新性,一方面,信息技术的应用能够带来管理观念、管理理论、管理方法和管理手段的全面创新;另一方面,管理观念、管理理论、管理方法和管理手段的全面创新也将提高信息技术的应用水平和应用效能。四是带动性,信息化可带动档案行政管理和档案业务管理水平的全面提升。

二、计算机系统的基本构成

计算机系统一般由硬件系统和软件系统构成。硬件又称"裸机",它出厂时好像刚出生的婴儿,具有被开发的潜能,但是不具备应用能力,需要软件对它进行"智力开发"。软件是人按照自己预定的目的和要求,编写的操作指令的集合。它相当于人脑,可以按照人的意志,模仿人的智慧,指挥硬件实现预定的功能。由此,硬件是软件的物质基础,软件是硬件的灵魂,软件指挥硬件的数据存取,数据运算处理,以及输入、输出和网络设备的运行。

硬件由主机、外部设备和网络设备组成;软件由系统软件和应用软件组成。如图1-1所示。

三、硬件系统

(一)主机

主机相当于人的大脑,具有控制运算和记忆功能。包括中央处理器和内存储器两部分。

1.中央处理器(CPU)

中央处理器是计算机系统的核心部件和指挥中枢,主要由控制器和运算器组成。控制器是计算机系统的指挥中心,它根据计算机操作指令,向计算机的各个部件发出控制信息,使计算机系统按照人的意志有条不紊协调一致地运行。运算器是根据控制器发出的指令进行逻辑运算、算术运算的部件。

CPU的技术指标主要由主频、总线速度、工作电压等决定,它也决定了计算机系统的技术效能和档次。一般来说,主频和总线速度越高,计算机系统运行的速度也越快；工作电压越低，计算机电池续航时间提升，运行温度降低，也使CPU工作状态更稳定。当前各种移动终端的发展和普及就是得益于CPU技术的迅猛发展。

2.内存储器

内存储器又称主存储器，简称内存，它是相对于外存储器而言的。运行时，内存储器与外存储器交换数据和程序，又将数据程序与CPU进行交换，向CPU发出操作的指令和被处理的数据，再将处理完毕的数据存入外存储器。内存储器分为ROM（只读存储器）和RAM（随机存储器）两种，ROM存放计算机启动和运行的最基本的程序和参数；RAM存放正在运行的程序和中间数据。内存储器的容量等指标，也决定着计算机系统的性能和档次。

（二）外部设备

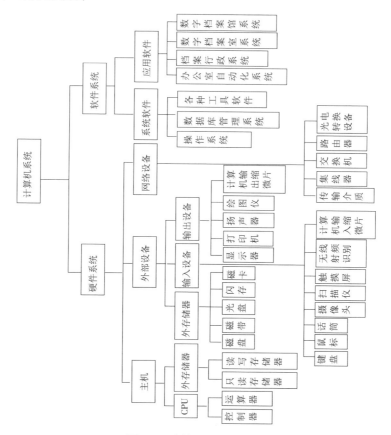

图1-1　计算机系统构成图

外部设备是主机与外界交换信息的中介和枢纽，其配置和使用在很大程度上受到主机技术性能的制约。

1.外存储器

外存储器又称辅助存储器,简称外存,用于存放暂时不用,需要长期保存的数据和程序。外存可以根据需要,批量地与内存交换数据和程序。外存向内存传输数据称为"读"数据;内存向外存传输数据称为"写"数据。外存储器主要有磁盘、磁带、光盘、闪存、磁卡等。

存储器的主要技术指标是容量。存储器容量是指存储器存放数据的总量,以字节(Byte)为单位,缩写为B。一个B通常由8个二进制位组成,16个二进位合成一个字(Word)。存储器容量通常以KB(1KB = 1024B)、MB(1MB = 1024KB)、GB(1GB = 1024MB)、TB(ITB = 1024GB)为单位。随着存储技术的发展和大数据时代的到来,计算机容量单位也越来越海量化。目前还有更大的容量单位PB(1PB = 1024TB)、EB(1EB = 1024PB)和ZB(1ZB = 1024EB)等。

外存储器的选择和配置是档案信息化基础设施建设的主要内容,是存储档案数据的主要载体。

2.输入设备

输入设备是将外部世界的数据输入计算机系统的设备。目前常用的输入设备有键盘、鼠标、话筒、摄像头、扫描仪、翻拍仪、触摸屏、无线射频识别等。

传统的输入设备是键盘和鼠标。键盘按应用可以分为台式机键盘、笔记本电脑键盘;按工作原理分可以分为机械键盘、塑料薄膜键盘、静电电容键盘。其中,机械键盘价格低,易维护,使用普及;薄膜键盘无磨损,价格低,噪音低,应用广泛;电容键盘经久耐用,手感好,代表了键盘技术的发展方向。鼠标按工作原理分机械式和光电式;按接线分有线鼠标和无线鼠标。

随着多媒体技术、图像技术的发展,话筒、摄像头、扫描仪等输入设备的应用日益普及。话筒又称传声器,是声电转换的器件,按转换方式分为动圈话筒和电容话筒。摄像头是一种影像信息输入设备,可分为数字摄像头和模拟摄像头两大类,被广泛用于数码照相、录音、录像。扫描仪、翻拍仪是纸质载体信息模数转换设备,也是档案数字化的重要工具。

随着手机、平板电脑等移动终端的发展,触摸屏的应用也极其广泛,并给计算机用户带来崭新的体验。

无线射频识别(RFID),又称射频识别,是通过无线电讯号识别特定目标并将相关数据读入计算机系统,而无须在识别系统与特定目标之间建立机械或光学接触的一种数据传输技术。此项技术在档案信息化中有很好的应用前景。

3.输出设备

输出设备是将计算机系统的数据进行输出的设备,与输入设备一起构成计算机与外部世界交换信息的通道。常用的输出设备有显示器、扬声器、打印机等。

显示器是显示计算机处理结果的器件。主要有CRT(阴极射线显像管显示器)、LCD(液晶显示器)、LED(发光二极管显示器)、PDP(等离子显示器)四种。其中LED以其色彩鲜艳、动态范围广、亮度高寿命长、工作稳定可靠等优点,适用于大型广场、商业广告、体育场馆等场所。PDP是采用等离子平面屏幕技术的新一代显示设备,其优越性是亮度和对比度高,厚度薄,分辨率高、无辐射、占用空间少,纯平面图像无扭曲,代表了未来电脑显示器的发展趋势。

扬声器(耳机)是电声换能器件,分内置扬声器和外置扬声器。外置扬声器一般指音箱,其音响效果好,而内置扬声器可以避免佩戴耳机所带来的不便。

打印机是将计算机处理结果输出在纸张等介质上的器件。一般分为针式、激光式喷墨式、热敏式等。

(三)网络设备

网络设备是指用于网络连接信号传输和转换的各类传输介质、网卡、集线器、交换机、路由器光电转换等设备。

1.网络传输介质

网络传输介质是指在网络中传输信息的载体,常用的传输介质分为有线传输介质和无线传输介质两大类。

有线传输介质是指在两个通信设备之间实现的物理连接部分,它能将信号从一方传输到另一方。有线传输介质主要有双绞线、同轴电缆和光纤等。双绞线和同轴电缆传输电信号,光纤传输光信号。

双绞线,由两根具有绝缘保护层的铜导线相互缠绕而成,一般用于星型网络拓扑结构中。与其他传输媒介相比,双绞线在传输距离、信道宽度和数据传输速度等方面均受到一定的限制,但价格低廉使用方便。

同轴电缆,其中心有一根单芯铜导线,铜导线外面是绝缘层,绝缘层外面有一层导电金属,用于屏蔽电磁干扰和防止辐射,最外面的绝缘塑料起保护作用。与双绞线相比,同轴电缆的抗干扰能力很强,屏蔽性能好,传输距离长,常用于设备与设备之间的连接。

光纤,又称光缆,是一种传输光束的细微而柔韧的介质,由一捆纤维组成,通过数据包在玻璃纤芯中的传播实现信息传播,是目前实现长距离、大流量数据传输的最有效的传输介质。光缆传输过程中信息衰减小,频带宽、电磁绝缘性能好距离长,目前已经广泛用于主干网的系统连接和数据传输。

无线传输介质是指我们周围的自由空间,即利用无线电波在自由空间的传播,实现多种无线通信。在自由空间传输的电磁波根据频谱分为无线电波、微波、红外线、激光等,信息被加载在电磁波上进行传输。

不同的传输介质,其特性也各不相同。它们的特性对数据通信质量和通信速度有较大影响。

2.网卡

网卡又称网络适配器、网络接口卡,是将计算机等网络设备连接到某网络上的通道。网卡的主要功能是实现数据转换,数据包的装配与拆装、网络存取与控制、数据缓存等。网卡一般插在计算机主板的扩展槽内,通过收发器接口与缆线连接,缆线另一头接在信息插座或交换机上使计算机联网。选购网卡一般应考虑以下因素:生产厂家售后服务的有效性;用于主计算机、服务器还是工作站;使用什么网络介质或网络传输方式;计算机使用的操作系统;计算机或网络设备的总线类型等。目前,由于终端接入的便捷性,无线网卡正在快速发展。

3.集线器

集线器是基于星形拓扑的接线点。其基本功能是分发信息,即将一个端口接收的所有信号向所有端口分发出去。一些集线器在分发之前将弱信号重新生成,一些集线器整理信号的时序,以提供所有端口间的同步数据通信。目前,集线器已基本被成本相近的小型交换机所替代。

4.交换机

交换机是一种用于电信号转发的网络设备。它可以为接入交换机的任意两个网络节点提供独享的电信号通路,具有提供桥接能力以及在现存网络上增加带宽的功能。

5.路由器

路由器是连接互联网中各局域网广域网的设备,它会根据信道的情况自动选择和设定路由,以最佳路径,按前后顺序发送信号。目前路由器已经广泛应用于各行各业,各种不同档次的路由器已成为实现各种骨干网内部连接,骨干网间互联和骨干网与互联网互联互通业务的主力军。无线路由器是带有无线覆盖功能的路由器,实际是一个转发器,将宽带网络信号通过天线方式转发给附近的笔记本电脑、平板电脑、手机等无线终端设备。目前流行的无线路由器一般只能支持15-20个以内的设备同时在线使用。

6.光电转换器

光电转换器是一种类似MODEM(数字调制解调器)的设备,和MODEM不同的是它接入的是光纤专线,是光信号。其原理是在远距离传输信号时,把电脑、电话或传真等产生的电信号,转换成光信号后在光纤里传播,这就需要光电转换器,它既可以把电信号转换成光信号,也可以把光信号转换成电信号。

还有一种光纤收发器,也被称为光电转换器,是一种将短距离的双绞线电信号和长距离的光信号进行互换的以太网传输媒体转换单元。这种设备一般应用在以太网电缆无法覆盖必须使用光纤来延长传输距离的实际网络环境中,且通常定位于宽带城域网的接入层应用,将光纤最后一公里线路连接到城域网和更外层的网络上。档案部门在进行网络化基础设施建设时,不但要关注路由器、交换机乃至网卡等用于节点数据交换的网络设备,也要关注介质转换这种非网络核心设备。

四、软件系统

软件是一系列按照特定顺序组织的计算机数据和指令的集合。计算机之所以"聪明",主要靠软件。软件的本质是人的意志和智慧,是人用特定的计算机语言,指挥计算机系统"做什么"和"怎么做"的指令集合。软件系统分两大类:系统软件和应用软件。

(一)系统软件

系统软件包括操作系统、数据库管理系统和各种工具软件等。

1.操作系统

操作系统是管理计算机硬件资源,控制其他程序运行并为用户提供交互操作界面的系统软件的集合。操作系统是计算机系统的关键组成部分，负责管理与配置内存、决定系统资源供需平衡调剂的优先次序、控制输入与输出设备、操作网络与管理文件系统等基本任务。性能优良的操作系统，能提高计算机系统的运行效率和安全性能；操作系统的低效或故障，会造成信息系统的低效甚至瘫痪。

操作系统按照应用领域可分为桌面操作系统、服务器操作系统和嵌入式操作系统。

桌面操作系统主要用于个人计算机，个人计算机主要有两类：PC机与Mac机。PC机一般使用Windows操作系统；Mac机使用基于Unix操作系统的MacOS操作系统。Windows操作系统有Windows XP、Windows Vista、Windows 7、Windows 8、Windows 10、Windows NT等。Unix操作系统主要有Mac OSX、Linux发行版等。

服务器操作系统一般指的是安装在大型计算机上的操作系统，比如Web服务器、应用服务器和数据库服务器等。该操作系统主要有三类：一是Unix系列，包括SUN Solaris、IBM-AIX、HP-UX、FreeBSD等；二是Linux系列，包括RedHat、CentOS、Debian、Ubuntu等；三是Windows系列，包括Windows Server 2003、Windows Server 2008、Windows Server 2008 R2等。

嵌入式操作系统是根据计算机应用的特定需要，如智能手机的应用，专门设计并嵌入在特定终端中的操作系统。该操作系统广泛应用于数码相机、手机平板电脑、家用电器医疗设备交通灯、航空电子设备和工厂控制设备等各种电子设备。常用的嵌入式操作系统有Linux、Windows Embedded、VxWorks等，以及广泛应用在智能手机或平板电脑等电子产品上的Android、iOS、Symbian、Windows Phone和Black Berry OS等操作系统。

2.数据库管理系统

为了应用计算机有效地管理和利用信息，人们需要将某些相关数据，如文书档案、科技档案的目录数据，按一定的方式进行组织管理，这就需要使用数据库和数据库管理软件。

数据库可以简单定义为：以一定组织方式存储在一起的相关数据的集合。这些数据具有一定的结构，尽可能小的冗余度，与应用程序彼此独立，并能为数据库管理系统的所有用户共享。在信息化社会，数据库技术是各类信息系统的核心，是科学管理和有效利用信息资源的重要技术手段。数据库管理必须借助专用的软件——数据库管理系统。

数据库管理系统(Data Base Management System,简称DBMS),是操纵和管理数据库的一组软件,用于建立、使用和维护数据库。DBMS具有以下功能:一是描述数据库,运用数据描述语言,定义数据库结构;二是管理数据库,控制用户的并发性访问,数据存储与更新,对数据进行检索、排序、统计等操作;三是维护数据库,确保数据库中数据的完整、安全和保密,数据备份和恢复数据库性能监视等;四是数据通信,利用各种方法控制数据共享的权限,在确保数据安全的前提下广泛共享数据。

数据库按结构不同一般分层次型、网络型和关系型三种。目前,常用的数据库管理系统主要是指关系型数据库管理系统(RDBMS),主流产品有SQL Server、Oracle、Sybase、Foxbase和Informix等。

选择RDBMS的目的是存储档案目录数据和电子文件原文数据,实现对档案数据的有效管理。为适应档案业务管理需要,选择RDBMS主要考虑以下几个重要因素:

(1)档案管理软件所采用的数据库管理系统;

(2)数据库管理系统在数据库建立、数据备份、分布式数据存储与管理等方面的功能;

(3)数据库管理系统使用的方便性、易操作性、兼容性与可维护性;

(4)数据库管理系统所能提供的大文本存储、全文检索等功能;

(5)数据访问是否遵循统一的标准,是否可实现与其他格式数据库文件的转换。

我国档案信息化早期多数应用Foxbase关系型数据库管理系统,以至于许多单位的早期档案数据库都以DBF格式保存。该数据库管理系统在20世纪80年代中期PC机中占主导地位(市场占有率高达80% ~ 85%),相继经历了dBASE II、dBASE III、dBASE IV、Foxbase、Foxpro、Visual FoxPro等发展历程。其中,Visual Fox-Pro(简称VFP)又经过不断改良和版本升级,VFP6.0及其中文版被广泛使用,它是32位数据库开发系统,不仅使组织数据、定义数据库规则和建立应用程序等工作变得简单易行,并支持过程式编程技术,而且在语言方面做了强大的扩充,支持面向对象可视化编程技术,并拥有功能强大的可视化程序设计工具。目前,VFP已经推出9.0版本,功能更加强大。然而,2007年前后,微软宣布停止研发VisualFox-pro,VFP9.0是VFP系列最后一个官方版本。

3.各种工具软件

软件工具是指为支持计算机软件的开发、维护模拟、移植或管理而研制的软件系统。它是为专门目的而开发的,在软件工程范围内也就是为实现软件生存期中的各种处理活动(包括管理、开发和维护)的自动化和半自动化而开发的软件。开发软件工具的最终目的是提高软件生产率和改善软件运行的质量。

工具软件按照软件工程建设阶段可分为六类:模拟工具,开发工具、测试和评估工具、运行和维护工具、性能质量工具和程序设计支持工具。此外,还有许多辅助特定业务处理的工具软件,常用的有:办公软件(如微软Office)、媒体播放器(如暴风影音)、媒体编辑器(如绘声绘影)、媒体格式转换器(如格式工厂)、图像浏览工具(如ACDSee)、截图工具(如HyperSnap)、图像/动画编辑工具(如Picasa)、通信工具(如QQ)、翻译软件(如金山词霸)、防火墙和杀毒软件(如金山毒霸)、阅读器(如CajViewer)、输入法(如搜狗)、系统优化/保护工具(如Windows优化大师)、下载软件(如Thunder),等等。档案工作者熟悉和善于使用这些工具软件,往往可以解决档案业务处理中的一些大问题,起到"四两拨千斤"的效果。

事实上,Windows等操作系统也附带一定的工具软件,如负责系统优化、系统管理的软件,这一类的软件被称作系统工具。顾名思义,与系统软件类似,系统工具作用于系统软件,而不是应用软件。常见的有系统优化(磁盘的分区、磁盘的清理磁盘碎片整理等)、系统管理(驱动等)以及系统还原等软件。

(二)应用软件

系统软件的特点是通用,它并不针对某一特定应用领域。而应用软件的特点是专用,即针对特定的管理业务,并应用于某些专用领域的信息管理。如用于政府信息化的电子政务系统,用于企业信息化的电子商务系统,用于辅助行政办公和决策的办公自动化系统,用于机关档案室信息化的数字档案室系统,用于档案馆信息化的数字档案馆系统等。这里所指的应用软件具有以下特点:一是在特定的操作系统环境下,运用特定的软件工具研制而成;二是针对特定的信息处理需求和管理业务需求进行设计开发,且应用于特定的专业领域、行业,单位,或辅助特定的管理业务。

有些书将上述的工具软件,例如 Windows Office,甚至将数据库管理系统也列入应用软件的范畴。本书以"通用"和"专用"为区别的原则,还是将工具软件和数据库管理系统列为系统软件的范畴。其原因是:第一,这些软件虽然也专用于某些用途,如媒体播放,但是,这种工具还是具有一定的通用性,广泛应用于各个领域、行业和单位。第二,工具软件虽然也使用某些软件开发工具进行研制,但是,它也提供了二次开发的能力,可以作为各种应用软件的开发平台,如数据库管理系统。

第二节　信息化与档案工作

档案信息化不是简单地用计算机替代传统的手工作业,也不是将传统的管理方式复制到信息化平台上去。其本质上是档案工作和信息技术的结合,其成功与否也取决于这两者的融合,这种融合从概念到实践都是一场深刻的革命,赋予两者崭新的内涵。[①]

一、档案信息化的概念

科学的定义是档案信息化实践的理论基础,有利于全面理解档案信息化的目标和任务,有利于按照信息化的客观规律推进档案事业的科学发展。什么是档案信息化？ 学界有多种定义,不同的视角会有不同的理解。本书采用 2013 年 12 月出版的《大辞海》中的定义:档案信息化是指在国家档案行政管理部门的统筹规划和组织下,以档案信息资源建设为核心,以信息人才为依托,以法规、制度、标准为保障,全面应用现代信息技术,不断改革传统的档案管理模式,有效提高档案信息资源收集、管理和提供利用服务水平,加速档案管理现代化的过程。该定义总结了我国档案信息化的基本经验和基本规律,其内涵如下。

(一)必须由档案行政管理部门统筹规划和组织实施

档案信息化不是单纯的计算机应用,也不是具体的档案业务,而是事关全局和影响深远的复杂的系统工程。需要人才、设备、资金等方面的支持,需要全面,持续稳步地推进,并需要经历较长的完善过程。因此,档案信息

①四川省档案局. 档案信息化建设[M]. 成都:四川人民出版社,2017.

化不能各自为政、分头建设,而必须由各级国家档案行政管理部门建立统一的规划、制度、规范、标准,实行宏观管理和监督指导。同时,需要精心组织实施,在技术平台、网络体系、组织机构、人才队伍、资源建设、基础业务,建设经费等方面提供保障,才能确保这项事业持续有效地开展。

(二)必须以档案信息资源建设为核心

从某种意义上说,档案信息化的核心目标是使档案信息"资源化",即将档案信息转换为真正意义上的档案信息资源。资源化不是简单地将档案信息做数字化处理,也不是简单地将其放到网络上传输,而是应用信息技术,使档案信息媒体多元化、内容有序化、配置集成化、质量最优化、价值最大化,通过档案信息系统的加工处理,确保各种社会信息的真实、完整、有效,便于跨越时空广泛地共享利用,在实现档案信息增值的同时,承担起传承人类记忆的历史使命。

(三)必须建立高素质的档案信息人才队伍

档案信息化是档案专业、信息专业和计算机专业的结合,属于技术密集和知识密集型专业。传统的档案干部队伍结构和人员知识结构已经不能完全适应档案信息化的需要。目前,档案部门缺乏档案专业和信息技术专业的复合型跨界人才,特别是中、高级信息技术专业人才,这已经成为制约档案信息化深入发展的瓶颈。因此,一方面,要引进和培养相关人才;另一方面,要通过建立有效的激励机制,鼓励档案人员学习信息技术知识,提升档案信息化水平。

(四)必须在法规、制度、标准方面建立相应的保障体系

信息技术的应用必然向传统的保障体系提出全面的挑战。只有根据信息技术的特点和应用要求,不断制定和完善档案管理的法规制度、标准、规范,才能确保档案信息系统的科学建设和有效运行。

(五)必须全面应用现代信息技术

信息技术具有强大的潜能,只有全面、成功地应用才能真正转化为生产力。所谓全面应用,有三层意思:一是与档案工作有关的各个工作部门和人员都要参与应用,而不是仅靠档案业务人员应用;二是应用于档案全过程管理的各项业务,而不是只应用于单项业务;三是引进消化、吸收各种先进适用的信息技术,并不断跟踪和应用新型的信息技术,使信息技术真正成为档

案事业发展的不竭动力。

(六)必须改革传统的档案管理模式

传统的档案管理模式建立在手工管理基础上,必然会出现与信息技术应用不相适应或不相匹配的问题。应当不断改革传统的档案管理模式,适应信息技术环境下的新型档案管理模式,而不能消极地让新技术适应传统的档案管理模式,这样才能最大限度地发挥信息技术应用的效能。

(七)必须树立强烈的效益意识

档案信息化不是作秀表演,不能徒有虚名,而要遵循经济规律,力争取得务实的效果。当然,档案信息化很难估量直接的经济效益。但是,在产出效果方面,要努力追求社会效益、长远效益。要树立大目标,不能满足于一般的省人、省事、省力,而要致力于解决传统档案管理中遇到的收集难、著录难、整理难、保管难、内容检索难、多媒体编研难,以及电子文件的保真、保密保用等老大难问题,力争提升档案科学化、规范化的管理水平和服务水平,在促进社会改革、开放,经济发展、文化繁荣以及法制化、民主化进程中建功立业。

档案信息化的概念是在档案工作与信息技术相结合,档案管理理论研究和实践推进相结合的过程中逐步形成的。档案界曾经有过许多与档案信息化类似或相关的概念,都强调了某些侧面,如"档案管理自动化",它强调包括微机微电子、缩微、复印、传真等自动化技术在档案管理中的应用;"计算机辅助档案管理",它强调应用计算机人机交互、对话的方式,辅助档案管理的各项业务工作;"档案现代化管理",除了强调档案管理应用计算机技术,实现管理手段的现代化以外,还强调档案管理理念、体制、方法的现代化;"文档一体化管理",强调运用文件生命周期的理论,从公文和档案管理工作的全局出发应用计算机技术实现档案的全过程管理和前端控制,提高文档管理的效率和质量。这些与档案信息化相关的概念形成,都是计算机技术及其在档案工作中应用状态、发展水平的标志,既反映了档案信息化理论研究和实践探索的阶段性成果,也反映了我国档案信息文化发展的轨迹。

二、档案信息化历程回眸

我国档案信息化自20世纪80年代起步以来,经历了从弱到强,从低端到高端,从分散到整合的发展过程,取得了长足的进步。迄今为止,大致可以划分为三个阶段。

(一)探索起步,奠定基础阶段(20世纪80年代)

这一阶段,计算机软硬件技术还处于初级阶段,数字化和网络化从概念到技术还未成熟,也未被认识。此时的档案信息化工作被称为"档案计算机管理""档案管理自动化"或"计算机辅助档案管理",强调运用计算机技术改善和辅助传统的档案管理。在此期间,档案馆起步较早。1979年起,中央档案馆、中国人民解放军档案馆、国家档案局档案科学技术研究所等机构率先购置计算机设备,开始了档案管理自动化课题的研究和实验,至1985年底,全国已有20多个档案馆成功开发并运行计算机辅助档案管理系统。随后,企业档案部门对计算机应用热情高、发展快,至20世纪80年代末,研制出一批计算机辅助档案管理系统,文档一体化管理系统,利用技术创新和管理改革的结合充分发挥计算机应用效益。这些探索应用为我国档案信息化积累了宝贵的档案数据库资源,培养了一批热心于信息技术的业务技术骨干,也推进了档案信息化理论的发展。然而,当时在总体上尚处于探索起步、奠基的阶段,应用的重点主要是在计算机单机上模拟传统的档案管理方式,辅助传统档案立卷、著录、编目、统计检索等。多数档案部门尚未采用网络技术,计算机应用虽然在档案部门内部取得较好的效果,但是对外界的影响较小。

我国档案信息化起步较早,发展较快主要得益于:一是微机技术迅猛发展,并在档案部门迅速普及;二是全国开展档案工作恢复整顿和升级达标活动,计算机应用被纳入档案工作升级达标考核指标;三是通过升级达标,各单位普遍建立、健全了档案管理规章制度和规范标准、提高了档案的内在管理质量,为档案信息化奠定了基础。

(二)项目带动,重点突破阶段(20世纪90年代)

20世纪90年代起,微软Windows操作系统伴随着奔腾系列微机技术的加速发展,Office软件系统日益普及,办公自动化技术广泛应用,极大地激发了广大档案工作者应用信息技术的热情和需求。1993年,随着国家经济信息化战略的启动,电子政务系统的应用催生了大量电子文件;1996年,国家档案局成立了"电子文件归档研究领导小组",开始对档案信息化建设进行宏观规划。全国档案部门以需求导向、以项目带动,研制出一大批各具特色的档案信息系统;积极开展档案科研,成功地应用了光盘、多媒体、CAD、条形码、数字水印、图像处理等技术；系统建设从单点应用到联网应用，从单项应用到综合应用，从归档后管理到文件的前端控制和全过程管理，从单纯模拟传统管理方式转向改革管理适应计算机技术应用；从对档案实体的管理转向对档案信息的管理；从封闭式应用转向开放式应用，文档一体化管理系统与电子政务、电子商务、企业信息化、办公自动化系统相连接，向着功能综合化性能成熟化、管理专业化、传播网络化方向发展，计算机技术的应用效益进一步显现。

（三）宏观管理，全面推进阶段（21世纪以来）

进入21世纪，国家档案局加强对档案信息化的宏观管理，并将其纳入国民经济和社会信息化的总体规划。在国家档案局的统一规划和规范指导下，我国档案信息化向纵深发展：档案馆（室）藏档案数字化、电子文件归档管理、电子档案移交进馆、档案目录中心建设、馆藏档案数字化、档案公共网站建设，以及数字档案馆、数字档案室建设等蓬勃开展。以档案馆室联动、馆社（社区）联动、馆际联动为标志的集成化数字档案馆和数字档案室系统相继建立，各自为政、分头建设的应用局面有所改变。在档案信息资源整合的基础上，档案信息共享范围有所扩大，数字档案信息资源的安全控制能力和有效服务能力进一步增强，通过档案信息化和社会信息化同步推进促进了档案事业和社会各项事业的联动发展。

这一阶段的档案信息化建设具有以下特点和成功经验：

第一，突出了归档电子文件管理，并延伸到多媒体档案和电子文件的内容管理。

第二，充分借助局域网、政务网和互联网平台实现各级档案部门以及文件形成部门的互联互通，数据交换和共享，形成区域性的档案信息资源库。

第三，信息来源大大拓展，可以利用各种技术手段，实现有价值的档案信息资源（包括实体和电子）的采集和接收，既解决了原业务流程以单一传统载体为管理对象的局面，也大大丰富了档案信息资源库。

第四，服务水平显著提升，通过对档案信息资源的深度挖掘，提炼出不同角度和不同用途的信息资源，通过不同途径面向不同用户提供全方位、多角度、深层次的档案信息服务。

第五，数字档案馆（室）建设如火如荼，如深圳市、青岛市率先启动数字档案馆建设；上海市通过数字档案馆建设实现民生档案远程协同服务，建立

"馆室、馆社、馆际"三联动机制;北京市档案馆实行可公开档案的大规模数字化工作及推进面向社会的服务。

第六,逐步建立和完善了档案信息化的宏观管理体系,国家层面的档案信息化纲要、制度、规范、标准相继颁发,其他档案工作规划、制度、规范、标准也都融入了有关档案信息化的要求。

三、档案信息化的意义

档案信息化建设无论对于档案事业自身发展,还是社会信息化发展都具有十分重要的现实意义和深远的历史意义。

(一)档案信息化是社会信息化建设的客观要求

人类已经进入崭新的信息社会。信息化已经成为衡量一个国家,地区、企业或专业综合实力的重要标志,各行各业都在贯彻实施信息化战略。档案事业发展也必须主动适应时代潮流搭上信息化快车,加快现代化步伐。

社会信息化包括政府、企业、家庭、社会保障体系信息化四大领域。这四个信息化都离不开档案信息化,因为这些领域的信息化已经或正在形成浩瀚的电子文件,这些新型文件打破了纸质媒体一统天下的局面,使信息的存储媒体、传播媒体、表现媒体呈现多元化发展态势。新媒体与传统媒体相融合,深入社会生活的各个领域,深刻地改变着人类的生存环境和生活方式,并留下精彩纷呈的数字记忆。这些记忆是社会的宝贵财富,迫切需要实行档案化管理,即采用信息技术手段进行收集、整合、保管和共享利用,以提高其整合度,延长其价值链,保障社会的全面,协调、可持续发展。因此,档案信息化是时代和社会信息化发展的客观需要。

(二)档案信息化是档案工作现代化的必由之路

档案工作现代化是指用科学的思想组织、方法和手段,对档案工作进行有效管理,使之获得最佳的工作效率、经济效益和社会效益的过程。信息化与档案工作的结合,不仅能减轻手工劳动,提高工作效率,而且能全面优化档案工作的各个要素,全面提升档案管理水平。

1."化"观念

信息化是一个充满生机和活力的领域,也是公开、公平的人类活动平台。信息技术的应用,可以使档案工作者不断破除封闭、狭隘,守旧、畏难的落后观念,激发起开拓开放、效益效率、服务等先进意识,弘扬追求理想、崇尚科技、奋力改革、务实创新、图存图强,团队作业的精神风貌,营造尊重知识、尊重人才鼓励创新的社会氛围,为档案事业的持续发展赋予强大的正能量。

2."化"资源

档案信息资源是管档之基,用档之源。按照档案信息化的要求,需要将电子档案收起来,将存量纸质档案数字化做起来,将档案信息资源总库建起来。做好这些工作,就能逐步解决目前馆藏档案中存在的载体单一门类不全、存储无序、利用不便等难题,显著增强档案资源的丰裕度适用度有序度、集成度可靠度,使档案管理从实体管理转变为内容信息管理,再转变为知识管理,更好地满足社会大众不断增长的档案信息利用需求。

3."化"管理

信息技术的应用,会暴露出传统管理模式的弊端,向传统管理模式提出挑战,从而促使档案管理部门加快建立与信息技术应用相适应的档案管理原则、体制、机制、规范和考核体系,加强档案收、管、用等各项基础工作,以保障档案信息化的顺利实施和建设成效。信息化管理水平越高,对改革传统管理观念和模式的要求也越高。因此,档案信息化的推进必将全面、持续地提升档案管理的现代化水平。

4."化"技术

先进和适用的技术永远是档案信息化发展的强大动力。然而,先进和适用有时会产生矛盾,只有进行档案信息化实践,才能使技术的先进性和适用性取得统一,产生效益;才能持续激励档案工作者关注、引进、吸收新兴的信息技术。事实证明,档案信息化一方面能促使先进的信息技术与档案管理有机结合,对档案和档案工作产生带动和增值作用;另一方面也会使信息技术在档案需求的导向下日臻完善,促进信息产业的发展。

5."化"队伍

信息化是技术密集型、知识密集型的事业,档案信息化对高素质人才具有依赖性。一方面促使我们去选拔和培养人才,更新档案人才队伍的专业结构和知识结构,并合理地组织和使用人才,最大限度地调动人才的积极性;另一方面档案信息化的理论研究和实践锻炼,又为人才的培养和能力的发挥提供了机会和舞台,使越来越多热衷于尽心于、擅长于信息技术的档案人才脱颖而出,创新创业。

(三)是提高档案服务水平的必然选择

在传统的管理方式中,档案人员借助简单工具,通过手工方式对档案实体进行收、管用。其局限性在于:只能通过档案实体(如文件、案卷、卷盒)的整理、存放、调用和传递,管理和利用档案的内容;用户利用档案,只能实时(上班时间)、实地(在阅览室)调用档案实体(案卷)进行查阅;档案信息难以脱离档案实体,灵活、高效地跨越时空,广泛共享。信息化时代的档案利用可以突破原有档案利用的局限,提高档案信息资源利用效率。

1.直接查阅内容

电子档案信息内容和实体的可分离性,使我们可以直接对档案信息内容进行灵活的分类、排序和组合,利用计算机检索途径多、能力强的优势,快速查找;同时,还能实现对档案信息内容的全文检索。

2.提供多媒体信息

可以采用多媒体技术,提供声情图文并茂的多媒体档案信息,真正做到让记忆说话,让记忆显影,生动逼真地还原历史。

3.跨越时空障碍

档案信息化系统可以借助互联网,将任何档案信息,在任何时间,传递到任何地点的任何人手中,彻底打破了档案信息传递的时空障碍,实现"全天候"服务。

4.实现联动服务

通过网络将档案服务的主体,包括档案馆、档案室、社区事务受理服务中心的档案资源连成整体,通过数据集成的手段,在馆室联动、馆社联动,馆际联动的基础上,实现档案信息的"一站式""一口式"或"一门式"服务,联动服务在民生档案服务中特别有效。

5.服务的多样性

信息技术,特别是网络技术的应用,极大地拓宽了服务主体、服务对象、服务手段、服务形式和服务媒体,如网站查询服务、电话咨询服务、微博微信服务、个性化推送服务、主题展览服务等,使服务真正做到以用户为中心,以需求为导向,进一步改善档案部门的服务形象。

第三节　档案信息化的战略和任务

　　档案信息化不是一般意义上的档案工作,而是档案事业发展的战略性举措,即关于档案事业发展的全局性、长远性谋划。战略思维是大智慧,战略谋划是大手笔,只有战略正确、任务明确,才能保障档案信息化既好又快地发展。

一、档案信息化发展战略

　　档案信息化的标志性发展战略是2002年国家档案局颁发的《全国档案信息化建设实施纲要》,该纲要不但明确了"十五"期间全国档案信息化建设的指导思想、建设目标和主要任务,也为今后制定发展战略奠定了基础。2006年的《档案事业发展"十一五"规划》中再次将档案信息化建设作为主要任务之一,提出:"加大管理力度,全面整合各类档案资源,促进档案信息资源总量增加,质量提高,结构优化;加强多形式、多层次共享平台建设,推进服务机制创新,促进档案信息资源的公开、共享和再利用,全面提升档案信息资源开发利用水平和能力;加快优化档案信息资源开发利用工作的保障环境,建立长效发展机制。"2011年的《全国档案事业发展"十二五"规划》强调要加强档案信息化基础设施建设、加强电子文件管理和数字档案馆建设、加强数字档案资源建设、加强档案信息服务建设等。在全国档案信息化战略的指导下,各省市均将档案信息化建设纳入本地区档案事业发展规划和社会信息化发展规划。①

　　档案信息化的战略实施,即发展策略主要有以下几个方面。

(一)制定国家档案信息化发展专项规划

　　档案信息化建设作为国家档案事业发展的有机组成部分,在国家档案"三个体系"建设中举足轻重,其发展水平直接制约着"三个体系"建设效果。在科学制定国家档案事业发展规划的基础上,须同步配套制定《国家档案信息化发展规划》和《国家档案信息化中长期发展计划》作为专项规划,其目的是总结过去的经验教训,解决现有档案信息化建设中存在的短视行为、重复

---

①王辉,关曼苓,杨哲. 大数据环境下档案信息化管理[M]. 延吉:延边大学出版社,2018.

建设、无序状况,确保档案信息化建设协调有序地向广度和深度推进。国家档案信息化发展专项规划要研究档案信息化建设的战略定位和目标,明确实施阶段,落实任务完成的配套保障措施,做好与档案事业发展规划和国家信息化建设规划的相互衔接,把档案信息化建设的重大战略、重点项目、改革试点和政策要求纳入国家和各行业、各层面规划,并把解决档案信息化建设中突出矛盾的措施落实到具体的项目上,分清责任。

(二)加快档案信息化法规与标准体系建设

档案信息化工作要强化顶层设计的理念,加强立法,完善标准规范体系,使档案信息化工作有法可依,有章可循。档案工作肩负保存社会记忆的历史使命,在电子文件成为社会各项活动记忆的今天,需要从法律层面明确档案信息化的地位、作用与要求,明确电子文件(档案)的定义、属性、法律证据效力、体制机制、工作原则、管理内容和要求、机构及职责、权利和义务归属和流向,解决电子文件(档案)的凭证作用不明确、电子文件的归档要求不统一,电子文件(档案)的利用及管理中存在各种风险等难点问题。与档案信息化"人法"相配套的是建立和完善档案信息化标准规范体系,包括基础标准、管理标准、业务标准、技术规范和专项标准等,使档案信息化成为技术标准清楚、质量要求准确、可操作性强的建设项目。

(三)加快"三个体系"建设

"三个体系"是指"建立健全覆盖人民群众的档案资源体系、方便人民群众的档案利用体系、确保档案安全保密的档案安全体系"。三者是相互联系、相互作用、相互影响的。其中,档案资源体系是基础,是根本;档案安全体系是保障,是为档案资源体系和档案利用体系服务的;档案利用体系是目的,是归宿,是档案事业发展的效益工程。"三个体系"建设既与档案信息化密切相关,又为档案信息化发展指明了方向。

(四)加强档案信息化的理论体系研究

档案信息化建设发展全今,已到了强烈呼唤先进理论的时候,这种"倒逼"现象,是由信息化建设"技术引领需求"的特有规律所决定的。档案信息化建设之初,大家都尝试将传统档案管理基本理论运用到信息化建设实践中。随着实践不断深入、范围不断扩大,目前档案信息化建设遇到了"瓶颈",在一定程度上是由于缺乏相应的理论指导,导致法规不健全、标准不配套、研究方向不明确、管理对象不明晰等问题出现。数字档案馆、电子文件中心、档案信息服务体系、档案信息利用体系、档案信息安全保障等档案信息化建设中的热点难点问题,也需要基础理论来支撑。档案信息化理论研究要立足于档案工作实践、行业特点、专业特色探索档案信息化发展规律,构建系统的、具有中国特色的档案信息化理论体系,引领、指导档案信息化工作。

(五)推进档案信息化成果共享与交流

应本着成果资源共享的原则,有效整合政府、院校、企业的智力资源,积极吸纳和采用具有全国推广价值的档案信息化技术研究成果,减少项目重复建设,节约国家投资。国家应对已经实施档案信息化建设的单位加强经验总结和理论研究,搭建一个交流平台,把取得的成果在档案业界进行推广和共享。另外,在具体项目建设过程中,要立足实践应用,合作攻关,充分吸纳先进信息技术的成果,优化建设中的各种技术方案和各种技术选型要求,解决具体的关键技术应用问题,注重使用标准规范的研究成果,引导市场,重点培育精通档案信息化建设业务的IT企业。

(六)探索档案信息化建设评估体系

档案信息化建设是一项系统工程,涉及的范围很广,它几乎涵盖了档案业务建设的所有内容。在档案信息化建设过程中若要确保建设质量,弄清建设中的短板或缺陷,就需要对档案信息化建设实施评估。评估作为一种控制手段,需要建立一套科学、合理、可行的评估体系,该体系需要从系统论的角度考虑,全面分析评估体系的各个构成要素,合理设置评估指标,综合考量档案信息化建设成效,尤其是最后的评价结论要成为推进和改进档案信息化建设的重要参考依据。

二、档案信息化建设的主要任务

2002年国家档案局颁发的《全国档案信息化建设实施纲要》将档案信息化建设任务归纳为以下六项内容。

(一)档案信息化基础设施建设

基础设施是档案信息资源收集管理、开发利用的物质基础和技术条件,主要包括计算机和网络的软硬件系统、数据库管理系统、网络系统以及计算机用房设施等。基础设施应当从先进性和适用性相统一的原则出发按照档案信息化建设的规划和应用系统建设的实际需求,进行采购、配置和安装。

目前,全国尚无统一的档案信息化基础设施建设规划,强调将档案信息化基础设施建设纳入本地区、本行业、本单位信息化发展总体规划,与电子政务、电子商务、办公自动化等基础设施共同建设,形成统一的系统平台和设备环境,以便获得必要的资金、技术支持,相互协调发展。

(二)档案信息资源建设

档案信息资源是国民经济和社会发展的战略资源,档案信息资源建设的任务包括三个方面:一是开展档案目录和全文信息资源总库建设,满足机读目录检索和共享利用的需要;二是加快馆(室)藏档案的数字化工作,加强对珍贵档案的保护,满足档案内容网络查询利用的社会需求;三是加强电子文件归档和电子档案移交进馆,将具有档案价值的电子文件收集好、管理好和利用好。档案信息资源建设应当与数字档案馆、数字档案室,以及社会公共信息库、所属单位管理信息库的建设相结合,充分实现资源的无障碍传输,互联互通和共享利用。

(三)档案管理应用系统建设

档案管理应用系统建设是信息技术与档案工作需求相结合的产物,是实现档案信息化实用价值的关键环节。其主要任务包括:研制开发和推广应用相对统一、符合规范的档案管理软件,包括电子文件归档管理,数字档案馆、数字档案室、档案行政管理等软件;推进档案信息化与电子政务、电子商务、办公自动化的同步发展;建设档案网站,并与本地区、本系统各级各类档案门户网站建立链接;运用档案管理系统开展档案管理各项业务,并做好应用系统的维护。

(四)档案信息化标准规范建设

标准规范化是档案信息化建设的重要基础,要在充分调研的基础上,根据国际标准和通用规范,逐步推出适合我国国情的档案信息化标准规范。档案信息化标准规范体系包括管理型、业务型和技术型三种,其内容包括电子文件归档和电子档案管理,档案信息资源的标识、描述、加工、存储、查询、传输、转换、管理和使用等,逐步形成具有中国特色的档案信息化的标准规范体系。形成的标准规范体系应与信息源(档案生成者)、信息用户(档案利用者)的标准规范体系兼容,使分散的档案机构、档案信息系统、档案资源库集成为有机的整体,真正在跨地区、跨行业、跨层次、跨部门的广阔空间内最大限度地实现档案信息资源的广泛共享。

（五）档案信息化人才队伍建设

坚持以人为本,始终把培养人才、建设队伍、提高人的素质放在第一位。将信息技术基础知识培训列入档案干部培训教学计划;加强档案信息化建设相关技术、技能培训课程与教材的建设;加强对档案业务人员实用技术的操作培训;更新档案人才队伍的知识结构,在内部培养人才的同时,吸纳社会信息技术人才力量,形成开放式的人才队伍,形成尊重知识、尊重人才、鼓励创新、人尽其才的良好工作氛围,营造优秀人才脱颖而出、健康成长、才尽其用的政策环境。

（六）档案信息安全保障体系建设

档案信息化安全责任重于泰山。档案信息安全保障体系建设包括:建立档案信息安全保障组织体系;健全档案信息安全管理的法规制度;加强档案管理应用系统的安全管理;采取管理和技术手段确保档案信息网络传输的安全;加强对档案信息安全的行政监管和业务指导;加强档案人员的安全教育等。

第四节　档案信息化管理及其发展趋势

档案,就是人们在日常的生活和工作中形成的历史记录,是对重要事件、资料的记录和保存,是人们生活和工作不可或缺的重要的记录凭证。近年来,随着我国科学技术和经济水平的提高,档案管理的各个环节和方式也逐步进入信息化时代,便捷、高效已成为档案管理工作的全新标准和要求。但是在档案信息化建设过程中,仍然存在一些问题,需要我们客观对待。[1]

一、档案信息化管理的现状及问题

（一）档案信息化基础设施建设不平衡

当前我国大部分一、二线城市各个领域和行业的档案管理工作已经采用计算机技术、网络技术及电子化办公模式,档案信息化基础设施建设成效明显,信息化程度逐步提高。根据相关调查显示,截至2012年,全国档

---

[1] 杨红. 浅析档案信息化管理的发展趋势[J]. 兰台世界,2014.

案部门拥有微机326000多台,网络服务器41500多个。但另一个不可忽视的客观事实仍摆在我们面前,在我国的一些偏远地区及农村地区,大多数企业及单位的档案信息化管理的基础设施仍不完善,计算机等设备不到位、网络资源匮乏等情况普遍存在,对这些地区的档案信息化管理工作带来严重影响。

(二)档案管理应用系统建设滞后

当前国内大多数企业单位的档案管理工作存在的另一个问题就是档案应用系统建设滞后,虽然多数企业单位均已安装使用档案管理系统,但系统版本陈旧,功能单一,在当前信息量突飞猛涨的条件下已经不能适应当前的档案管理工作的需要,亟待研发更新新型的档案管理系统。另外,截至目前,我国仍然没有建立起全国统一的档案管理网站平台,也没有构建起大规模的国家档案数据库,这些现实情况就使得档案管理工作暂时仍无法为社会提供随时随地的档案信息查询、保存、提取等服务,这也成为制约档案信息化管理的一大障碍。

(三)档案信息化标准有待完善

据相关调查证实,截止2010年,我国现有的与档案管理方面相关的政策、规定及标准共计50余条,然而,在这些政策、规定及标准中真正涉及档案的现代信息化管理方面内容的仅仅不足10条,这些现实情况与新时代信息现代化建设的客观要求相差甚远。与此同时,我国现有的一些档案管理的标准由于制定的年数久远,其效用大多已越来越小,其相互间的内容联系也已经逐渐淡化,对当前档案信息化管理工作的规范和引导作用越来越弱,在很大程度上来看,当前我国的档案信息化管理工作标准的相关体系建设亟待加强。

(四)档案信息化人才队伍亟待培养

人才是发展的基础和后备力量,对于档案的信息化工作来说也不例外。当前档案信息化管理工作面临的另一个现实即国内的档案信息化人才资源与国内的档案信息化建设及工作需求的矛盾十分严重,即专业的档案管理人才无法满足档案信息化管理工作的缺口和需要,专业人才队伍亟待发展壮大。档案从业者的信息化素养总体偏低这一现实与技术型人才严重缺乏、"中间性"人才缺失、人才引入及激励政策有待完善等方面原因都有着密切关系,也是人才培养的症结所在。

(五)资源共享观念淡薄

在档案管理工作中,我国传统的一些思想和理念一直或多或少地影响着当前的档案管理工作。如,在管理工作中,档案馆藏一直是衡量档案馆规模和地位的重要指标,这就造成一些档案管理部门片面地追求自我实体拥有量,但在获得自我实体拥有量的同时却往往忽视如何将自我主体拥有的馆藏与整个社会信息体系相结合并共享,实现信息资源的最大化利用,这一现实也成为当前档案管理工作的一大问题。

二、当前档案信息化管理的建议及思考

(一)提高认识,统筹规划

首先必须在思想上充分认识档案信息化管理的重要性。积极学习和顺应档案信息化管理工作的知识和要求,为做好档案信息化管理工作打好基础其次,做好统筹规划。档案信息化管理工作的工作量较大,要积极做好相关情况的调查,包括档案的类型、载体形态与状态馆藏数量档案信息利用等基本情况。同时,根据实际情况制订档案信息化的科学规划,包括硬件设施的购置计划和软件研发的长期规划,使其具有较强的支撑能力和扩展能力。

(二)档案管理要有所侧重

针对当前呈几何数级增长的大量信息资源,我国当前现有的技术水平和软硬件设备如要全部将其纳入进来是不现实也是不必要的。在大量的资源和信息中,我们应根据一定的原则将其进行分类和甄别,挑选有价值的、重要的资源进行整合、收集和管理,以此达到资源利用的双向最大化。在实际工作当中,我们要根据不同档案区别分类的原则,针对重要的价值大的档案要优先纳入信息化管理,充分发挥档案的价值和利用率。

(三)做好档案数字化的全程控制

在档案数字化过程中,要对档案管理工作的流程、流转过程、封存、纳入数据库等整个环节进行妥善、全面的质量控制和质量检查,保证数据资源的准确安全。具体来说,质量控制应包括以下几方面内容。一是数字化前的档案整理检查保持数字化档案原件的完整性、有序性;二是做好档案资料数

字化后的数据质量控制,如图像质量检查等;三是数据联接检查。如通过系统目录数据库与已扫描的档案文件资料进行联接比对等,这些方面都需要引起从业人员的高度重视,把握其中的每个细节,做好工作。

(四)加强人才队伍建设

针对档案信息化管理人才队伍不能满足工作需要的现实情况,一方面要加大相关专业的人才培养力度,不断增加具有专业知识和较高业务能力的人才数量,另一方面要有计划地定期对现有从业人员进行培训,使现有从业人员接触新时期的档案信息化管理工作要求转变传统观念,更好地适应工作。

三、档案信息化管理的发展趋势

综合来看,我国档案信息化管理工作有其特殊的特点和发展状况,结合新时期信息化建设的发展要求,我们应该更加注重下列方面。

(一)电子文件的归档管理与利用

在近年来的发展中,档案管理逐渐借助"文件中心"的功能机制,实现企业单位系统电子文件通过政务网络进行在线收集、整理、归档并提供现行利用,并以此实现跨部门的信息共享。同时,为保障电子文件的真实性、完整性和长期可用性,数据平台、身份认证、信息鉴别数字签名等先进技术手段也是当前档案信息化管理工作发展的趋势所在。

(二)整合专业档案目录资源

对于当前的档案管理工作来说,面对大量的信息资源,如何帮助查阅者快速、便捷的查询关键信息是各大档案管理单位必须面对和解决的问题。因此,档案的目录资源整合也逐渐成为档案管理工作的转变趋势,比如将档案按照行业类别区分为城建档案、房产档案、信用档案、人事档案等,这都使档案查询得到极大便捷。不难看出,在今后的档案管理工作中,不断丰富和完善档案目录资源分类规整成为必然选择和趋势。

(三)强化档案信息资源开发利用

当前我国档案管理单位所逐渐具备的大量数字化、信息化处理和管理信息系统为档案管理工作创造了较好条件。同时,借助搜索引擎技术,大幅提高了档案的分类和可查询性。目前,深度数据加工正在不断研究发展,这种信息处理技术的发展能够从大量数据信息中提炼出有价值的信息资源，使得区域三维数据库更加完善，这种技术在近年来也将成为档案信息化管理发展的必然趋势。

（四）加强档案信息网站建设

档案信息网站建设是档案信息化管理工作的外在宣传关键所在，也是提高社会收集档案能力、更好提供服务的重要环节，是实现档案管理单位与社会公众、企业建立良性互动的有效途径。在未来的档案信息化管理工作发展中，十分有必要借助档案信息网站来开展档案管理业务和服务，这对大幅提升档案管理工作效率和服务质量将会有一个质的提高。

第二章 档案信息化建设管理的目标、内容、任务和原则

第一节 档案信息化建设管理的目标

档案信息化的建设目标是根据国家对档案信息化建设的基本要求,在国家宏观政策指导下建立起来的,它主要包括以下几方面的内容:按照电子政务总体建设的要求,实施电子档案工程;依托局域网、公务网和互联网,推进档案数据库建设和办公自动化建设;推进档案事业持续、快速、健康地发展,力争使我国档案信息化建设总体水平接近国外先进档案馆水平。

一、加强档案信息化建设的基础工作

国家对信息化建设的基础工作非常重视,朱镕基在国家科教领导小组举办的科技知识讲座上指出,随着信息技术在世界范围内的健康发展,特别是互联网技术的普及和应用,电子政务的发展正成为当代信息化的最重要的领域之一。国内外有关电子政务的提法很多,如电子政府、虚拟政府、数字政府、政务工作信息化等,其宗旨是指各级政府部门运用现代信息技术和网络技术进行办公,实现政府组织结构和工作流程的重组优化,为社会公众和自身提供一体化的管理和服务。档案馆所收藏的档案信息历来以政府信息为主题,因此电子政务必然与档案信息化有密切的关系。从促进电子政务完善发展的角度考虑,档案信息化建设作为国家信息化建设的重要组成部分,它的目标、任务和原则应在国家信息化战略目标的要求下,结合档案部门的实际情况和工作需要来制定。

档案信息化建设的基础工作包含的内容很多,概括起来主要有以下几个方面。

(一)硬件基础设施建设

随着电子政务业务的普及和人们认识程度的不断深入,人们对电子政

务建设的要求也越来越高,为了适应电子政务建设的需要,各级档案管理部门应加大力度提高计算机的普及率,加强对档案管理人员的技术培训,用现代的计算机管理代替传统的手工管理,添置各种必需的服务器和客户PC机;各级档案管理部门还应配置保证局域网、公务网和互联网安全运行的网络设备和存储设备,购买满足档案数字化需要的配套设备。

(二)加强数据库建设

随着电子政务的不断发展,各级档案管理部门必须根据电子政务建设的要求,建设访问用户的档案检索系统,而档案数据库是档案计算机检索系统的核心部分。各地档案管理部门应本着资源数据共享的原则,不断加强数据库建设,提供更高层次的数据库管理方式,以满足不同层次用户对信息数据的需求。

(三)加强网络环境建设

网络环境建设是档案信息化建设基础工作的重要内容,它包括局域网、公务网和互联网建设。要在信息化的建设中实现"三网并进"的战略,就必须做到如下两个方面。

首先,依托局域网建设,带动档案管理各个环节的办公自动化,尤其是档案利用服务窗口建设,档案管理的局域网应纳入本地区的局域网信息管理系统,与本地区的公务网、政务网、政府网站同步;各专业、部门、企事业档案馆的网络建设要纳入本系统、本单位办公自动化和业务管理系统。

其次,依托公务网、政务网的建设实现电子目录、电子文件数据的接收和传送,依托档案网站的建设,实现档案馆之间的互联互通,实现档案和档案工作的宣传,档案信息资源提供利用服务的网络化,实现档案资源的社会共享,提高档案资源的利用效率,最大限度地实现档案资源的利用价值。

二、实现档案资源的整体规划和综合利用

档案管理部门应在"加强统筹规划,促进综合利用,避免盲目发展"的思想指导下,制定档案信息化的整体规划,最大限度地实现档案资源的综合利用。按照"统一、通用、科学、标准、共享"的原则要求,积极推进应用先进的计算机管理软件;按照国家电子政务的基本要求,加强档案计算机管理系统和办公自动化管理系统的衔接和融合,广泛应用文档一体化管理系统;进一步健全档案网站,不断丰富网站内容,有计划地开放数据库,提供网上查询

和利用服务,并逐步增加交互式的网上办事功能;加快使用率高的专题数据库建设,不断增加档案信息资源的数量,加快查阅率相对较高的专题数据库建设,不断扩大数据来源和规模,最大限度地实现档案资源的综合利用。

三、实现档案信息资源的社会共享

档案信息资源作为社会信息的基础资源,已经成为衡量档案馆综合实力的一个重要标志,也是档案馆融入社会,提供公共服务的"资本"。如果把档案网络环境比作道路交通设施,把档案馆计算机软硬件当交通工具,档案信息资源就好比亟待流通的"货物",因此档案资源建设是档案信息化建设的核心,它包括各种载体的档案资料,特别是电子档案的收集,档案馆馆藏资料的数字化和档案信息资源共享体系的建设。它主要包括以下三方面的内容。

(一)电子档案的归档

随着电子政务的不断发展,大量的电子档案和电子目录是今后档案信息的主要增长点,同时也是档案信息资源建设的源头之一。从档案信息化建设的长远考虑,各级档案管理部门必须加强对电子档案的归档、保管、利用的技术手段的管理,制定电子档案的接收标准的管理制度,可根据实际情况,实行纸质档案和电子档案"双轨制"的接收模式,并依托局域网构建电子档案的网上接收平台,开展电子档案目录和电子档案的全文接收,达到省时快捷的建档效果。电子档案目录的建立方便了档案的检索和查找,加速了档案的周转,提高了档案的利用率。

(二)电子档案的数字化管理

传统的档案管理体制下档案多以纸质档案为主,为了适应信息化建设的需要,实现档案信息资源的社会共享,就需要对纸制的档案进行数字化转换。档案信息的数字化包括两方面的内容,即档案目录信息的数字化和档案全文信息的数字化。档案目录的数字化包括全宗级目录、案卷级目录和文件级目录,各级档案馆必须在加快档案著录速度、严格规范著录标引的前提下,建设覆盖馆藏档案的全宗级目录和案卷级目录数据库,一些重要的档案将逐步实现文件级目录的机检,有条件的档案馆可实现全部文件级目录机检。档案全文信息的数字化,应围绕利用需求,以建立高质量的数据库为目标,积极地加以推进。通常是一般的馆藏照片、音视频档案,应全部数字化,一些重要的全宗档案、利用率高的馆藏资料和专题文件,应逐步进行全文数字化,一些条件比较好的档案馆,可建立多媒体全文数据库,形成档案全文数据中心,这样不但方便了电子文档的检索,也满足了电子文件实现社会共享的需要。

(三)电子档案共享平台的建设

网络环境下的档案信息资源建设,不仅包括自身馆藏的信息资源,还包括馆藏以外的档案信息资源。这种可供双向利用信息资源的实现模式就是建设档案目录中心。档案目录建设的实质是网络环境下各种档案信息资源的"虚拟整合",以实现更大范围内的资源共享。各级档案馆应有计划地建设本系统的档案目录中心和目录分数据库,并通过公务网与主数据库连接,整合各种利用率较高的专题档案目录,建立机读目录的逐年搜集和送交机制。

四、加强电子档案的安全保障体系建设

随着档案信息化建设的不断发展,档案信息化的安全问题显得越来越重要。国家对信息化的安全问题极为重视,把信息安全和政治安全、经济安全、文化安全放在同等重要的位置,这在我们党的历史上是前所未有的。档案信息的安全保障体系建设主要包括以下几方面的内容。①

(一)建立保证安全的法规制度

尽管我国已经颁布了一系列的安全管理法规,但还缺少国家级的统领全局的信息安全制度。在有法可依的情况下,档案管理机构本身还必须根据国家相关的法律、法规、规章制度制定符合本单位实际的安全保密制度。比如《安全等级保密制度》《电子文件管理办法》《违章操作审计查处制度》,把对信息安全的威胁降到最低。

(二)档案信息的安全管理

在电子文件的形成、处理、归档、保管使用的过程中,档案信息都有被更改、丢失的可能性,即使拥有完善的信息安全技术,也需要有相应的管理措施来保证其得以实施。为此制定安全的管理制度对于维护档案信息的安全就显得十分重要。

第一,要建立科学的归档制度。归档时应对电子文件进行全面、认真的

---

①许文霞. 高校档案管理与数字档案馆建设[M]. 北京:九州出版社,2017.

检查,在内容方面检查电子文件是否完整,真实可靠;相应的机读目录、应用软件以及其他相关的内容是否一同归档,归档的电子文件是否是最终的稿件,CAD电子文件是否反映产品定型技术状态的版本或本阶段产品技术状态的最终版本,电子文件与其他纸制的文件的内容是否一致,软件产品的源程序与文本是否一致等。在技术方面应严把质量关,严格检查电子文件是否有病毒存在,确保信息的准确性。

第二,要建立严格的保管制度。所有归档的电子文件都必须做些保护处理,使之处于安全的状态。在对电子文件进行处理或对电子文件实行格式转换时,要特别注意转换过程中的信息失真。另外还必须对电子文件进行定期的有效性、安全性的检查,发现信息或载体有损伤时,及时采取维护措施,进行修复或拷贝。

第三,是建立电子文件管理的记录系统。电子文件形成后因载体转换和格式转换而不断改变自身的存在形式,如果没有相关的信息可以证明文件的内容没有发生任何变化,人们是无法确认它的真实性的,因此应该为每一份文件建立必要的记录,记载文件的管理内容情况,确保信息的准确可靠。

(三)维护公共设施的安全

随着电子档案信息应用范围的不断扩大,数字档案信息的安全工作也日益重要。目前威胁数字档案信息物理安全的因素主要有:机房、办公室管理不严,人员随意出入;对电脑文件、数据、资料缺乏有序的保存管理;工作人员对技术防范手段、设备认识不足,缺乏了解,操作不当,造成设备损坏,内部网、电脑办公网与互联网混用。

第二节 档案信息化建设管理的内容

档案信息化建设是一项庞大的系统工程,它的最终目标是实现档案信息资源的共享,为了避免各地信息化建设各自为政,国家有必要制定与信息化建设配套的规划标准以及相应的法律法规,来保证信息化建设的正常进行。

一、档案信息化的规范化建设

标准规范化是实施档案信息化建设的重要内容之一。在档案资源的收集过程中,资源的存在形式是多种多样的,社会对信息资源的需求形式也是多种多样并在不断地发生变化的,因此没有标准化的规范体系,数字资源很难保证其内容的长期保存、有效的操作、数据交换、永久性的保管,更难以实现信息资源的社会共享。

目前我国档案信息化系统建设层次标准不一,各种标准的规范性、标准性、共享性较差,还不能完全适应档案信息化建设共享的社会需求。从信息化建设的科学性要求和解决目前信息化建设中存在的各自为政、相互封闭、重复建设的问题出发,在档案信息化建设中必须总体规划,制定统一的规范化标准,这是做好信息化建设的最基本的工作,也是必须做好的首要工作。

所谓标准,"是对重复性的事物和概念所做的统一规定。它以科学技术和实践经验的综合成果为基础,经有关方面协商,由主管机构批准,以特定形式发布,作为共同遵守的准则和依据"。所谓标准化是指"在经济、技术、科学及管理等社会实践中,对重复性的事物和概念,通过制定、发布和实施标准,达到统一,已获得最佳之需和社会效益"。[①]

档案信息化的最终目的是实现档案资源的社会共享。档案信息化体系建设是以档案信息资源库建设为核心,以信息技术的应用为手段,以网络建设为基础的系统工程。档案信息资源体系建设涉及各种数据、网络建设和应用体系开发等各方面,档案信息标准是档案信息资源共享体系建设的重要保障。标准统一是实现网络信息互通、信息资源共享的前提条件。标准规范体系包括管理、业务、技术三个方面。管理性的标准规范包括计算机安全法规与标准,工作人员、用户及设备管理规范,利用管理规定数字档案信息资源合法性的确认等。业务性标准规范包括术语标准以及相关电子文件和电子档案管理的标准、规范。技术性的标准规范,可分为硬件、软件、数据标准等三个方面。硬件包括计算机、网络服务器、网络通信等电子设备;软件包括系统软件和应用软件;数据标准是确保档案的通用、共享与交换,确保在软、硬件环境变化时档案数据的完整、安全与有效。

---

①魏娟. 高校档案管理的理论与实践研究[M]. 长春:吉林大学出版社,2017.

二、档案信息化基本设施的建设

（一）软硬件的基础设施建设

网络的建设是以计算机为基础的。它是用基本设施和线路,将多个计算机连接起来,再用网络的信息软件进行信息的传递,实现资源的共享。网络的建设是以计算机为基础的。网络硬件的基础设施主要包括:网络的布线、交换机、路由器、配线柜、电源等设备;终端计算机、输入输出和存储编辑等设备形成完善的网络系统。软件系统包括:网络管理软件、服务器数据管理、互联网的节点控制等。

（二）网络的数据库建设

用现代化的管理手段代替手工管理方式,对收集来的档案信息资源进行信息化的处理和存储。数据库是档案网络化建设的重要组成部分,是重要的网络资源,要加强网络化建设,就必须加强数据库档案资源的信息化建设。

（三）数据库管理人员的培养

数据库管理队伍的建设是档案信息化建设的重要组成部分。当前档案管理的整体素质建设与信息化建设的总体要求还有较大的差距,因此档案信息化建设必须加强人才队伍的建设来提升和改造传统的档案管理和利用方式,在档案信息化建设的过程中,整个人才队伍的建设包括:一是档案信息化建设的组织领导体系,负责档案信息化建设的决策、规划、推进、指挥,为档案信息化建设提供良好的工作环境;二是具有领导能力负有组织领导责任的领导人,这些人具有信息化的意识和时代的紧迫感,能够在自己的领域内,大力推进档案信息化的进程;三是数据库管理人员,负责档案信息化建设具体内容的实施,他们是档案信息化建设的骨干力量,现有的大部分档案管理人员缺乏信息社会应有的整体素质,所以目前人才建设的重点是立足于现有人员的培养提高,培养档案管理者的整体素质,把数据库管理人员作为重点培养的对象。

三、档案信息资源的建设

信息资源的开发利用是信息化的核心工作,是信息化工作取得实效的关键。目前我国信息资源在开发利用中还存在许多问题,信息资源的开发不足,利用效率不高,基础设施和应用系统落后,政务信息公开不快,跨部门信息共享困难等,所有这些严重制约了我国档案信息化建设的发展。档案的信息化建设要想在信息化的社会中求得生存和发展,就必须把档案管理融入信息化的网络环境中,才能提高档案的利用率,提升档案自身的利用价值。

(一)档案信息资源包括的主要内容

一是接收的电子文件档案,对电子文件的接收和管理是档案信息资源建设的重要内容。二是馆藏档案,是目前最主要的信息资源来源,是目前档案信息化建设的重点工作。三是网络信息资源的获取,档案信息化建设是我国信息化建设的组成部分,所以它的发展不可能离开整个社会信息化的大环境,档案信息化建设要想不断得到发展,就必须扩展自己的工作思路和范围,这样才能给信息化建设以更大的发展空间。四是其他资源的获取,档案信息资源还包括信息人员、信息技术、信息系统等。

(二)档案信息资源建设的构成体系

一是数字化处理前的准备,档案信息从数字化处理角度可以分为符号信息、静态视频信息、动态视频信息和音频信息。每一种信息都有不同的处理方式,因此要对不同的信息制定不同的处理方案,最大限度地将档案实体上的信息保留下来。因此档案信息数字化前的准备工作,对数字化档案信息的质量起着十分重要的作用。

二是数字化处理子系统。这一部分是整个系统的核心部分,它利用各种设备系统对不同类型的档案信息分别进行处理,然后进入数据库,进行必要的组织和管理。它包括:电子文件的处理系统,包括对电子文件的接收和实行统一规范的管理,以及提供网上查询利用服务。

三是数据存储子系统,可以按不同类型存储在各类数据库和文件系统中。

四是档案馆藏数字化处理系统,它是对非数字化的档案,采取不同的方法进行数字处理,成为统一的数字化档案信息。

四、档案信息资源数据库的建设

档案信息资源数据库是档案信息化建设的核心部分,档案信息的数字化网络化工作都要围绕着数据库建设进行,其工作结果都要存储在数据库中,数据的质量对于数据库的质量起着实质性的作用,其建设要以国际、国家标准为依据,为此必须做到数据的准确性,要保证存储的数据规范、准确。数据准确是对档案数据的最基本的要求,数据的规范要求档案数据库的数据著录项目符合规范要求,对于目录数据库的建设要依照事先确定好的著录标准进行数据库建设。其次要做到数据的有效性,要采用通用的文件格式标准记录档案数据,特别是对一些图形、图像、声音等全文信息,要采用标准和通用格式进行记录,降低未来有可能进行的数据存储格式转换和数据迁移的成本,杜绝馆藏数据无法读出的情况的发生。最后是数据的稳定性,档案建设重要的数据库结构、数据著录标准确立后,不能轻易变更,以维护系统的稳定和数据规范的连续性。

第三节 档案信息化建设管理的任务

一、档案信息数据库建设

《全国档案信息化实施纲要》明确指出:档案信息化建设的指导思想,是以档案信息资源建设为核心,档案信息资源建设的最重要体现,便是档案信息数据库。它既集中了档案信息的精华,又是社会利用档案信息的最主要源泉,理应成为档案信息化建设中的主要任务。

(一)档案信息数据库的性能指标

1.收录数据的准确性

数据库中收录的数据是否准确可靠,关系到档案检索系统的检索效率。数据的任何差错,如字符的不一致、格式的不统一、拼写的错误等,都会对计算机检索产生影响,尤其在数据型数据库中,数据的不准确往往会造成严重的后果,可能降低信息系统在用户心中的可信度,会使用户对信息的准确性产生怀疑。

2.数据记录的完整性

数据记录的完整性是评价数据库质量的首要指标。数据库覆盖面的大小,收录数据的完备程度,关系到它是否能全面满足用户的检索需求,这是取信于用户的基本前提。

3.信息内容的丰富性

信息内容的丰富程度是揭示信息特征的重要指标。如对一份档案著录项目的翔实程度、有无摘要、外文、标引深度的大小。数据库的内容越充实就越有助于用户判断档案的价值及其切题程度,从而帮助用户准确、快速地找到所需的信息。

4.数据库的及时性

数据库的及时性主要指一份档案从形成到纳入数据库之间的时差。如果用户先看到原始档案,然后再从数据库中检索到所需的信息,就会认为数据库提供的数据不及时,数据库的及时性对于现实效益较强的科技档案尤其重要,数据库的时差越短,其价值就越大。[①]

5.数据库的成本效益

建立数据库需要花费大量的人力物力,因此经济成本是衡量与选择数据库类型的重要指标,应尽可能用最低的成本获得最大的效益。计算数据库成本的指标包括每个字段、每条记录的平均费用,每次检索每次命中记录的平均费用等。

(二)档案信息数据库的组成和功能

数据库、数据库管理系统和数据库系统这几个概念常常混淆,其实它们是三个不同的概念。通常人们所说的数据库,是指数据库系统。一个数据库系统是一个实际可行的,按照数据库方式存储、维护和向应用程序提供数据或信息支持的系统。它是存储介质、处理对象和管理系统的集合体,通常有数据库、硬件、数据库管理系统和数据库管理几部分组成。对于档案库来说,还应包括档案信息数据。

数据库就是存储信息的仓库。这些数据被存储到计算机中,使人们能快速方便地对数据库进行查询、修改,并按一定的格式输出,从而达到管理和使用这些数据库的目的。硬件机制存储数据库和运行数据库管理系统的硬件资源,包括物理存储数据库的系统和其他外部设备等。数据库管理系统是负责数据库的存取、维护和管理的软件系统。数据库系统各类用户对数据库的各种操作请求,都是由 DBMS 来完成的,它是数据库系统的核心软件。

数据库系统克服了以前数据管理方式的缺点,试图提供一种完美的更

①韩雅倩.新时代高校档案管理科学发展研究[M].北京希望电子出版社,2017.

高层次的数据管理方式。它的指导思想是对所用的数据实行统一、集中、独立的管理,是数据存储独立与数据存储的程序,实现数据共享。数据库系统管理方式具有数据共享、数据结构化、数据独立性、统一数据控制功能等特点。

(三)档案信息数据库的构成

档案信息数据库中的各类档案数据,不仅包含馆藏档案的各类信息,包括纸制文献、照片和音频、视频资料,还包括政府的公开信息,从而使档案管理资源库通过计算机通信网络连接成为大规模的知识群库。离开了这些数字化信息的资源库,档案馆信息化建设就成了无源之水,无本之木。档案数据库存在的档案信息种类繁多,既有案卷级目录信息和文件级目录信息,又有全文信息数据,有专题目录数据和视频目录数据等等。不同类型的档案数据库的应用,往往和不同类型的应用软件相配套使用。目前档案信息数据库的建设主要包括以下几个方面。

1.档案全文信息数据库建设

档案全文信息数据库是最实用也是最受社会不同层次利用者欢迎的数据,因为这些全文信息通过网络环境,有可能使各个方面的利用者不受空间的限制方便地得到利用。建立全文信息数据库关键是档案文献数字化的前处理工作。

2.档案文件级目录建设

档案文件级目录一般包括重要文件级目录和案卷文件级目录。档案文件级目录建设至少具有两项优点:一是有利于用户对有关档案文献做更深度的检索和查阅,使查找更具有专指性;二是有利于与档案全文信息数字化开展相匹配。由于文件级目录建设耗时耗力,一般以馆藏重点全宗档案为对象。

3.档案案卷级目录建设

案卷级目录是档案资源建设最基础的数据。在档案信息化的建设中,档案案卷级目录应涵盖档案馆全部馆藏,必须达到馆藏要求,其内容包括馆藏各个时期和各种载体档案的目录。

4.照片档案目录建设

照片档案目录是最受重视的专题档案目录之一。它有三个特点:一是著录项多,与普通纸制文件相比,照片档案的著录项目更为齐全,因而其揭示的信息特征更多。二是照片目录与数字化或图片文件依据相关联使用。照片档案目录建设的关键是每条目录数据著录项目的完备性。三是分类标准独特,与普通纸质档案比,照片档案的分类更切合档案馆藏的实际,使用者更易接受。

5.专题档案目录建设

专题档案目录是目前最热门的电子档案检索工具之一,是以真正提供利用为目的、方便利用者的检索工具。他积聚了馆藏中有关档案专题的所有案卷级目录和文件级目录,这些目录包括全宗的目录集合体。专题的内涵包括档案内容、档案文本或档案载体等。专题档案目录建设的关键是对有关专题的选择和确定,需兼顾馆藏特色和社会利用需求。

二、数字档案的收集

数字档案馆主要收集各个立档单位的电子文件以及各立档单位经过数字化处理后的传统档案,是档案馆数字档案信息的重要来源。

(一)电子文件的收集

电子文件和纸质文件的生成背景和发挥作用的不同,造成其收集方法和要求也不相同。如"无纸化"的电子文件,不仅要收集积累,更要有严格的安全措施,因此可制作成拷贝,以免电子文件系统发生意外使文件信息丢失;起辅助作用或正式作用的电子文件,应及时收集与整理,并与其相应的纸制文件之间建立标识关系;草稿文件一般不予保留,如果出于对所保留电子文件重要性的考虑,则应对其进行收集和积累。

在进行电子文件的收集时我们应具体问题具体分析,不能用同一种收集方式。因不同信息的电子文件,由于其技术特性不同,存储载体和记录信息的标准、压缩算法也不同,所以应分别采取措施保证其原始性、真实性、完整性。另外与纸制文件不同,电子文件的读取、还原,离不开其生成的软硬件环境和元数据等,所以电子文件的收集、积累还必须包括这些内容。

电子文件的类型多种多样。按形成电子文件的性质分,有文本文件、图形文件、图像文件等;按电子文件的功能分,有各种公文、文本文件、设计文件、研究试验文件等。对电子文件的收集、积累应包括归档范围内所用的电子文件,对未列入收集归档范围的电子文件,有的也要收集,因此尤其需要对一些项目作补充归档或扩大归档。因此归档人员需要了解一些未列入接收电子文件的形成、承办情况,有的要及时主动收集。特别是对个人电子计算机产生的电子文件的收集工作,实践性很强,错过时机,电子文件就有失散、损毁的可能。

(二)电子文件归档的具体形式和要求

电子文件归档的形式概括起来主要有三种形式,即物理归档、文本转换归档和逻辑归档。

物理归档是将带有规定标志的电子文件集中,拷贝到耐久性能好的磁、光记录介质上,一式三套。一套封存保管,一套共查阅使用,一套异地保存。这种归档方式缓解了紧张的存储空间,并且延长了数字化电子文件的寿命。拷贝归档,常常采取压缩归档和备份系统归档手段。压缩归档即采取数据压缩工具,对电子计算机网络上应归档的文件,经过一段时间积累后进行压缩操作,录入到磁、光记录介质上。这种方法往往对将来的电子档案管理有利。备份系统归档,即在电子计算机网络环境下,将归档的电子文件在网上进行一次备份操作,就可将归档的电子文件记录在磁、光记录介质上。为保证电子文件的真实性,在归档电子文件时也将记录日志和数据库都备份到磁、光记录介质上。

文本转换归档是将电子文件转换成纸制文件归档,并使纸制管理系统与电子管理系统建立互联关系。这种归档方式是为了适应现有的科技水平,保证电子文件的原始性和凭证价值而采取的措施,有其局限性。逻辑归档是指电子文件的管理权从网络上转移到档案部门,在归档工作中,电子文件的存储格式和位置暂时保持不变。这种归档方式解决了许多机关"收集归档难"的问题,并使档案部门对其应予以接收的电子文件有了控制权。

对电子文件的基本要求,一是文件的真实性和完整性。按照电子文件归档的不同阶段的标准,而是准确说明配套软硬件环境,其次是归档电子文件格式应为工业标准,在标准的用户界面下操作,支持不同的平台,与现有的设备兼容,能以标准的数据库语言与数据库相连,或者确定统一的标准,在内部的电子计算机网络上使用,以实现良好的转换状态。因为电子文件是由内容、存储载体、现实的软硬件设备组合,电子文件归档时必须考虑电子文件的组合问题。

目前电子文件归档分三步实行:首先由电子部门和文书处理部门合作,在电子文件的形成或收到的同时,对列入归档范围的文件进行逻辑归档;其次在有逻辑归档标识的电子文件办理完毕后,有专人对电子文件进行真实性和完整性的检验,检验无误的纸制文件,与该电子文件的物理载体建立互联并一同归档;最后对有逻辑归档标识的电子文件定期进行物理归档。

(三)加强电子文件归档管理的标准化建设

电子文件是电子政务和电子商务发展的必然产物,它必须有标准化的现代化管理。因此有必要对电子文件著录标准化、存储格式化和元数据标准化等电子文件标准化管理中的基本问题进行深入的研究,尽快使电子文件的管理全过程做到有章可循,保证电子文件从生成到归档管理上的连续性和规范性,为最终确定电子文件的法律效应创造必要的条件。

制定科学的电子文件归档标准是当前我国档案管理标准化工作的重点,也是加强电子文件管理的一项有力的措施和必要的途径。制定标准应充分重视以下几项任务:

第一,明确当前急需攻关解决的标准,如电子文档的归档标准、电子文件著录格式标准、电子文件的储存格式标准等。

第二,提倡使用统一的软件。通过统一的软件,使电子文件归档管理逐步纳入规范化的轨道上,由档案行政管理部门与专业软件公司共同技术攻关,合作开发通用软件,并逐步在各级档案部门中推广使用,将是一条切实可行的途径。

第三,与计算机行业联手合作,区分档案部门内部制定的标准和档案部门和计算机行业联手指定的技术标准,尤其是后者要列入规划,最终构成完整的电子文件归档管理标准体系。

(四)电子档案的接收和迁移

按档案存储法的有关规定,电子档案到了一定的年限就应向综合档案馆移交,其中包括目录和全文信息。综合档案馆的收集一般采用介质接收和网络接收两种形式。介质接收即用存储体传递的电子文件,如磁盘、光盘,进行卸载式离线报盘接收,一般按规定进行登记、签署,对于更改处,要填写更改单,按更改审批手续进行,并存有备份件防止出现差错。网络接收即在电子计算机网络系统上进行在线接收,系统应设计自动记录功能,记载电子文件的产生、修改、删除、责任人以及记录数据库的时间等,并在进入数据库之前,对记有档案标识的内容进行鉴定、归档和接收入库。

在数字档案的接收过程中,我们从一个网络的数据库中,将数据导出到磁、光介质,再将这些介质接到另一个网络,将数据导入其数据库,从而完成从一种技术环境到另一种技术环境的转换,使数字信息发生了迁移,在数字信息迁移过程中,要注意三个问题:一是确保档案信息内容的真实和维护使用功能。对于那些在不同操作系统之间迁移的数字信息而言,即使不可能保持原格式外观时,也必须保证内容和使用功能的不变。二是降低迁移成本和风险。数字信息迁移需要考虑迁移成本和可能存在的风险,因此要考虑合适的迁移间隔时间。三是确保信息内容的原始性和完整性。

三、馆藏档案数字化

馆藏档案信息的数字化是档案信息建设的一个重要组成部分,其主要目的是利用计算机、扫描设备、图像处理技术等现代信息技术将传统的介质存储的各类档案,根据需要进行数字化处理,以积累数字档案资源。档案馆经过几十年的建设,不仅将各种档案信息组织化和有序化,而且形成了丰富而独特的档案文献信息资源。在档案馆收藏的大量经过整理、分类的档案文献资源,除极少数在其形成的过程中和前期运行阶段就采用了数字化记录形式以外,绝大部分是纸质档案。针对这一现状,现阶段和今后一段时间内,对纸质档案信息进行数字化转换,便成为档案馆藏数字化的中心任务。

(一)馆藏档案数字化的工作内容

馆藏档案数字化主要包括两项任务:一是将传统载体的档案目录进行数字化,二是将档案内容进行数字化。

档案目录数字化的主要工作是对载体档案进行编目,并将目录信息录入到计算机中,建立档案目录数据库,利用管理信息系统实现档案目录数据的计算机管理和目录信息的资源共享。

档案内容数字化的主要工作是馆藏的纸质、录音、录像、照片等档案,通过扫描、加工、处理转变为文本、图像、图形、流媒体等数字格式信息,存储在网络服务器中,利用计算机及信息系统提供查询、检索和浏览。档案内容数字化工作包括数字化预加工和深加工两个步骤,数字化预加工能够将纸质档案、照片档案、微缩胶片等转变为电子图像文件,不能将纸质档案上的文字信息进行完全处理;数字化的深加工则是利用技术含量较高的语言识别处理技术获取载体档案中的文字信息,方便提供全文检索。

(二)馆藏档案数字化的业务流程

1.数字化的预处理

预处理是数字化加工的第一步,其主要的工作是将馆藏的实物档案,比如纸质档案、录音录像、照片、微缩胶片等按照数字化加工的轻重缓急原则进行筛选,然后再按照下一步数字化处理工作的具体要求做拆分、分类、整理、模数转换等处理工作。此环节中的安全风险主要来源于公共环境等人为因素,主要安全任务是防火、防抢、防盗、防泄漏以及防止因错误操作而导致档案受损的事故的发生。因此该阶段采取的安全防范措施是:按照加工工序制定严格的安全管理制度,明确各工作的岗位职责,并严格监督执行;启动档案馆的安全监控系统,实行实时监控,一旦出现问题应立即采取措施。

2.数字化加工与转换

就是将传统的档案转换为数字形式标识的档案信息资源,其主要工作包括:纸质档案的扫描,录音录像、数码拍照的数字化转换,微缩胶片的数字化等。本阶段安全问题主要是加强对损坏程度比较严重的纸质又很薄、很难直接进行扫描或者无法采取扫描方式进行数字化的历史档案的处理。本阶段的安全重点是数字化过程中原件的保护,必须在大量实践经验的基础上,选择科学的、合理的数字化加工与转换的技术与指标开展工作。

3.信息的处理

信息处理的主要工作是将数字化后的图像文件、多媒体信息等与档案的著录信息进行关联的重要过程,也是整个数字化工作的重要内容。首先是档案资源的编目、标引等基础数据的录入和处理等工作,其次是将图像与多媒体文件对照原始档案而进行的核对、压缩等处理工作,无论是纸质档案还是录音录像档案通过模拟到数字化的转换后,都可能造成一定程度的数据丢失或信息的失真。因此本阶段的安全重点是保证档案数字化后能够被存储、保存和提供利用,并考虑如何将失真度降到最低的问题。

4.信息的存储

经过处理的数据需要存储到网络环境中并提供利用,而不仅仅是存储在光盘上保存在库房做档案备份。因此应根据数字化的存储容量及网络化提供利用的要求,选择网络存储设备、考虑数据库与电子文件存储和被访问的方式,这一阶段安全的重点是考虑电子文件的存储和保管的安全模式,严格按照档案管理的标准开展规范化操作。

5.信息的利用

这一阶段将采用计算机应用软件系统,按照档案法及本单位的管理规范,将数字信息发布到网上,并提供不同网络范围内的不同数据内容的档案利用。本阶段安全防范的重点是:系统用户权限的严格管理、对访问系统中用户身份的严格认证以及内网、外网计算机之间的访问控制等安全问题,同时还要严格管理网络上各服务器、客户端等计算机系统,并防止应用程序受病毒的感染、网站受黑客的攻击等非安全因素的发生。

(三)馆藏档案数字化方案的确定

选择什么样的方式是进行馆藏数字化的关键。由于档案馆保存的档案数量众多,不同档案的价值信息,开放利用的时间不相同、对不同档案的保密程度也各不相同,因此在档案信息化之前,档案馆必须确定哪种信息可以数字化、哪种档案信息资源目前不需要或者暂缓数字化,哪些资源应优先数字化。最后选择何种方案,应当紧密结合馆藏的具体情况和社会利用发展趋势做出判断。目前主要有以下几种形式:

1.全部馆藏数字化

采用此方式是将传统的档案馆全部馆藏信息数字化,建立数字档案馆,完全继承传统档案馆的全部信息资源。这是理论上最彻底的数字化方案,对利用者来说是最理想的。这种方案比较适应那些馆藏档案数量较少,开放档案占据绝大多数馆藏档案的档案馆。对于那些馆藏数量众多,利用率较低,且档案数量大、需要控制利用档案的数量较多的档案馆,从降低成本和效益的角度来考虑,不一定是最佳策略。

2.高利用率馆藏数字化

这种方案在一定程度上可以起到降低成本、提高效益的作用,但具体实施有一定的困难。一般来说,不同用户所需要的档案信息,在范围和重点方面有不同的特点,且对不同类型的档案信息的使用频率也不同。另外一部分高利用率的档案具有时效性。因此,档案馆向利用部门提供一份较长时间的利用反馈报告,可能会有助于馆藏高利用率档案的合理选择。

3.珍贵馆藏数字化

从理论上说这是最合适的方案,其难点是对"珍贵档案"必须具有可操作性的诠释,这种可操作性应是建立在对馆藏档案资源熟悉和价值判断的基础上。一般地说,那些高龄档案,涉及某一地区重要机构、重大事件和重要任务的档案,在同类档案文献中较为稀少的档案等,都可以列入珍贵馆藏之列。一般来说这部分档案的利用率是很高的。

4.即时利用数字化

即对部分档案并不数字化,只是到利用时才进行数字化。这是最具功利色彩的"用户至上"方案。所有用户不需要的馆藏均被排除在外,这是该方案最突出的优点,但也是最致命的弱点所在。用户的即时需求有很大的偶然性,过分考虑这一需求,无疑会提高档案馆数字化的经济成本。

总之,选择什么样的信息化策略应根据实际需要来定,不考虑实际需要单纯地选择某一种方案都会导致片面,如何兼顾馆藏具有永久价值的档案和用户当前的信息需求,将几种数字化的方案有机地结合起来,才是馆藏档案数字化的最佳方案。

四、数字档案馆建设

(一)数字档案馆的定义

广义的数字档案馆是指存储、利用档案信息资源的信息空间,是一个由众多档案资源库存、档案信息资源处理中心、档案用户群构成的数字档案馆群体。这个数字档案馆群体是建立在现代信息技术普遍应用的基础上,利用数字化手段,以综合档案信息资源为处理核心,对数字档案信息资源进行收集、管理,通过高速宽带通信网络设施相连接和提供利用,实现在线资源共享的超大规模、分布式数字信息系统。简单说,就是利用电子网络远程获取档案信息的一种方式,因此广义的数字档案馆不是一种物理存在,而是一种虚拟的信息组织与利用环境。

狭义的数字档案馆是指某个具体的个体档案馆,除了馆藏档案数字化外,还涉及档案信息的采集、整理、存储、检索、传递、保管、保护、利用、鉴定、统计等全过程,代表的是一种信息环境和基础设施的构建,包括软硬件系统的设计和组织实体的建立,具体内容有:对应归档的电子文件及其元数据,开展馆藏档案的数字化,实现馆藏各种档案实体的自动化管理,以网络连接并提供各类档案信息资源,组织对数据的有效访问。

(二)数字档案馆的特点

第一,接收档案的数字化程度高,即档案馆可以及时对电子政府和立档单位的电子档案、电子文件实行卸载报盘接收,或网络在线接收。

第二,档案信息在线共享程度高,即不仅可以接收在线的网上信息,而且可以与众多的档案信息资源库相连接,或借助档案目录中心的构建形式,实现广泛的信息资源共享。

第三,对不同信息技术的容纳程度高。数字档案馆以信息技术为基础,充分利用了多媒体信息处理技术、数据库技术和内容的检索技术等。

第四,实体档案的数字化程度高,即利用者借助计算机检索系统,可以实地或在线查阅到丰富的档案目录信息和档案全文信息。

(三)数字档案馆建设的内容

数字档案馆建设的内容十分广泛,其主要的建设内容主要有:基础设施建设、应用系统建设、信息资源建设和标准规范建设。

1.基础设施的建设

数字档案馆与一般的档案馆相比具有海量存储、用户多和长期接收服务请求等特点,需要稳定可靠、可扩展的运行系统作保障。基础设施建设包括网络更新建设、硬件更新建设和系统软件建设等。数字档案馆网络工程的建设根据服务对象的不同可分为三个层面,即档案馆内部网,与政府各职能部门相连接的政务网和与互联网连接的外部网,这三网之间适应物理隔离,并各司其职。硬件设施主要包括数字化加工设备、网络设备、服务器、存储设备和输出设备。系统软件包括计算机的监控管理程序、调试程序、语言翻译程序、数据库管理程序、数据通信程序及操作系统,其中计算机操作系统是系统软件的核心,它独立于计算机,是控制和组织计算机活动的一组程序,使用户和管理的接口,是整个系统运行的基础。

2.应用系统建设

数字档案馆的应用系统是一个可根据需求进行扩展的网络应用系统,其功能通常包括档案的数字化加工,档案信息的收集、录入、检索、利用、编研,具有可扩展和使用特性。应用系统的开发必须具备开放性和扩展性、易用性和易管理性、稳定性、安全性等。

3.信息资源建设

信息资源是数字档案馆的核心资源,因此信息资源的建设是数字档案馆建设内容的核心。信息资源主要来源于传统档案馆馆藏、各立档单位的材料、专题信息数据和政府公开信息等。

第一,传统档案馆收藏的大量纸质、声像微缩等传统介质的档案资源是数字档案馆重要的信息资源。通过多媒体技术和数据压缩技术等手段,将可以公开的馆藏载体的各种文献数字化,能充分发挥档案馆的资源优势,加强熟悉档案馆的资源建设工作。除传统介质的档案文献外,各传统档案馆馆藏的各种在电子环境中生成的电子档案也是数字档案馆的重要采集范围。

第二,各立档单位的档案文献和目录也是数字档案馆的重要收集内容。随着办公自动化的广泛普及,各立档单位产生出大量的电子文件和电子档案,按照档案移交的有关规定,按年限通过网络或介质向档案馆移交,其中包括档案文献全文或文献目录。

第三,专题档案数据已经成为档案馆资源建设的新生力量,其中包括各种备受社会关注、社会利用需求集中的具有档案性质的政府或行业信息。专题信息数据包括全文信息和目录信息两种,且大多以电子形式报送传统档案馆。

第四,是政府公开信息。各政府职能机构现实产生的可公开政府信息,尤其是其中的行政规范性文件易被社会各界所关注,其查阅量之大、需求之集中、访问量之多,在一定时间段内,已经接近甚至超过档案文献的利用率。政府公开信息大多生成于电子环境中,并且以电子文献形式报送传统档案馆,所以将越来越成为数字档案馆资源建设的重要来源。

4.标准规范建设

标准规范是实施数字档案馆工程的重要基础之一。面对数字档案馆资源形式的多样性,以及社会对数字资源共享要求的广泛性,传统档案馆应根据国际标准和通用标准规范,确保数字资源内容的长期保存、数据交换、资源管理和安全实用。一个完善的标准、规范体系的制定,应借鉴国内先进的相关标准、规范,考虑国家之间信息化接轨,优先采用相关的国际标准、规范,并在使用过程中进行必要的本地化工作。数字档案馆的标准化建设,包括管理性标准规范、业务性标准规范和技术性标准规范。

第四节 档案信息化建设管理的原则

档案信息化建设是档案部门为了适应社会信息化建设的需要,根据社会对档案信息资源的利用需求,通过利用现代计算机技术和网络技术,将反映馆藏档案内容和形态特征的目录信息以及部分馆藏档案主题的信息进行数字化处理，以数字化的方式，方便快捷地为社会各界所利用的过程。这一过程涉及大量的信息资源的著录、部分档案信息资源的整合等基础性的工作，也涉及按照各种不同的信息的检索利用等要求进行一系列方便系统利用的系统功能的开发工作，因此在人力物力上必然会进行较大的投入，是一项十分庞大的系统工程。为此档案馆信息化建设的具体措施，必须在科学、缜密的思想指导下进行，才能少走弯路，以较少的投入，取得最大的效益。在实际运行的过程中，这些缜密、科学的指导思想是根据社会信息化发展的一般规律，并结合档案信息化自身的特点总结和提炼出来的，在具体实施档案信息化建设的过程中，这些科学、缜密的指导思想便转化为必须遵守的原则。因为档案信息化建设本身是社会信息化的一个方面或一个组成部分，因此社会信息化实施所应遵循的原则，同样适用于档案信息化建设，如信息共享原则、以人为本原则、信息化建设可持续发展原则等等。下面所阐述的几项原则，主要是针对档案信息化建设而言，即在研究信息化建设固有规律的同时，要注重档案馆自身信息化建设的特点。这些原则有的已被其他行业信息化实践证明是行之有效的，有的则被一些档案部门已有的实践所检验，因此贯彻这些原则，对于确保档案信息化建设的顺利进行和收到实效，具有十分重要的意义。当然随着档案信息化建设的不断深入，这些原则所包含的思想和理念也将不断地丰富和发展。

一、协调发展的原则

档案信息化作为一项规模庞大的系统工程，从工程的组织实施来说，其固有的规律是各个子系统之间必须协调发展，这是档案信息化建设必须遵守的一项基本原则。

（一）同档案馆的基础工作协调发展

档案信息化建设需要进行大量的基础工作。其主要的工作在于各种档案信息的加工和集成，离开了这些基础工作，档案信息化建设就成了一句空话。因此档案信息化建设必须贯彻同基础工作协调发展的原则。在基础工作中，档案信息的著录和输入是最基本的内容。档案信息的著录根据利用的要求可以有多种形式，通常用的是档案著录和文件级档案著录。档案案卷级著录体现着国家的有关政策，对一个案卷的内容进行著录，产生几项重要的知识性信息,从而揭示这一案卷在内容、载体方面的重要特征。文件级著录级别较高,针对性较强,因此在著录的过程中投入的人力、物力也相对较大。因此对于一般的档案馆一般并不要求一定要实行档案馆藏的文件级著录,可以根据实际情况进行分步实施,可以选择一些比较重要的档案进行文件级著录。对于档案馆藏较少的档案馆,在人力物力条件允许的情况下,则可以考虑实行所有文件级著录。信息的输入包括已经著录的文件级条目和文件级条目的输入,也包括档案信息的全文扫描输入和相应关系的建立。这些工作从技术层面上并不复杂,但由于工作的程序复杂,工作量较大,因此在信息化实施的过程中绝对不能忽视,必须与基础工作同时考虑,严防由于基础工作没有及时完成而影响了整个信息化建设的进程。

(二)同信息技术的开发利用协调发展

信息技术的综合利用是档案信息化建设的难点。信息技术的综合利用,包括各种信息软件的开发、硬件配置的集成、网络环境的构建。大量的实践证明,信息化能否取得实效,其预期的效果能否达到,系统软件的开发和利用十分重要,信息化建设的先进性就在于此。同信息技术的开发协调发展是指,要充分重视与信息化建设密切相关的系统软件开发和应用的重要性。在考虑做好丰富馆藏和加强著录信息化前期工作的同时,必须把实现效能的系统开发软件放在重要的位置,加大投入的力度,进行广泛的调研论证。在进行系统软件开发的过程中,我们应积极采纳先进的技术成果加以利用。然而信息技术的不断发展变化,任何最新技术都是相对的,因此在新技术的应用方面,我们必须面对现实,实事求是。我们必须认识到系统软件开发完成后,其功能的不断完善还需要一个渐进的发展过程。而系统的开发者多数是对档案业务不熟悉的计算机技术人员,他们对系统软件的需求、结构和功能的认识有一个逐步深化的过程,而信息技术的实现是各种设想和技术整合后的具体体现,因此许多技术软件在当初开发时都还不十分成熟,需要在以后的实践中不断地补充、发展和完善。因此在信息化的建设过程中,切实贯彻同信息技术的开发利用协调发展的原则十分必要。

(三)同馆藏信息一同协调发展

档案信息化的根本目的是实现资源的社会共享,决定档案信息的功能和作用的发挥是看资源本身给社会提供了多少有价值的信息,所有这些都取决于档案馆藏的数量和档案资源的丰富程度。如果一个档案馆的馆藏达到一定的程度,结构也比较合理,信息的种类也比较齐全,那么信息化就有了比较好的资源基础,在实施信息化的工程中不会感到在档案的门类等方面存在较大的缺憾。反之,如果一个档案馆本身的数量有限,资源的种类单一再加上自身结构的不合理,那么信息化的发挥将会受到很大的阻碍,因此在信息化之前,档案馆自身馆藏的实际情况是一个必须考虑的基本因素。由于历史的原因我们无法改变档案馆已有的馆藏,但我们可以扩充现有的馆藏的品种和数量,可以通过征集等措施尽可能地增加馆藏的数量,达到档案信息的多门类多品种,为档案信息化建设提供较为丰富的资源基础,避免因为馆藏不足影响信息化建设进程的事情发生。

(四)同实际应用协调发展

档案信息化的目的在于利用,不是为了信息化而信息化,因此在信息化的过程中必须贯彻同档案利用工作协调发展的原则。也就是说必须以社会对档案利用的需求为导向,来规划和调整信息化的实施步骤。一方面要以利用率高的信息作为信息化的重点内容,使信息化有一个牢固的使用基础,充分显示其对社会的适用性;另一方面,要根据社会利用需求的发展趋势,进一步扩大档案的利用范围,充分发挥档案信息的内在潜质,对信息化建设做全面的统筹和规划。另外档案信息化建设是一个长远发展的战略性建设,其信息化的过程也是一个动态的发展过程,因此我们必须对信息化做出一个长远的发展规划,因信息化是一个长远的动态发展过程,因此在信息化实施的过程中,必须根据社会对档案利用的需求变化,对要调整的档案门类和品种进行及时的调整,避免关起门来自己建设的封闭做法。因此信息化建设要贯彻协调发展的原则,就必须重视信息化建设同实际应用协调发展的原则。

二、分步实施的原则

档案信息化建设是一项庞大的系统工程,因此它的建设不可能在短时期内完成,由于各地档案馆的实际情况不同,有的档案馆的信息储存量多,信息化需要投入的人力物力较多;同时由于计算机技术的发展变化较快,实现信息化在硬件上的投入较大,也不可能一步到位。因此信息化建设必须实行分步实施的原则。它的实施包括信息资源的分步实施和系统功能的分步实施两部分的内容。

(一)信息资源的分步实施

档案目录信息资源的建设是信息资源建设的重要内容之一,它建设的主题内容包括本身的馆藏目录和本地区所用的档案目录建设两部分。这两部分资源覆盖的范围不同,基础条件也不同。对于建设本馆所藏的档案目录来说,需要从馆藏结构特点出发进行规划和设计,提出整体规划和设计要求,然后组织实施。对于覆盖地区范围的目录中心,由于地区方位内各档案机构的基础状况不同,目录的数据结构不同,首先对能够在同一平台上运行的目录进行整合和转换。在整合转换的过程中需要解决许多技术问题,必须以科学的态度,逐一加以解决,因此在构建目录中心时,必须根据具体情况制定具体措施,分步组织实施。对于那些基础性、专题性和全文信息的实施步骤一般是,把基础性的信息作为信息化的第一步内容;把专题性的信息作为信息化的第二步;把全文性的信息作为信息化的最后内容来处理,这也是根据信息实际操作方便的难易程度,以及人力、物力的投入多少等因素来综合考虑后,来实施的分步策略。

(二)系统功能开发的分步实施

档案信息化的利用程度在很大程度上取决于系统功能软件的实现,关系到计算机技术的应用为主题的系统功能的开发。一般的开发原则是,考虑到系统开发的费用巨大,计算机技术的迅猛发展,系统功能的开发可采用分步实施的原则,急用、利用率高的先开发,拓展性功能可以延续开发。系统功能的分步开发在经济上可以避免一次投入过大的开发经费,减轻经济上的压力;在安全性上可以防止重大失误而导致整个信息化实施的重大挫折,从系统功能的最佳实现来说,由于采用了不同的计算机技术,有利于技术的及时更新,保证系统功能与最新技术的接轨。

三、安全的原则

档案的安全管理是信息化建设的首要前提条件。档案安全本身的重要性是由档案本身和档案管理的性质所决定的,档案信息化的建设必须充分考虑到安全问题,正确处理好方便、高效与安全管理的关系。一般来说,数字化的档案存储应该使用带自动备份功能的服务器,配置备份信息设备,如光盘库、专用网络存储设备,对备份信息还实施迁移。同时使用安全介质定期刻录备份信息实行异地保管。数字档案的安全保障必须建立严格的管理制度和操作规范,必须实行有效的网络安全措施,必须采取严格的授权管理系统。安全保障的原则主要包括:①密级区分原则。即对密级档案实行物理隔离并落实责任到人。②内外区分原则。将开发档案信息与内部业务运行过程的信息实行隔离。③用户区分原则。将档案管理人员和档案形成人员,内部用户和公共用户加以区分。④系统区分原则。将档案信息管理系统及其网络化归档、信息共享、辅助决策等子系统加以区分。

四、应用性原则

档案馆在实施信息化过程中进行的馆藏档案的信息资源整合和集聚,建设档案信息资源共享体系时,其主要任务是将能揭示和反映档案主要内容和原形特征的目录信息、相关原始档案信息,经过现代计算机技术的应用,进行海量存储,并通过多种检索途径,顺利地实现快速实施的直接查阅利用。要取得这些海量档案信息利用的理想效果,涉及很多的工作环节,需经历多个阶段。一般将档案信息资源的整合和开发作为信息化的前处理工作,不管前处理工作多么复杂,其最终的目的是实现档案信息工作的有效利用。为此档案馆在实施信息化建设的过程中,首先应该贯彻的原则是实用性原则。实用性原则的指导思想,是所有在信息化过程中被整合处理的档案信息,必须能够适应各种利用需要。也就是说档案信息化必须以社会各方面在相当长一段时间的利用需要为原则。

(一)获取知识的第二课堂

档案馆除了具有查考和存史的功能外,还具有传播知识的功能。档案馆蕴藏着丰富的馆藏文化以及本地区经济社会发展的档案资料,这些丰富的档案资料对于社会公民以及青少年了解本地区的文化发展来说都是不可多得的珍贵史料。我们可以把档案馆当作是学生获取知识的第二课堂,这样既能使档案馆的信息功能得到延伸,也避免了信息资源的浪费。因此在信息化的构成中应注意把知识性的信息放在首位,这一崭新的课题对于档案部门是一个新的挑战。因为以往的档案馆主要是供查找资料之用,所以在查找接待方面积累了丰富的经验,而对档案馆作为获取知识的场所则是一个全新的管理课题。对此档案管理者必须树立全新的管理理念,从适用于知识获取方面考虑,可以将档案信息中具有知识性的信息有限信息化,比如反映本地区社会经济发展的信息资料、反映本地著名人物的历史传记以及具有历史渊源的档案史料等,都可以作为开辟第二课堂的生动教材,这些史料对于当地居民和青少年了解当地的历史具有十分重要的学习价值。总之,在档案信息化的过程中,凡是有关当地物质文明建设和人文发展历史方面的档案信息,都可以作为知识性的信息加以知识化,以适用于社会大众特别是青少年知识获取利用的需要,同时也是档案馆为当地的精神文明建设做出的积极贡献。

(二)为领导的决策起助手和参考作用

科学的决策来自科学的管理,科学决策是科学管理的重要手段,也是各级领导组织管理实施各项大型工程或推进建设事业全面发展的先决条件,同时也是提高执政能力的重要措施。科学的决策需要有充分的科学信息,经过周密的论证最后做出科学的判断,形成科学的决策。因此充分地获取各种信息对于领导做出科学的决策十分重要。档案信息记录了以往历史活动的进程和结果,是前人智慧的结晶,同时也积累了丰富的经验教训,所有这些宝贵的信息资料对于领导做出科学的判断具有重要的参考价值,这些信息可以开阔领导者的眼界,借鉴前人的经验和教训,以便在前人成果的基础上进行新的突破。总之,丰富的档案信息对于各级领导进行科学的决策具有十分重要的参考和借鉴意义。因此档案管理部门在信息化的过程中必须把适应于领导决策参考的信息放在首位,在进行信息化的过程中,应该将那些能够为领导决策提供借鉴作用的档案信息资源进行整合,在考虑和设计信息检索的途径时,应该把方便寻找和挑选有助于领导决策的信息放在重要的位置,为这些信息的检索提供方便快捷的查找方式。

(三)为科学研究提供重要的参考

科学研究是人类社会不断发展的原动力。科学研究需要大量的信息资源,特别是社会科学的研究,其研究的主要内容多为社会的政治、经济、文化和社会发展方面的内容,更离不开档案馆的信息资源。因此把适应于科学研究作为档案信息化必须遵守的规则,是档案馆信息化建设所要重点考虑的内容。档案信息化要适用于科学研究,就必须将那些具有研究价值或者能够提供可持续研究对象的原始材料的档案信息进行信息化。这类信息从大的方面来说,包括的内容十分丰富,它不仅包括经济发展的基础数据,也包括政治、文化以及生活各个方面的详细资料。科学研究所涉及的信息面非常广泛,因此所使用的信息更是包罗万象,但由于各个时期社会的研究会有不同的侧重点,因此我们应根据社会研究的需求采取分步实施的原则,即对于档案科学研究急需的资源应首先进行信息化,及时准确地为科学研究提供参考资源。

(四)成为爱国主义的教育基地

随着社会的不断进步,档案馆的职能不仅仅局限在提供需要查找的历史资料,还肩负着开展爱国主义教育的重要任务。档案馆应充分挖掘自身的教育潜能,对社会特别是对青少年开展爱国主义教育、革命传统教育,把档案馆办成爱国主义的教育基地。国家档案局适应这一形势,提出了把档案馆建成"一个中心、两个基地"的要求。这两个基地其中一个就是爱国主义的教育基地。因此档案信息化必须服从于爱国主义教育基地的建设要求,坚定不移地贯彻开展社会教育的原则。从这一原则出发,在实施信息化的过程中,对具有教育功能和作用的有关信息档案进行整合、处理以及建立专用的检索渠道就显得十分必要。这就需要从档案信息中挖掘具有教育意义的信息,例如反映本地区反封建的历史进程的史料,人民群众的各种创造性的成果,以及反映在各个历史时期所发生的重要而深刻的变化和取得的巨大成绩的信息等。考虑到爱国主义教育基地的建设和影响,除了文献信息外,也可将这些史料制成专题片或光盘配送到各个学校,使这些珍贵的史料更贴近生活,使青少年在潜移默化中受到爱国教育,增强他们的民族自豪感和自信心。

(五)业余休闲的需要

随着社会经济的不断发展,人们的文化需求也在不断发展并呈现多元化,休闲活动正成为一种时尚开始流行。在一些发达国家,民众文化休闲已经开始从图书馆、博物馆向档案馆延伸。因此前来档案馆利用档案必定是有专门目的的习惯正在被打破,休闲型利用已经成为一种时尚行为,读者可以在休闲的环境中得到文化熏陶和审美享受。在国内,近年来档案界的一些有识之士也开始重视这种发生在档案馆的新的利用方式,并呼吁尽快建立相应的环境和机制,促使这种休闲型利用成长起来。为此档案馆实施信息化的过程中,应该看到这种虽处于萌芽状态的社会需求可能随着社会经济文化的快速发展而快速成长。休闲利用与其他利用相比有它的特殊性。由于这方面的利用目前还没有很好地开展起来,所以我们很难对这方面的需要说出一些规律性的东西。但我们可以从图书馆、博物馆、展览馆方面汲取营养,深入思考,进行借鉴。休闲作为人们的一种生活方式,历史悠久,而文化性的休闲活动也必定有其自身的规律。比如人们往往通过休闲活动,寻求到一种精神上的享受和乐趣,在休闲利用的同时,即获得了相关的知识,从中得到美的享受,一种兴趣的培养,一种情操的提炼,一种心情的调适。总之既是休闲,就同正规的工作完全不同,它可以没有目的,随机而来,在这里转了一圈后,得到了美的享受,精神上得到了某种启示与升华,得到的是精神上的休息与放松,也是一种收获。基于这样的认识,我们在实施信息化时,应该重视将那些具有可读性、知识性、趣味性、观赏性、珍贵性的档案信息优先予以信息化,以吸引和满足潜在的休闲利用的需要。

五、效益原则

档案信息化建设要贯彻效益的原则,这种效益主要是功能效益和利用效益。

(一)系统功能效益

在一定的程度上系统的功能状况是衡量信息化是否达到了预期效果的一个重要指标。信息化能否顺利地进行和运转,很大程度上取决于信息化功能的实现程度。信息化投入最大的经费是在系统功能的设计、开发以及硬件设备的配置上,因此信息化功能的显示不但包括系统功能覆盖的全面性,操作维护的方便性,系统运行的快捷性、安全性等,同时也包括整体功能的先进性和稳定性。一个系统如果达到了以上方面的要求,我们可以认为它是成功的、有效的;否则这个系统就是失败的。

(二)利用效益

指的是信息化系统能够进行各种专职性信息利用的程度。一般来说,满足度与针对性效益是成正比的,既满足度越高,其针对性效益也越高,反之,满足度越低,针对性效益也越低,这种满足度主要取决于信息积聚的覆盖面,以及新增信息的周期性和及时性。由于社会对档案利用的专指性需求经常处于动态变化中,这就决定了信息的积聚和扩充也处于动态的变化之中,既能够把社会的有用信息增补进整个信息系统,最大程度地满足专职性、特殊性信息利用的需要,提高信息利用的针对性。

(三)成本效益

档案信息化是一项长期的系统工程,特别是网络技术的运用,使整个系统的结构更加复杂,技术含量更高,因此在对系统进行使用和管理上,除了对管理人员有技术的要求外,在经济上也需要投入相当大的成本。一般系统维护和管理的成本效益主要包括两个方面:一是系统建设必须建立在科学和可靠的基础上,即必须有比较成熟的技术作支撑,确保系统建成后日常的维护和管理能够以相对较低的费用加以维持,而不会出现系统的功能发挥还算可以,但系统维护的庞大开支却难以支撑的情况,或者是系统建设先天不足,使用中毛病百出,致使在维护和管理上不断增加投入。二是系统的建设必须考虑今后功能的扩充和设备的升级。也就是说,系统在建设的过程中必须考虑以后系统升级的兼容性。如果一个系统建设得很好,但生命周期很短,几年之后就无法扩容,原来的系统就无法使用,只能购买新的系统,那么这样的系统建设就没有贯彻效益的原则,也可以说,这样的系统是不成熟的,是不能被市场所推广和利用的。在信息化建设的过程中,我们应始终贯彻效益的原则,这样可以使我们投入少量的资金,取得较好的经济使用效益,产生出预期的效果,从而使档案信息化建设进入良性的发展轨道,加速信息化建设持续、稳定、健康地向前发展。

六、社会化原则

档案信息化建设涉及的范围广,工作难度大,需要的技术力量相对较强,这就决定了档案信息化建设仅仅靠档案馆自身的力量是远远不够的,必须依靠外在的社会力量才能胜任信息化建设的各项任务,这种依靠外在社会力量的做法,就是社会化原则的具体表现。

(一)建档的基础工作的社会化

建档的基础工作主要指各种原始档案信息资源的加工、整合和存储。由于档案馆的信息利用比较广泛,内容也相对较多,因此这方面的工作量也相对较大,面对比较丰富的馆藏资源要想进行信息化建设,仅仅靠档案管理人员去做是远远不够的,必须借助社会的力量来完成。比如,把档案数据录入的基本工作承包给专业公司来做,聘请有丰富经验的档案管理人员来帮助进行档案文件的著录工作等,档案馆只要加强技术指导和质量的监督,把好质量关,这样大大地减少了档案馆的建档工作任务,也使档案馆的工作人员有更多的时间钻研业务,在时间上保证了档案信息化的历史进程。

（二）系统的开发社会化

由于档案馆缺乏专业的软件开发人员，因此档案信息系统的开发必须依靠社会上专业的开发公司才能完成。在这个过程中，关键是要选择社会信誉高、技术力量雄厚的开发公司作为合作伙伴，现在比较可行的方法是通过招标的形式确定合作伙伴。但并不是说档案馆就没事可做，由于系统的开发涉及专业的档案管理的应用，一些开发公司并不了解档案管理的业务，因此在借助于社会力量进行开发的过程中，应该派有经验的档案管理人员积极参与，了解整个开发过程，特别应该注意掌握和了解一些程序技术的关键点，防止在今后的使用中一出现程序问题就束手无策，同时也防止在今后的使用中被开发商牵着鼻子走的被动局面。这样也为以后本单位自己为软件升级换代打下良好的基础。

（三）系统管理的社会化

随着IT行业的不断发展，近年来软件公司也拓宽了服务业务，开始接受管理系统的委托服务。对于一些比较小的档案馆可以考虑采取委托管理的办法来进行信息系统的日常维护和管理。这种委托公司的做法好处是：可以节省人力，弥补单位人员不足的缺点，同时可以节省在系统维护方面的经费开支，系统出现什么问题都有托管方负责处理。从不利的方面考虑：主要是缺少了使用的自主权，在信息扩容、系统升级和更新方面不能及时进行，需要和委托方商量才能解决，在一定程度上制约了信息系统的拓展。如果寻找的软件公司人力缺少、业务繁忙或技术力量不十分强，那么整个系统的升级运作将会受到阻碍。但委托服务作为一项社会化的内容有其存在的合理性，并且今后随着第三产业的不断发展和壮大，社会监管力度的不断加强，社会服务质量的不断提高，IT行业服务领域的拓展和完善，以及档案管理人员的进一步精简，系统管理的社会化服务必将得到进一步的发展，服务行业在运行的过程中出现的一些弊端会不断得到改进，相信服务行业必将为信息化的发展起到积极的推动作用。

七、数量和质量统一的原则

数量和质量相统一，是我们开展各项工作经常要遵循的一个重要原则。在档案馆信息化建设的过程中，同样必须遵循这一原则，而且更具有现实的意义。档案馆信息化功能和作用的发挥，十分重要的一个因素是整个系统必须达到一定的信息量,也就是说信息化首先是以一定的信息量为基础的。只有把其中不同门类的信息积累在一起,能够满足用户不同利用的需要,才能真正显示出信息化的优越性。但是集聚的这些新信息必须是有一定质量的信息,而不是信息的垃圾,这就决定了档案馆信息必须遵循质量和数量相统一的原则,这一原则不同于传统意义上的数量和质量统一的概念,而有其很强的针对性。主要体现在以下几个方面。

(一)基础信息数据数量和质量的统一

在档案馆信息化的过程中,如果整合和存储的基础性数据,如案卷级目录、文件级目录等没有达到相当的数量规模,所谓的信息化将大打折扣。如果有了数量庞大的基础性数据,这些数据的质量却有问题,将会直接影响信息检索的正确性,严重时将影响信息检索的顺利实现。就信息化功能的实现来说,基础数据的数量决定和限制了信息化的辐射面,而基础数据的质量将决定和限制利用者直接的利用效果,因此数量和质量的保证,是确保信息有效检出和利用相辅相成的两个方面,必须高度重视。为贯彻这一原则,在实现信息化的过程中,既要考虑使基础数据的整合和存储达到一定的存储规模,同时必须严把质量关,确保每一条基础数据都符合规定的质量标准,使整个信息系统的功能得到最充分的实现。

(二)系统功能与系统稳定运行的统一

人们在实施信息化的过程中,往往希望所建立的系统具有多方面的功能,能够满足多方面的要求,这可以说是对系统功能作用发挥的数量要求。而从信息化能够收到实效的实际经验来看,整个系统的稳定运行,确保其设计的功能能够实现也很重要,这可以说是对系统平稳运行的质量要求。而在实际过程中,系统多项功能要求的实现,同时也给系统运行本身带来很重的负担,它对系统的稳定运行是一种负担,同时也是一种威胁。所以新系统功能的强大和系统稳定运行往往是信息化过程中一对突出的矛盾。一个功能强大而又运行稳定的系统是人们所期待的,但实现这个愿望往往充满风险和压力。也就是说越是功能强大的系统,要保证其稳定运行,付出的代价将更大,负担将更重。为此,需要在实际建设中正确把握好系统本身建设的数量和质量要求,既不能好高骛远,不切实际地要求系统具有多方面的功能,也不能因陋就简,在低水平上重复,既要有创造性,敢于突破,又必须扎实稳妥,注重实效,以确保系统的多功能具备和稳定运行达到圆满的统一。

（三）经费投入的数量与信息化建设的质量相统一

档案管信息化即是一项规模宏大的工程,尤其是一项需要投入巨额经费的建设,为此必须贯彻因地制宜原则,确保投入的经费能取得理想的效果,防止过分贪大求全,不计成本,忽视效果的做法。为此在信息化过程中需要制定严密的制度,通过信息化系列的环节,对经费投入后建设的质量进行检测和评估,对于质量达不到要求的要采取措施加以整改,以确保工作质量。同时按照经济管理学投入产出的原理,对于信息化所做出的巨额投入,应该要求有相应的产出。当然由于档案信息化作用的发挥在很大程度上具有公益性,不能简单以经济收益的多少来要求和衡量其产出的效能,而应该从社会效益和经济效益两方面来综合评估所产生的效能。比较而言,档案馆所固有的特点,决定了社会效益的产出将是对档案馆信息化评估的一个重要方面。此项内容的贯彻,对于避免考虑不全所造成的浪费,防止没有经过科学规划和严密论证而盲目建设和决策失误等带来的损失,都具有十分重要的意义。

第三章 档案信息化的战略与规划

第一节 档案信息化的发展战略

计算机网络技术的快速发展和广泛应用,给人类社会生产力的发展带来了革命性的进步,给现代化建设注入了全新的内涵,也加快了实现现代化的历史进程。IT引领着现代科技发展的同时,也为科技创新提供了先进的手段。现代信息技术的发展改变着人们的生产方式和生活方式,使人类的发展快速进入到信息社会的发展时代,信息化已经成为时代发展的潮流,信息化建设正在深入到社会的各个领域,信息化战略已经成为档案事业发展的时代方向,成为国家信息化战略的重要组成部分。

我国"十五"规划的实施,标志着档案信息化战略的正式启动。《全国档案信息化实施纲要》明确了档案信息化的建设方向、建设目标和基本要求,实现档案信息化要在确定档案发展战略的基础上,制定出适应档案信息化发展的战略规划,使档案信息化的发展适应社会发展的客观需要,为整个社会的发展提供强大的档案信息资源,充分挖掘档案信息资源的内在潜质,使档案管理更好地服务于社会。

随着社会信息化程度的不断深入,人们对档案信息化建设的认识也越来越深刻,利用现有档案服务社会的意识也越来越强,因此加快档案信息化建设,规范档案管理的标准,构建技术先进完善的信息化支撑平台,培养一批高素质的档案管理队伍,促进档案与社会资源的整合、利用与共享,不但是社会发展的需要,也是档案事业在新时期的发展战略。

一、档案信息化建设已成为国家信息化建设的重要组成部分

档案资源作为基础性资源,是国家信息资源的重要组成部分,它的内容也必将成为信息化建设的重要内容之一,因此档案信息化建设也必将纳入国家信息化的战略规划,成为信息化建设总体战略的重要组成部分。

随着人们对社会信息化认识的不断提高,整个社会都在大力推动电子商务、电子政务的发展,利用信息技术提高政府的监管能力、转变政府职能,改变教育管理手段,提高科研和人才管理水平,在社会多个领域不断培育出以应用为主导、与社会需要紧密结合的示范项目。近几年来社会信息化建设呈现出良好的发展势头,其突出的特点主要表现在以下两个方面:

一是人们对信息化的认识不断深入,信息化应用技术越来越普及,信息化对社会发展的推动作用日益突出,社会对信息化的认知程度日益增强。

二是电子信息产品制造业的规模不断扩大,在一些重要领域获得了突破性的进展,电子产品生产和出口的增长速度大大高于传统产业。

我们在看到成绩的同时还应看到不足,比如在信息化管理体制改革、信息化理论创新、信息基础设施建设、信息资源的开发利用、信息技术的普及应用、信息人力资源开发、信息产业结构的调整等方面还存在许多问题。档案工作者在当前的形势下应学会客观地认识信息化过程中出现的问题,既不能看到成绩就忽略了缺点,也不能因为问题的存在就对信息化建设失去信心,应在发展的前提下,抓住发展的大好机遇,创新工作,勇敢地面对时代的挑战。我们只有脚踏实地,勇于挑战,把档案信息化建设纳入国家信息化建设的战略规划,才能保证我国档案事业持续稳定的健康发展。

在《全国档案信息化建设实施纲要》政策的指导下,各地档案管理部门大力响应,积极投身到当地的电子政务建设,并把档案信息化纳入当地政府的发展规划之中,在全国启动了一批信息化工程的重点项目,并取得了很好的成效。例如,投入百万元已经建成的青岛市数字档案馆、深圳市档案馆等,它们为全国档案馆的建设积累了宝贵的经验,积极推动了全国数字档案馆的建设。

二、档案管理现代化成为奋斗目标

传统的档案管理运行模式手段比较落后,其特点表现在对档案资源的积累处于被动的工作状态和时间的严重滞后,对档案资源的利用停留在不变和处于"备查的状态"。主动开发和利用档案资源更显得十分局限。长期以来这种状况不但严重影响档案资源作用的发挥和对现实工作的支撑,并且严重影响了档案工作的作用和地位,不利于档案事业的可持续发展。

现代化的管理离不开先进的技术设备,它是档案管理的物质基础和技术手段。没有先进的设备任何技术方法和目标都难以实现。先进的技术和设备必须有先进的管理理念来支配。在信息社会快速发展的今天,现代化的先进设备已运用于社会生活的各个领域。档案工作也是如此,目前计算机已被广泛用于档案管理的各个方面,大大加快了档案工作信息化的进程。

档案管理的现代化是档案管理内涵和手段的深刻革命,其内涵和手段都发生了深刻的变化。档案信息化的大力发展必将改变传统的档案管理理念和运行模式,改变档案资源的积累过程、存储介质、保存、形态、检索手段、利用方式等,改变档案管理的业务流程和档案工作的人力资源。档案的信息化建设将推动档案工作的现代化进程,使档案管理的理念得到全面提升,使档案资源得到更充分的利用,使档案管理的理念不断地创新和发展,使档案的价值得到更好的发挥,使档案工作的作用得到更充分的体现,使档案工作队伍承担起更大的社会责任,更好地实现服务于社会的最终目的。

档案管理的现代化主要包括以下几个方面。

第一,归档实现自动化。在自动化网络办公的条件下,其管理文件以电子文件的创建和流转为特征,档案的形成以电子文件的形式出现,对电子文件的归档管理实现自动化,并以逻辑归档的形式通过网络运行实现文档一体化。

第二,管理的标准规范化。现代化管理的一个显著特征就是标准的规范化,按照国家档案信息化的要求,制订电子文件和数字档案的管理标准,确定搭建系统平台的功能要求和技术规范,制订网络和信息安全管理标准和规章制度,制订相应的网络规范和管理制度,把国家的法律制度作为档案信息化建设的制度保障。

第三,搭建网络化的服务平台。档案管理信息系统在对数字档案资源进行安全管理的基础上,通过局域网、办公网和互联网等网络信息系统实现客户对数字档案的检索、查询、下载、打印以及开发利用,最大限度地提高档案资源的利用率。

第四,馆藏数字一体化。馆藏数字化是现代化管理的基本要求。为了满足信息社会对档案资源的需求,利用现代化的管理手段对馆藏档案进行数字化的处理,形成数字档案,使档案的检索、查询更加方便快捷,同时有利于档案资源的开发和保护。

第五,实行网络化的智能控制。保证网络的安全是智能化管理的重要工作。它是利用信息网络系统、管理信息系统和基础资源设施,建立智能化的控制系统,实现对档案资源的规范化管理、工作场地的安全监控、工作人员的智能识别、工作内容的状态跟踪以及安全机房的智能控制。

三、档案信息化建设走上了规范化的发展轨道

在档案信息化建设的进程中,各级档案主管部门对档案信息化建设进行了大胆的探索与实践,取得了初步的成效,目前已初步实现了电子档案管理的规范化,研究了适合档案管理模式的互联网建设、软硬件的集成化管理模式,丰富了公共信息资源管理、网络安全管理、数据保护、知识产权保护等法律规范,有效地预防了计算机犯罪和网络犯罪,保证了档案信息化建设向规范化、模式化的方向发展。但由于在信息化建设的过程中,各单位的情况千差万别,因此不同单位会采用不同的数据库和不同的信息系统,这样就会形成不同的电子文档,这样就对档案管理部门的管理提出了新的要求。这就要求档案主管部门从本单位的实际情况出发,结合国家相关的政策法规,制定出电子文件归档、档案信息采集整合和安全管理的具体标准,加快建立健全档案信息化标准的实施体系。首先各单位应建立适合本单位实际需要的档案鉴定、归档、保存、保管、利用的规范化标准;其次应建立完善的档案管理制度,制订有效的安全管理体系和安全操作规范,确保档案信息系统的安全。标准化、规范化制度的建立,为逐步建立完善的网络信息平台奠定了基础,推动了档案信息资源的整合,最大限度地实现馆内、馆外资源的共享,通过法律法规制度的建立,有效地保证了档案信息化建设沿着规范化、模式化的轨道健康发展。

四、档案人才队伍由单一型向复合型方向发展

档案信息化建设是一项新兴的、复杂的系统发展工程,整个系统的建设不仅涉及信息技术的软、硬件和网络系统建设,还包括信息资源的搜集、开发和利用,这两项建设内容归根到底都离不开人才,因此人才队伍建设是信息化建设的核心,是信息化建设的关键所在。因此在信息化建设的过程中应把人才队伍建设放在首位,把更新人的传统观念、知识结构和提高人的综合素质贯穿信息化建设的始终,在信息化建设的过程中,通过对先进技术的不断学习和实践,不断提高自身的业务能力,提高自身的现代化管理水平。

人才建设是档案队伍建设的重要内容,档案人才队伍建设的关键是要建设复合型、高素质的管理人才队伍。所谓复合型的人才是指打破过去档

案队伍的结构模式,在队伍构成上要进一步加强学科专业的交叉互补,不能仅局限于历史档案的学科人才,要培养管理型、技术型的综合人才。另外在技术的更新和技能方面,要加强计算机知识、数字化知识、网络技术知识以及现代管理知识的学习和培训,档案管理人员应了解和掌握信息管理知识和信息应用知识,了解档案管理与信息技术的结合,业务学习和培训将被赋予新的内涵。其次复合型的人才还要具备能适应信息化的挑战,能够应用信息技术和驾驭信息资源的整体素质。把更新观念、把握时代全局、明确历史责任作为档案工作团队的基本理念,把更新手段、积累信息资源、广泛开发利用作为档案工作团队的基本工作,立足现实,勇于开拓创新,努力培养抓住时代机遇、迎接挑战的新型人才队伍。

五、档案信息资源建设走向整合、集成与共享

我国的档案信息化建设尽管取得了一定的成效,但政府各部门在运用的过程中仍然存在着许多问题,比如"重概念轻实效,重电子轻政务,重新建轻整合"的现象。各部门在公共资源的整合利用方面受到体制等因素的限制,难以发挥办公自动化系统的最佳功效,制约了公共服务水平的提高,全国大部分地区政府部门的电子政务建设,基本上处于信息发布系统平台建设阶段,有不少地区仍然缺乏完备的软硬件基础设施。孤立封闭的系统框架结构,导致信息资源不能共享,数据格式不统一,数据在不同的系统中重复存在,也使本该协同完整的业务过程被人为地分割和打碎,形成这一问题的关键是,缺乏统一的政务平台和有效的系统整合。

随着电子政务系统的不断实施,系统的设计将更注重体现以人为本的设计理念,适应政务管理向服务型的转变。这就需要最大限度地整合信息资源,实现跨地区、跨部门、可变流程的协同政务。协同政务通过应用、部门流程以及信息的协同互动与共享,最大限度地发挥电子政务的优势,以此来解决信息化过程中出现的信息"孤岛"问题,提高电子政务的应用水平。同时要通过实践,建立综合的档案资源数据库、网上联合办公,实现系统资源之间的全面共享。

协同政务是一种提供服务的全新方式,协同政务不仅仅是一套把同样的事情做得更好的工具,更是一套做不同事情和更好事情的工具。协同政务强调以政府工作人员的协作为核心,强化政府资源的共享、政府工作流程的优化及政府信息化系统应用集成,是当前电子政务应用的最高阶段。在

实现信息资源共享方面,档案信息化和信息资源建设将起到关键性的作用。

在档案信息化建设与发展的过程中,必须把档案信息资源建设作为核心内容来抓,对于信息资源建设,无论是在实现的手段方面,还是信息资源的有效积累和广泛应用上,都必须以整合、集成、共享作为出发点和落脚点,确保档案信息化建设的持续、健康和有效发展。

六、数字档案馆的发展

电子商务和电子政务的快速发展,加速了数字档案馆的产生。通过档案馆的数字化和档案信息建设,档案馆将成为档案资源的数字信息中心,成为档案管理的职能控制中心,成为国家信息化和数字化的重要组成部分。

(一)档案信息化的应用平台建设

建设数字档案馆首先要建立一个满足档案信息化功能需求,适应发展需要的综合管理系统平台和网络架构,中心系统能够支持多个子系统,能够保证网络控制、信息备份和迁移、授权访问以及资源共享等安全有效,广泛应用信息技术,为档案馆的信息化建设提供现实的现代化手段。在此条件下开展数字档案资源的积累和管理、数字档案信息的管理与开发、档案馆智能化控制等工作。

(二)馆藏数字信息的共享与开发

信息共享就是要建立数字档案的目录检索、全文检索、自动分类、授权访问系统,通过局域网、办公网和互联网提供档案利用服务,建立状态网络对信息访问实时监控。同时,对原始档案信息进行分类开发和知识化管理,可以建立基于档案基础数据的辅助决策支持系统,只有把档案信息知识化才能够实现档案信息利用的社会化,更广泛地发挥档案的潜在价值,在更大的层面上创造社会经济效益。

(三)数字档案资源的建设

数字档案资源的建设包括:在网络办公的条件下电子文档的全过程管理和归档、保存、备份、迁移等,同时收集档案部门业务运行的所有系统数据,积累电子档案信息;利用电子扫描技术对馆藏的纸质档案、声像档案、实物档案等进行数字化处理,形成系列数据库;整合需要的行业,上下以及区域间横向和纵向的资源信息;对使所用数字档案信息以及对象管理的思维模式进行管理和连接,以此来建立数字档案信息库。

第二节 档案信息化的实施战略及原则

国家对档案信息化的建设工作十分重视,国家档案局在制定出了《全国档案信息化建设实施纲要》,明确指出全国档案信息化建设的目标和主要任务是:统筹规划、统一标准、分级建设按照安全保密的原则,加快档案信息化基础设施建设,健全电子文件的归档和电子档案的规范化管理,推动馆藏档案数字化的建设,在部分城市建设示范性的数字档案馆,开展公众网信息查询服务,加快推进档案信息化的标准体系、安全保障体系和人才队伍建设。各省、自治区、直辖市档案部门要努力建设并投入使用一批局域网,基本实现档案管理现代化和办公自动化;依托当地电子政务建设工程,建立为各级党政机关服务的档案目录信息中心,为逐步构建中国档案数据库创造条件;依托公众信息网,建设面向社会、服务公众的档案网站,逐步构建全国档案信息网。档案信息化建设是档案部门的一项基础性业务工作,是档案工作向现代化迈进的必由之路,是档案工作实现历史与未来有机连接的战略之举。毋庸置疑,未来几年,档案信息化建设的步伐将逐步加快,而要使信息化应用更深入、更普及、更有效,还需要从全国档案事业的高度制订切合档案事业发展的实施战略。

一、高度重视档案信息化的战略作用

档案信息化建设的组织管理者,特别是决策者,必须对档案信息化的战略作用有充分的认识。这里说的决策者不仅指档案部门自身的决策者,还包括政府高层的决策者。只有政府高层和档案部门自身的决策者对档案信息化建设的战略作用有了足够的、充分的认识,才会真正重视这项工作,才能保证档案信息化建设的各项工作顺利地开展。目前有一些政府的领导按照过去形成的一贯思想,还不太重视档案工作。认为档案工作不是政府工作的重点部门,档案馆信息化与经济发展的关系不大,认为档案信息化的必要性不是很大,因此就把信息化建设束之高阁。

其实档案信息化与社会发展密切相关,它不是可有可无,而是势在必行。因此档案管理部门必须认清档案信息化的战略意义,对信息化的重要性引起足够的重视,把它作为一项大事来抓,档案信息化不仅对档案管理自身有举足轻重的意义,而且对整个社会的发展都具有长远的战略意义。

档案信息化是社会信息化、政府信息化的一个重要组成部分,它具有记录和保存单位、行业、社会、民族、国家的历史,并为将来的工作查考和研究提供依据的重要作用。档案事业是否随着社会同步信息化,对于社会、国家、民族乃至整个社会都具有深远的战略影响。在当今的信息时代,全社会都在推进信息化的形势下,档案作为社会的重要资源更不能忽视。正如档案学家埃思指出:"档案是一个国家的共同记忆,是集体经验的体现,是同一文化传统下不同文化环境的不同表现;一个没有档案的国家必然是一个没有记忆的国家,一个没有智慧、没有身份的国家,一个患有记忆缺失的国家。"在瑞士召开的世界信息社会峰会上,国际档案理事会呼吁:"我们现在在各种媒体上创造的信息构成了将来的档案,面向未来,信息社会需要记忆。"在人类几千年的发展和进步过程中,人类记录信息的方式和载体不断地发生变化。而人类文明记忆的历史断层不少是由于不注意档案信息的保护造成的。如果现在不重视档案信息化建设,很可能许多信息将在纸质档案与电子档案的交替中丢失。若千年后再要寻找已经失去的档案记忆就不太可能。因此,我们应该高度认识档案信息化的重要意义,把它当成决定国家和民族记忆能否在信息时代不断得到延续的大事来抓。

另外,档案工作者也应认识到档案管理信息化对于其自身的发展具有不可忽视的重要作用。现在档案信息化建设正处于良好的战略发展阶段,档案部门应抓住时机实施档案信息化建设,如果现在失去了发展的良好机遇,那么若干年后当社会整体进入信息时代时想要跟上时代发展就为时已晚。档案管理者应充分认识到信息化建设是一个不可逆转的时代潮流,是档案管理由封闭走向开放、由传统走向现代的大好机遇,要及时把握时机,迎接挑战,在社会整体的信息建设中占有一席之地。因此,档案管理应该适应信息化建设的需要,融入社会信息发展的潮流,加快信息化的建设步伐,为社会进步和发展做出积极的贡献。

二、档案信息化的实施战略

(一)资金和人才发展战略

档案信息化是一项涉及计算机技术、网络技术等高技术的系统工程,需要一支适应信息化建设需要的技术人才队伍作保障,特别需要信息化管理、软件开发、系统维护等方面的人才。实际情况是档案部门比较缺乏信息技术人才,很多单位有资金有设备就是缺少技术方面的专业人才,特别是一些既懂技术又懂管理的复合型人才就更加缺乏,已成为影响档案信息化建设发展的"瓶颈"。因此要注重加强人才队伍建设解决人才问题需要采取引进人才或市场化运作等措施,还要注重不断地进行人员培训。可以实行档案管理人员的培训制度,把与档案信息化建设相关的计算机应用基础知识、数字化技术知识、网络技术知识、现代管理技术知识等列入培训内容;并加强对档案业务人员应用新技术、新设备、新方法的培训,普及信息基础知识,以此达到档案技术,人员掌握运用现代技术的目的。

我们还要考虑到,在档案信息化建设中,档案人员对信息化建设技术是外行,而信息技术人员又不懂得档案业务,为此在进行培训的过程中,一定要把档案管理人员和技术人员结合起来进行培训,不仅要求技术人员为档案管理人员服务,而且还要求档案管理人员适应现代化的管理方式,只有这样才能培养出既有技术又会管理的复合型人才。

只有技术就想搞好信息化建设远远不够。因为信息化建设是需要高投入的技术工程,特别是资金的投入。目前在信息化建设过程中经费主要投入在三个方面,即网络建设,计算机设备的配置,档案信息数据库建设。例如在某高校档案馆的信息化建设中依托政府公务网的建设,实现高校局域网和公务网的连接,这笔巨大的经费由政府承担。在局域网和计算机的配备上已投入几十万元,但计算机设备的正常维修、设备的更新换代也是一笔不小的开支。另外在数据库的建设中,一些大容量的先进服务器的配置、数据库的管理系统等也是一笔不小的投入。对于一个馆藏20万卷的档案馆来说,以每卷10份文件计算,就有220万条案卷级和文件级条目要建立数据库,再加上专利条目不少于70万条,共计将近300万条。目前档案馆大多采用聘用或委托的方式,以每条1角计算,需要投入近30万元。因此档案信息化建设需要相当大的一笔资金。在档案信息化建设的过程中,我们必须保证经费的投入,特别是档案主管部门应加强宣传的力度,使人们真正认识信息化建设的内涵。

(二)滚动发展战略

信息化建设是一个循序渐进、逐步发展、渐进完善的发展过程,不可能一步到位,因此我们必须根据信息化的实际发展状况确定滚动的发展战略。

第一,信息技术的不断发展,必然使档案应用系统的功能不断完善和进一步发展,不是一味地追求设备的不断更新,而是要不断地接受新的管理理念和观念更新的应用技术。

第二,数字档案的积累是一个没有终点的发展过程,也是档案信息化建设的核心内容,信息积累得越多,所拥有的档案资源才越丰富,给社会提供的服务面才会更宽,对公众的吸引力才会越大,档案才具有更大的发展潜力,档案工作的地位和作用才会得到更充分的体现。因此,无论是文档一体化、馆藏数字化,还是信息资源的整合都将是以一个滚动的发展过程。

第三,对数字档案资源的共享和开发利用来说,从目录检索、全文检索到社会化开发、知识化管理、辅助决策支持,从单份的档案资源信息到基于对象管理的信息链接加工,从局域网共享到与整个社会共享,都是一个循序递增的渐进发展过程。

第四,在自动化办公、信息化管理的基础上,还将实现数字档案馆和智能化控制的目标。

(三)产业化发展的战略

档案是社会发展的真实记录,是最原始的历史凭证,因此它是社会经济和社会发展的宝贵资源,它不仅记载着文化遗产,也在形成新的社会文化,已经成为社会生产力的重要组成部分,是综合国力最直观、最具体、最真实的反映。面对文化产业的浪潮,我们不能再把文化看成是在思想观念、风俗习惯、增强民族凝聚力等方面起作用的力量,而要把它当作一种像科学技术一样能产生巨大经济效益和社会效益的宝贵资源。

在信息社会快速发展的今天,信息资源对经济增长的作用也日益突出。档案作为社会的原生信息源,如何进行社会开放、开发利用是时代赋予档案事业发展的历史性机遇和档案工作探讨新思路的责任,走档案信息产业化道路是符合时代需要的发展战略,它不仅为档案事业的发展注入了新的活力,增强造血机能,创造新的运行机制,也对信息化社会经济的增长提供了强大的动力。

随着我国综合国力的不断增强,人民生活水平不断提高,市场对文化产业和信息服务的需求必将会呈现出加速上涨的趋势。档案信息产业化会不断地促进档案信息化的建设。档案信息产业化不仅可以解决档案工作投入不足的问题,还可以从侧面提升档案的价值,从而有利于推动档案信息知识化、社会化的实现。

档案信息化产业的途径可以不断地创新,在起步阶段可以对公开上网的社会化信息利用收费系统,实行信息利用收费;也可以按照国家、地方的产业文化需要,吸引社会资金和人力资源开发档案信息,共享知识产权和经济利益;还可以开展灵活多样的档案展览;也可以对社会、企业实现档案开放,开创新型的档案信息服务;更重要的是要加强国际的交流与合作,也可以把现有的档案制成光盘对外出售,这样在创造社会效益的同时也获得了经济效益。

总之,档案信息产业化的方式还很多,我们可以在档案信息化的进程中不断地研究和探索,坚信只要我们勇于实践,敢于创新,就一定能够探索出一条档案信息化产业的新路子,积极推动我国档案事业的发展。

(四)需求驱动战略

需求驱动是档案信息化建设应遵循的重要原则,也是实施信息化战略的重要内容之一。档案信息化建设的范畴十分宽泛,它是档案管理理论的发展,是档案管理手段的变革,是信息社会的需要,并不是一个阶段性的工作。因此,开展档案信息化建设必须从电子档案的形成和管理、急需共享利用的档案信息出发确定建设内容,需求驱动才能成为现实、才能获得相应的发展条件。例如在自动化网络办公环境下,文档一体化会变得急需;有了先进的应用网络,人们对信息的网络服务会变得比较急需;在实现档案目录使用计算机和网络检索的条件下,人们会提出全文检索的需求;为了保护珍贵的历史档案及其信息,也会想到将其数字化;随着政府职能的转变以及管理工作的科学化、规范化和高效率的要求,档案信息辅助决策功能的发挥将提到议事日程。不同的档案管理部门只能根据现实的需要确定阶段性的建设目标,逐步展开建设,逐步完善系统。

(五)专业化的服务战略

档案信息化是国家信息化建设战略的重要组成部分,因此信息化建设程度的高低直接影响着国家信息化战略的落实程度,也关系着我国信息化建设的发展进程,为此我们必须做好档案信息化建设的基础工作。档案信息化建设是一个系统的复杂工程,它的发展需要社会多方的努力和支持,单靠档案部门的自身力量很难实现自身的战略目标,也很难达到自身的效果,必须依靠联合专业的IT服务公司,从咨询、规划、设计、研发、实施培训等系统建设的外包模式,到服务器、数据的专业化管理和技术维护,计算机网络设备和应用软件的售后服务,以及更新升级等都必须依托社会化的信息技术服务,才能获得更大的发展空间,才能及时解决信息化建设和信息开发过程中面临的各种问题,才能有效探索和推动档案信息产业化的市场途径,才能推动档案信息化建设的全面发展。

(六)应用推广战略

在信息化建设的过程中,资金的专项投入、设备的专门购置是不可缺少的建设资源。没有信息化的基础设施建设就不可能开展信息化工作,另一方面全国绝大多数档案部门、管理机构都已经不同程度地购置了信息化建设的基础设施,甚至也开展了一定规模的管理信息系统和信息资源建设。然而,只建设不使用,或使用得非常浅显是当前信息化建设的一大难题,当前首要的工作是应用推广,普及和推广要在深层次上下功夫,在项目的规划和计划中着重强调应用普及问题,将它们纳入计划建设和培训工作中。必须在更新管理观念、改变管理手段、加强培训引导、建立健全制度方面下功夫,重点发挥领导和重要业务职能部门的关键作用。应用普及工作关系到档案信息化建设的发展和生命力,关系到国家信息化战略基础性信息资源建设的成败。

三、档案信息化的战略原则

在档案信息化的建设中,容易产生重技术轻管理的倾向。实际上在档案信息化的建设中,实行管理的规范化、科学化是基础,管理到位是档案信息化持续建设与发展的重要保证。在档案信息化的建设中要实施总体规划、分步实施、需求驱动、重点突出的原则,并在资金投入和人才队伍建设上为档案信息化建设提供必要的保障。

(一)总体规划的原则

信息化建设是一个系统的工程,它具有涉及面广、历时较长的特点,它涉及社会的每一个单位,因此社会的每一个组织单位都必须根据国家的信息化战略与目标来制定自身的信息化战略与规划,因此国家的总体规划必须纳入每一个组织单位的信息规划之中。

档案信息化的关键在于加强规划管理。对于这样的一个工程,必须有全局性的长远的总体规划。但目前来说这个问题还没有引起档案界的足够重视,无论在全局性、区域性或微观管理上都缺乏科学、到位的规划,到已经形成"战国纷争"的局面时,再出台规划为时已晚,此时要扭转混乱的局面必将遇到很大的阻力。

对档案信息化建设来说,长远规划是一个纲领性的文件,其中应该以科学的发展观为指导,对档案信息化的需求、定位、战略目标、组织方式、管理方式等加以确定。制订档案信息化规划应该与国家、地区、行业的信息化整体规划相衔接。对于那些资金和技术条件并不雄厚的单位,总体上纳入信息化规划才能取得好的效果,我国信息化建设取得较好成绩的档案馆都是如此。例如青岛市档案馆的建设得到了当地市委、市政府的高度重视,该项目被列入青岛市国民经济和社会发展的第十个五年计划;上海市档案馆的信息化建设被列入长宁区政务网建设的总体规划中,与政府信息化工作同步发展,使之成为电子政务的重要组成部分。这些成功的经验证明档案信息化建设与社会接轨的重要性。

首先,制订信息化的长远规划应该明确需要,认真论证。特别是主抓信息化建设的领导要非常清楚信息化的需求,这样才有利于信息化建设的总体规划与设计。在软件的开发前,应在研究档案业务的基础上提出总体设想。要从档案工作者的使命和战略目标出发,明确档案业务及管理变革的策略,详细分析档案业务的关键性指标,从中抽取档案信息化的需求,建立总体框架。对于单个软件的开发来说,成败的关键在于系统设计之前对需求论证的清晰程度,对于长期的宏大工程来说更需要明确需求。

其次,制定档案信息化的规划应该因地制宜,准确定位。给本单位的档案信息化建设制定长远的规划,首先要从本单位的实际出发,综合考虑馆藏的数量、资金、技术等条件是否成熟,以及当地信息化整体的发展状况等在内的各种条件。不是所有的档案馆都能建成虚拟档案馆或数字档案馆的,应根据自身的情况因地制宜地进行建设。

最后,制订规划要明确目标,科学分解目标。作为信息化建设的总体规划,不仅应该提出总体目标,还应该确定实施战略,科学的分解目标,确定在时间和空间上分步实施的大体阶段和阶段性目标,并在以后的软件设计中加以体现。以深圳市数字档案馆的建设为例,它的建设分三期实施:一期以制定各类标准、基础设施建设、应用系统开发为主,发布部分档案信息;二期以扩充档案信息源,对馆藏档案进行数字化处理为主,修正并改进一期成果;三期主要是在总结与改进前期成果的基础上,制定数字档案馆管理流程,增加档案信息量,进一步扩充档案信息源,接收立档单位形成的数字档案,建立电子文件中心管理系统,实现对现行电子文件的管理。

(二)分步实施的原则

档案信息化建设是一个长期而复杂的系统工程,一方面它需要依存于国家和单位信息化战略的实施,并作为其重要的组成部分;另一方面,档案信息化总体规划是立足现实,着眼未来,而不是一蹴而就的事业。因此档案信息化必须采取分步实施的原则。

档案信息化作为一项系统工程,其实施也将按照工程建设模式来进行,每一项工程其各项建设内容有着内在的逻辑关系,这也是分步实施原则的又一个重要依据。

1.在国家信息化政策的指导下,根据档案信息化总体规划制订具体的分期实施方案

在制订实施方案时要有全局的发展眼光,实施方案既要充分考虑国家信息化战略实施进程、档案管理的实际情况和发展的实际需要,又要充分考虑经费的实际投入、技术支持能力、人力资源状况以及工作环境等因素。在综合考虑这些因素的基础上,制订出切合实际需要的具体的工作计划、项目组织和控制措施。

2.制定新的管理制度和规范化的业务标准

传统的档案管理制度已经不能适应档案信息化的需要,信息化对业务标准也提出了更高的要求。电子文件的归档制度、逻辑归档的操作规范、安全管理体系等制度都需要全面制定。业务标准是信息化建设、信息技术应用的重要基础和准则,它包括技术体系、工作体系、组织体系和工作规范等方面,一般根据国家、行业和地方的标准规范并结合本单位的发展需要来制定目录的查询和全文检索、多媒体信息支撑、安全管理和数据备份等制度。

3.加强档案数据资源的建设

将现行的电子文件通过逻辑归档方式收集和处理;将现成的纸制文件通过扫描中心电子化;将传统馆藏档案进行全文数字化处理。按照档案分类的原则建立数据库或数据仓库,为档案信息的共享和开发积累资源。同时最大限度地进行各管理和业务部门所有现行档案系统数据的集成,进行软件和各专业管理系统的整合,建立起有效的数据集成系统。

4.构建信息系统的运行平台

信息系统平台包括信息处理平台和信息交换平台两部分。档案管理系统应充分考虑到档案信息的特殊性和绝对安全性的需要,要做到与内部自动化办公网络相连接并采取授权管理,同时要与公共网络实施最有效的网络安全隔离设计方案。一般来说,档案信息扫描和处理、档案信息交换、档案数据存储和备份,只能在内部办公网和档案局域网中运行,相应的档案信息处理和存储设备也必须是专用的。只有可以向社会公开的档案信息才能提取并通过与公众网络的连接实现社会共享。系统软件的选择必须充分满足档案信息管理和档案系统的需要,如电子文件的逻辑归档、数据库的建立、档案信息目录的查询和全文检索、多媒体信息支撑、安全管理和数据备份等。

5.加强人才队伍建设和管理培训

档案信息化对档案管理人员来说是新事物,为了确保技术应用和档案信息的知识化、社会化开发,必须打破传统的档案管理队伍模式,要更加注重人才复合型素质的要求,更加着重队伍的多学科知识结构和梯队结构的合理性建设。同时档案信息化是档案管理现代化的必然,档案管理的专业化不能削弱,因此面对档案信息化的挑战,必须加强专业队伍信息化知识和技能的培训,更新知识结构,增强信息技术应用能力。

6.开放档案共享信息和辅助决策支持系统

档案信息化的根本目的一方面是深入、广泛地开发利用档案资源,实现档案的资源共享,最大限度地提高档案的利用价值,为社会提供更多的信息资源,把开放的档案资源知识化、社会化;另一方面是有效提升档案管理的基础性作用和地位,充分发挥档案信息在管理活动中的辅助决策作用,积极为现实工作服务。因此档案信息化的核心工作是档案信息共享系统的建立和开放,辅助决策管理系统的开发和应用,档案信息知识化的编演和开发,档案信息的共享必须高度重视保密鉴定和授权管理,辅助决策管理系统必须注重科学体系的建立、数学模型的构架和确保信息的及时维护。此外分步实施必须实行分阶段的综合建设策略,把硬件、软件、人力资源等同步建设,做好电子文档收集、馆藏数字化的基础数据准备工作,逐步实现系统资源共享、档案信息开发利用和知识化管理目标。

（三）重点建设的原则

档案信息化建设内容的广泛性和时间的长期性都决定了它必须采取重点建设的原则。作为一个长期的系统的发展工程，无论是信息系统平台的搭建、信息化设备的购置，还是档案资源的数据积累和集成、档案信息的开发和利用都不能够一次完成，只能根据现实的需要确定重点，进行分阶段的重点建设，特别是在如何深入、广泛地开发和利用档案信息资源方面，更应该突出重点建设的原则。

（四）需求驱动的原则

社会信息化是时代发展的大趋势，但不同的单位有着行业发展需求和自身的发展条件，因此每个单位信息化战略的制定和实施必须遵循需求驱动的原则，必须充分考虑到现实的需要，依据现实的条件和需求来制定规划，拟定实施方案。同时要处理好现实需要与未来发展、建设能力与拓展空间、人力资源与现实信息技术水平之间的关系，遵循科学的发展观，实现可持续发展。

第三节　档案信息化的规划宗旨和需求

一、档案信息化的规划宗旨

适应国家信息化建设和档案事业发展的要求，把档案信息化纳入国家信息化建设的总格局，以档案网络建设为基础，以档案信息资源建设为核心，以扩大档案信息资源的利用为目标，加快推进档案资源数字化、信息管理标准化、信息服务网络化的进程，促进档案事业持续健康发展，为现代化建设服务。科学的理论是在总结分析实际工作需要的基础上产生出来的，同样在档案信息化建设过程中也需要科学的理论作指导，这也是档案信息化建设过程中应遵守的基本准则，它产生于档案建设过程的实践，也必将为社会实践起到理论性的指导作用。

（一）转变管理理念，勇于开拓创新

在信息社会发展的今天，档案作为最原始的历史资料，它的作用和价值

也越来越被人们重视,它的应用范围也在不断地扩大;档案管理作为社会的基础性工作应该在管理方式上进行划时代的变革;档案工作者作为掌握和管理这一重要而特殊的社会资源的主体必须确定正确的指导思想,更新管理理念,彻底解放思想,紧抓时代机遇,勇于开拓进取,积极采取多种措施开展创造性的服务。

第一,必须把档案信息化建设工作纳入国家信息化建设的战略中来,加大档案信息化建设宣传的力度,争取领导的支持,追加投入资金,使每个人都从根本上认识到档案信息化建设的重要性,认识到信息化将提升我国现代化的内涵,加速现代化的进程,将大大推动科技创新和知识经济的发展,快速增强国际竞争力,从而积极的推动我国的信息化建设。

第二,要根据我国的实际情况,走有中国特色的档案信息化建设之路。和世界发达国家相比,我国的信息化建设起步较晚但发展较快,但由于中国地大物博的特点,各地经济的发展又不平衡,这就决定了中国的信息化建设不能在同一层次上来建设与发展,各行业对信息化建设需求程度的不同,决定了应采取不同的建设模式。

第三,加强对档案管理人员的技术培训,进一步研究在档案管理和档案资源的开发利用方面如何应用计算机网络技术,用现代化的管理理念驾驭现代化管理技术,用信息技术提升现代管理水平,努力开展信息化的建设工作,以此来落实信息化的发展战略。

第四,要树立解放思想,勇于开拓创新的精神,因众多的行业对信息的需求千差万别,信息技术的发展没有适合发展的现成模式和方案,只有把信息技术的基本原理和现实的实际需要有机地结合起来,才能找到适合自己发展的新路子。

(二)以法律为准绳加强管理制度建设

档案信息化建设是一场划时代的革命,但它只是在管理理念上的改变,即应用现代技术来推动档案管理工作。档案信息化是在管理手段上的改变,它并没有改变档案形成的规律,更不改变档案的本质属性和原始凭证作用。因此档案信息化必须坚持以法律为准绳,严格按照《中华人民共和国档案法》和相关的法律法规,制定严格的档案管理制度,实行依法治档。依法开展档案信息化建设工作包括两方面的内容:一是必须应用信息技术保证数字档案和数字档案信息的完整性、真实性、有效性,解决好信息技术处理信息的强大功能与数字档案本身不可修改的关系,确保数字档案信息本身真实可信;二是在国家数字档案的凭证作用在各项法律没有制定和颁布前,在开展档案信息化建设的同时,还必须依法对纸质档案进行搜集、整理和保管,就是做到同一电子文件的收集、归档与纸制文件的收集、归档同时进行,对同一文件不能用相同的内容的电子数据取代其纸质文件物理形态的收集与归档。

加强档案信息化管理制度的建设是信息化建设内容的又一重要方面,针对档案的数字化进行档案标准的制定,不仅是信息化建设本身的需要,也为数字档案本身的凭证作用和合法化打下了坚实的基础。信息化标准的规范有不同的标准体系,它包括国际标准规范、国家标准规范、地方标准规范和行业标准规范等等。每一个单位必须根据自己的实际情况,制定适合自己的不同的体系标准,做到网络平台的搭建、信息处理和数据库建设、信息共享和安全管理符合标准规范。另外,标准体系的编制必须与档案信息化的启动同时进行,将其纳入总体工作规划中,只有这样才能真正发挥法律制度的保驾护航作用。

(三)实行纵向跟踪、横向整合的战略原则

所谓纵向跟踪就是将档案信息化建设纳入国家信息化战略的全局之中。社会组织要把信息化纳入自身的信息化建设中来统一规划统一管理,学校单位要把档案信息化纳入学校的电子校务中,各级国家机关要把档案信息化纳入电子政务中,各类企业要把信息化建设纳入电子政务之中;并且在各个法人组织内部必须将档案信息化建设工作发展到每个部门,真正把档案管理人员从传统的手工工作状态中解放出来,变传统的手工工作网络为现代化的工作网络,有效整合自身的档案信息资源,建立现代化的信息管理机构。

横向整合就是对与本单位有关的所有已开放的档案资源信息进行整合。首先在同行业之间、各区域之间、同类机构之间进行资源的整合与共享,初步形成区域性资源共享系统;然后再对所有的档案信息资源进行分类的整合,为信息社会建立强大的资源保障平台,为档案资源的深入开发利用,为档案信息的知识化、社会化提供条件,使档案信息化在国家信息化建设中发挥基础性资源的应有作用。

（四）加强人才队伍建设

档案信息化是社会信息化的重要组成部分，是社会信息化的必然产物，因此各个单位档案信息化的总体规划和实施的步骤都不可能是同一的，其建设的内容和目标只能是以业务需要为驱动力。业务需要包括电子商务需求、电子政务需求、基础管理需求、社会服务需求；自动化办公需求、辅助决策需求、自动化控制需求以及信息共享与知识需求等。一方面通过需求为档案信息化定位，另一方面通过信息化为各项业务需求提供支撑平台。

档案信息化是一项技术性很强的工作，它对于资源的开发和人才队伍的建设都有很高的技术要求，因此在实际工作中必须以更新管理理念为先导，以技术保证为手段。首先要充分了解本单位信息化的基本状况，加强计算机的网络知识培训，充分掌握计算机技术、网络信息技术以及软硬件的应用知识，把档案管理理论方法与信息技术手段结合起来，用现代化的管理理念驾驭技术手段，用现代技术推动管理目标的实现，立足信息化的业务需求努力探索信息化的建设模式，形成新的管理思想体系、理论体系。其次是对档案信息处理的专业技术人员进行档案工作的法律法规、档案管理方法的业务和知识培训，避免把计算机网络技术和现代化的管理设备的配置当作目的，从而忽视对档案管理和开发利用的目的；最后必须认识到信息技术的发展规律，充分认识到档案信息技术的发展完善、信息技术体系的健全都不可能依靠自身的技术力量，都必须依靠社会化信息技术人力资源来支撑，只有充分利用信息技术来维护资源，才能保证信息化始终应用最新的信息技术、信息软件，也才能保证档案信息化建设不落伍、不被时代所淘汰。

二、档案信息化规划的业务需求

信息化是当代社会发展过程中出现的新生事物，因此现代档案工作面临的困难很多，总体概括起来主要有以下四部分：一是文件的整理、接收和保管，并确定电子文件的真实、完整和有效；二是馆藏档案资源的开发与利用，并提供网络化的服务利用；三是传统介质档案与电子档案将在较长的时间内共存，如何实现统一管理，提高工作效率；四是有些历史档案介质已经无法利用传统保护技术实现永久保存，对这些档案和所反映的信息必须利用现代化手段加以保存。

(一)电子文件归档的业务需求

随着计算机应用的普及推广,人们利用计算机创建处理文件成为必然趋势,大量电子文件的归档成为现实需求,国家档案局6号令已经明确要求电子文件进行归档;《电子签名法》规定了电子签名的法律效力;国家还将制定相应的法律明确电子文件的凭证和法律作用,电子文件将成为新的"历史的真实记忆",电子文件的归档成为档案管理和档案工作者新的工作内容、新的工作任务。

(二)档案信息资源开发利用的需求

保存档案的最终目的是应用,信息社会档案信息的重要性更加的突出,档案信息是信息社会的核心资源,档案信息广泛、深入的开发利用将对信息社会的发展起着不可替代的作用,信息资源将改变产业结构和经济增长方式。应用计算机网络技术管理档案信息能够实现开发、共享档案信息和对档案信息进行知识化管理、社会化开放,才能更充分地实现档案的价值。

(三)馆藏档案数字化的业务需要

传统档案馆所保存的档案以纸制为主,是实物,它的唯一性保证了档案的凭证作用,但由于不同时代形成的不同档案载体质量也大不相同,保管的条件大不相同,加上保存技术的局限,特别是随着时间的推移和利用次数的增多,势必对馆藏档案造成损失,也必将对馆藏档案的利用产生局限。馆藏档案的数字化处理可以很好地解决有效保护实物档案与更充分地利用档案信息的问题。同时对于那些在档案机构馆藏且无法应用传统保护技术实现永久保存的实物档案、介质档案以及散存在民间损坏严重的历史档案,也只能利用信息技术进行处理,以此来实现对信息内容的完整性保存。

(四)现代化管理的需求

实现档案工作的现代化,可以提高档案的利用率,可以更充分地利用档案,推动档案事业的健康发展。实现档案工作的现代化管理的原因具体如下。

1.社会发展的迫切需要

在信息化社会快速发展的今天,知识和信息越来越成为比实物资产和传统能源更为重要的资源,对生产力的发展、社会的进步所发挥的作用越来越大。为此社会要求专门的信息部门能以较高的存储、处理和控制信息的能力,为社会提供高质量的信息服务。档案部门作为掌握信息资源的重要机构,必须采用多种先进技术实现档案工作的现代化。

2.档案工作发展的需要

随着科学技术的不断发展和档案工作的不断深化,档案工作也发生了日新月异的变化,一是档案数量急剧增加;二是新型信息介质和记录方式的档案不断出现。同时随着时间的推移,档案的数量也在迅速增加,由于人为和自然因素的以及保管条件欠缺不当,档案损坏程度日益加剧。因此档案工作现代化成为历史的必然要求。

3.社会经济的发展需要

随着社会的发展档案资源在各个领域的特殊作用越来越明显,档案资源已成为社会进一步发展的重要基础性资源。它能够高速、及时、准确、全面地向档案利用者提供经济建设发展的重要信息,档案资源作为社会的重要资源,是社会进一步发展的重要基础性资源,在当今社会,人们对获取信息资源的基本要求是迅速、准确。计算机网络等现代化技术在档案工作中的应用,将会大大提高档案部门处理信息的能力,从而能够高速、及时、全面、准确地向社会提供信息服务。

4.档案事业发展的需要

随着社会的发展档案工作的科学文化性质越来越突出。社会服务工作的效果对于档案工作的存在和发展也产生着越来越深刻的影响。如果档案事业长期处于落后状态,不能卓有成效地为社会服务,档案在未来事业的竞争中将处于不利的地位。更为重要的是信息资源的开发将由此受到不良的影响。因此只有以现代化的管理方式和管理手段来提高档案馆的效率和质量,档案事业在发展中才能获得应有的地位,发挥应有的作用。

第四节 档案信息化建设管理规划的任务

档案信息化建设的主要任务,是档案部门努力适应信息化的发展趋势,在国家和档案行政主管部门的统一规划和领导下,通过应用现代化的计算机技术,深入开发和广泛利用档案信息资源,加快我国档案信息化建设的速度。档案信息化规划的任务总体上包括以下几个方面,即目标任务的规划、组织管理的规划、建设内容的规划、资源安全的规划、系统的整体规划。

一、目标任务的规划

档案信息化建设的范围应包括与档案有关的所有管理机构和领域。任何档案管理机构在搜集、整理、积累等管理过程中,都应围绕档案信息化建设的总体目标,根据本单位档案的搜集、保管以及使用情况制定信息化建设的总体目标和阶段性目标。

档案信息化的目标是以现代化的信息技术为手段,实现对档案管理和提供的现代化,不能把手段当目标,只重视网络的建设和设备的更新,现代化信息技术的应用也不是把过去的手工操作变成计算机管理那么简单。档案搜集、整理的目的在于开发和利用,如果存档的目的不是为了利用也就失去了存档的价值。因此档案信息化总体目标的制定必须围绕信息资源的搜集、整理、开发和利用的整体思路来开展。

在规划的过程中对近期规划和长远规划必须制定出不同的规划措施。对于近期的规划,首先必须对现有的档案资源进行标准化规范化的处理,比如一些档案的来源、主题词、目录等;其次是对电子文件的创建和构成进行规范,制定出规范的归档标准,为计算机的可识别管理打下基础;再就是确定数字档案禁止写操作处理的存储格式,在此基础上通过馆藏数字化和文档一体化积累档案信息资源,实现内网与外网的有效共享。

最后要考虑信息化的管理系统不能局限于只满足本单位对档案的充分应用,还要考虑到能满足开放档案信息利用的社会需求,通过利用网络化等途径充分利用档案资源。要实现档案信息利用的网络化就必须对上网档案制定严格的开放鉴定管理制度,对使用者实行授权的管理办法;其次是要建立安全的网络控制管理系统,建立状态网络利用和跟踪记录的管理系统,并对此系统使用专门的服务器进行管理。

不仅如此,还要在如何提高档案的使用效率和现代化的管理水平上进行规划。对此必须做好三方面的工作。一是结合档案管理的基本规律和现代技术的特征和功能,用现代化的管理模式去取代传统的管理模式,比如对档案的随时完善、档案利用状态的随时监控等;二是如何对档案管理部门实行科学化的管理,比如对工作场所以及出入档案室的人员实施监控,确保档案信息的安全。三是按照信息化建设的需要,加强对技术人员的业务培训,在人力资源上为档案信息化建设提供技术保障。

对长远的目标规划,首先要加强不同业务部门网络运行系统和资源的全面整合,在同行业间加强横向和纵向的全面信息资源的整合,建立全方位的、能够满足本单位信息资源需求的资源数据库,成为本单位信息资源的集散地。同时为充分发挥现代信息技术优势,对档案信息进行技术处理,有效避免信息"孤岛"的问题。最后是在档案信息资源的利用上,加强档案信息资源深层次、知识化的开发,比如建立辅助决策管理系统,充分发挥档案管理的基础性特点,为科学决策提供可持续发展的参考信息;大力开展档案信息理论的研究工作,探索档案为社会提供更好服务的有效途径,使档案信息这一特殊宝贵的资源得到更好的利用,更好地造福社会,这才是档案工作的最终目标。

二、组织管理及内容的规划

档案信息化建设是一项涉及内容广、建设周期长的现代化管理和技术应用工程。在信息化的进程中,信息化的建设目标始终处于变化过程中。因此档案信息化建设必须抓住重点,集中解决当前信息化的中心问题。目前档案信息化建设的主要问题是电子文件的管理、档案数字化建设、档案网站的建设等。为了适应信息技术的不断发展,必须建立有效的管理体系,设计近期和长远的建设规划,以便在科学规划的基础上确定建设的方案,并采取有力的措施组织实施。这个有效的组织体系就整个国家来说是要建立一个强有力的组织领导中心,充分利用现有的档案行政管理体系及其管理力量,领导信息化的建设工作。就具体的实施单位来说,一是要把档案管理机构纳入整个信息化的组织机构中,不能把信息化建设仅当成行政管理部门和信息技术部门的事,否则信息化建设只能停留在自动化办公和管理运行的层面上,那么信息化建设的重点就不能放在信息资源的建设上;二是要建立以档案管理机构为主体,以行政管理机构和信息技术部门协同支持的档案信息化建设指挥中心,正确定位档案信息化在社会信息化建设中的作用,正确处理好档案信息化与社会信息也的关系,有组织地开展档案信息化建设,高度认识有组织地建设信息化的重要性,把组织体系当作是信息化的前提条件来抓。

(一)规划的具体内容

档案信息化建设是一个涵盖内涵丰富,涉及的外延较大的系统建设工程,它丰富的内涵包括了软硬件的建设内容,包括了不同的建设阶段,每个建设阶段都有不同的工作目标和任务,但每个阶段和环节都存在着内在的逻辑关系,因此按照周密的计划有步骤地实施各阶段的任务,是保证整个信息化工程顺利完成的关键。规划的具体内容主要包括以下几个方面。

1.制定总体规划

根据国家信息化建设实施战略对档案信息化建设的具体要求,结合行业特点以及各单位的实际需要,制定切合本单位实际的总体规划、建设目标和各阶段的具体任务,在此基础上确定网络建设方案、软硬件的配置计划,制定实施策略、评价的指标体系、预算资金的投入、人员的配置以及办公场所等具体要求。

2.搭建网络化的信息平台

在国家网络化建设总体规划的指导下,进行档案管理局域网的设计,配置服务器和计算机以及数字化处理和数据备份设备,选择购买或委托开发档案管理软件,搭建档案管理系统和信息共享的网络平台。

3.积累并整合档案信息资源

档案信息资源是档案信息化建设的核心内容,没有信息资源的积累,信息化建设就成了一句空话,因此每个单位必须有计划、有步骤地开展档案资源的积累工作。一般是通过文档一体化、馆藏数字化和业务管理系统信息的整合来积累数字档案,并对数字档案进行分类的整合,根据类别建立数据检索目录。

4.建立规章制度

规章制度是档案信息化建设顺利进行的保障,每个单位都必须在国家政策法规的指导下,制定出切合本单位实际的规章制度,在国家相关的电子文件管理办法的指导下,制定符合行业和单位实际的电子文件标准和管理办法、网络信息安全制度、网络的维护制度以及规范的具体标准。

5.挖掘档案潜质,提高经济效益

档案资源的特殊作用就在于它的可开发性、可利用性,我们应该充分发挥档案信息资源的知识化、社会化的特点,积极探索和勇于实践档案信息产业化的道路,为社会提供更多的再生资源,把档案自身的价值转化为经济效益。

三、资源的规划

实施档案信息化战略,是我国适应社会信息化建设需要的一项重要工程,同时也是弘扬民族文化提高民族素质的历史性课题,是利用现代化的手段对当今社会改革、发展、建设过程的真实记录,它的存在和完善对于社会经济的发展起着积极的推动作用。档案资源的规划要积极围绕档案资源建设开展工作,主要包括以下几方面的内容。

(一)档案资源的收集工作

档案资源是档案工作的重要内容,档案资源的多少直接关系到档案工作开展的广度和深度,因此应加大力度加强对档案资源的收集工作,不漏掉任何有价值的档案资料,在质量上和数量上保证档案资源的完整性。

(二)加强档案目录数据库的建设工作

档案目录数据库建设是档案信息资源建设的重要组成部分,它关系着档案信息的检索内容、检索的速度等,它处于档案信息资源的龙头地位,因此是信息化建设的重要内容。

(三)加强档案全文数据库和多媒体数据库的建设

档案数字库的建设应以现实需要为前提,分阶段、分步骤地实施,逐步实现档案全文数据库的查询,不断提高服务效率和服务质量,来满足利用者对档案的不同需求。

(四)加强电子文件的建设工作

各地档案馆应与当地建立电子政务的网络平台,充分发挥档案资源的管理优势,建立电子文件管理中心,方便、快捷、准确的接受电子文件和电子档案,并利用资源优势,积极开放可以上网的电子档案,为社会经济建设提供服务。

四、安全规划

安全规划是信息化建设的一项重要内容。档案信息安全除了考虑一般信息化的要素外,还必须考虑档案信息管理所要求的安全,因此按照安全原则指导档案信息化建设,不仅是信息化本身的特点所决定的,也是档案工作固有的特点所决定的。为此必须做到以下几点。

第一,是维护系统的安全。档案信息化建立在计算机系统平台的环境中,计算机技术发展到今天,各种计算机病毒的产生具有很大的杀伤力,对任何计算机系统都能构成威胁,一些黑客的攻击,也常给网络的运行造成极大的破坏。因此维护系统的安全是信息化实施时必须遵守的原则。在实际操作中,防黑客、防病毒等措施的配备必须完善,系统安全性能的检测和防护制度必须建立,并且得到落实,以此保证整个系统能正常而稳定的运转。

第二,是维护信息的安全。系统的安全保证了整个系统的正常运行,但不能保证整个系统信息的安全。因此确保信息权限的设置功能的健全是维护信息安全的重要措施。从利用功能上说,对各种不同的信息设置不同的密级,以满足各个层次用户的需要,为此要设置不同的密级权限,这是有效防止信息失密的安全措施。一般来说,一个规范高质量的信息系统,其存储的信息越多,信息处置的权限的规定也越明显,信息的保管也越安全。

第三,是要建立安全的信息制度。信息安全制度包括的内容很广泛,有针对个人的安全责任制、有针对信息安全的数据异地备份制、有针对系统安全的定期安全检查制、有对信息使用安全的操作制以及工作人员的安全意识、安全责任的承担和安全失职的处罚等。

总之维护安全制度的建立和推行,同维护系统和安全措施的建立和执行一起,完整地构成了信息化系统安全运行的保障机制,充分体现了档案信息化过程中安全原则的全面贯彻。

安全规划信息资源管理是实施信息化建设不可或缺的重要层面,而网络安全则是关键,安全管理必须纳入档案信息化建设的总体规划,并作为重要内容来建设。总体说来,安全规划的体制和措施主要有以下几点。

第一,建立档案信息安全保障体系框架,逐步完善档案信息安全管理体制。加强对档案信息资源的管理,确保档案数据库的安全;加强对电子文件归档工作标准规范的监督和指导,保证档案电子文件的真实、完整和有效;档案部门的内部局域网必须与公众网实行物理隔离,在局域网内要加强管理措施,使用网络行为控制系统,确保档案信息网络传输安全。

第二,各级档案部门在开发档案信息资源和网络建设工作中,要提高信息安全意识,加强上网信息的审查与管理,防止失密、泄密事件的发生。档案部门要严格遵守相关的安全保密制度,非公开的档案信息一律不准上网共享,上网的档案目录和全文信息要经过严格的控制和鉴定;在公众网上提供公开的档案目录或全文共享的,要严格采取安全措施保证共享信息的安全性。

第三,要制定严格的工作人员安全管理制度,加强安全教育,明确安全责任,建立安全监督机制。同时建立工作过程的状态网络,跟踪工作人员的操作过程,通过制度管理和系统控制,杜绝人为安全事件的发生。

第五节　档案信息化规划的思路

档案信息系统的使用最终将落实到专门的档案管理机构,而对于档案馆来说,只有不断地完善信息基础设施,推广、普及、深化信息系统的使用,实施业务信息化,推进管理和业务的综合集成,才能走出一条科学高效、扎实稳妥的信息化建设之路。

一、加强基础设施的建设工作

不断完善档案信息基础设施建设,为信息化建设铺路搭桥,是档案信息化建设的基础。档案信息基础设施主要包括:交换机、路由器、高性能服务器、大容量存储和备份设备,以及操作系统、可靠性的信息安全系统、数据库管理系统等。经过多年的建设,许多单位都已经建立了局域网。但也有一些单位仍然停留在网络上面看新闻、电脑当作打字机的水平,许多工作仍然是手工或者打字系统,更没有设想工作流程的综合集成。信息化巨额投资没有获得应有的效益,信息化的工作任重而道远,完善信息基础设施建设,重点在于建立满足应用需求的网络。主要从以下几方面考虑。

第一,部门的局域网与办公自动化同步建设。要把档案信息化纳入国家信息化的总格局中,保持协调、同步发展。各单位在建设办公自动化系统时必须考虑文档一体化的管理要求。

第二,档案网站的建设。目前许多档案部门建设了自己的档案网站,为档案网上利用提供了方便。但还存在着许多问题比如网站更新的速度慢,内容单一,访问量极低,网站形同虚设,效率低下等问题。

第三,要用长远的、发展的眼光来看档案信息化建设,只有用动态的发展的眼光来看待今天的信息化建设,并把数字档案馆的建设作为今后工作的发展目标,才能从根本上加快信息化的发展进程。

二、实现信息共享，为决策提供支持

信息化建设的实践证明，单一的信息不能共享、数据无法公用，没有考虑纵向、横向业务集成的软件系统，已经不能满足当代信息化建设的实际需求。那样只会形成信息的孤岛，给业务融合和数据整合制造障碍。实施管理与业务综合集成，为档案信息化营造可持续发展的空间才是档案信息化建设的最高阶段，办公自动化系统、档案管理信息系统之后，集成各种信息资源，实现档案管理的最终目标。通常的综合集成是将已有的软硬件资源整合，即成为一体化的档案管理信息系统，形成相互配套、互联互通的有机整体，而作为信息化的综合集成，仅停留在这个层次上是不够的。它不仅要实现办公事务、业务处理的集成，更要着眼于管理和决策的需求，在顶层应用的需求牵引下，在业务流程的总体框架内，综合集成软硬件、网络资源，为管理提供手段，为决策提供支持，更为整个行业和机构科学、高效运转，创造最大的价值和效能提供信息化的平台。

三、加强对信息系统应用的落实工作

应用信息化的管理系统，除了具备软硬件的基础设施、规范化的管理和使用外，还需要有先进、实用、可靠的档案管理软件系统，包括办公自动化系统、管理信息系统。满足档案管理综合业务和局部业务需求的各种类型的档案管理系统，是管理档案信息的软件载体。而办公自动化系统是满足人们办公事务、处理共性需求的工具软件，它能够满足行业或单位内部所有人员的应用，是实现管理和业务信息交流、连接管理决策行为与实际业务数据的纽带，能够将所有人员和工作连接为有机的整体；它与档案管理信息系统满足业务部门、业务人员办理业务的需求不同，与档案管理信息系统既相对独立又紧密联系，既分工负责又相互补充，是档案形成阶段的系统载体。归档过程就是将办公自动化系统中管理的数据迁移到档案管理系统中，因此在信息系统建设和使用过程中应将这两大类系统区分开来。

"管理和决策"是各项工作的重心，所有的业务和人员总是围绕着各级领导的"管理和决策"来开展工作，各类计划、方案、通知、命令是开展业务工作的依据，这就决定了管理和决策需要大量实际业务数据的支持。办公自动化系统的使用不能停留在利用网络手段电子文件的层面上，档案管理信息系统的使用也不能停留在仅仅是查找目录资源信息。他们的功能不仅要包括公文管理、档案管理、信息发布、电子邮件、值班值勤、会议管理,以及人员、车辆、物品管理等基本功能,而且更要突出即时通信、流程化管理、知识管理、内容管理、信息共享、协同工作、预警预测等高级应用,要充分利用现代信息技术发展的成果,将档案信息系统的应用上升到与信息时代、信息技术水平相适应的层次。

总之只有围绕以上三部分来规划信息化的建设思路,档案信息化建设工作才能真正落到实处,本能取得实质性的进展,才能体现档案信息化的总体效益,才能使国家的信息化建设步入成熟的应用发展时期,才能实现档案资源信息的真正共享,也才能使档案信息满足社会不断发展的需要,并在经济社会发展中发挥核心资源的重要作用,从而有效地实现核心资源的社会共享。

第四章 档案信息化的基本程序与要求

对馆藏档案文献进行数字化加工处理,是在加强档案原件保管质量的同时,提高档案信息利用效率、完善档案信息利用方式的一项重要手段。随着电子政务和办公自动化的发展,人们对网上档案信息资源的需求也日益强烈。把传统的档案信息资源经数字化处理转换成数字档案信息资源,建立起数字档案信息中心,将进一步完善我国以纸质档案为主体的档案信息资源体系,为社会各界提供更为丰富的信息资源服务。档案数字化日益成为档案信息化建设的一个重要组成部分。

第一节 档案信息化概述

档案文献的信息化,就是采用各种信息采集设备将不同载体形式的档案转换成数字方式的过程。比如纸质档案的数字化,就是利用扫描仪等信息采集设备,将纸质档案原件的图文信息分解为若干点阵式信息元(像素),并将光信号转换为电信号输进计算机内从而形成数字图像文件。

一、档案数字化基本原则

由于社会需求和资源配置之间存在不均衡性,我们目前还不可能将一个单位的全部馆藏都进行数字化处理,而只能有选择地将档案馆中的部分馆藏资源进行数字化,逐步建立起既比较实用又具有一定特色的全文档案利用服务体系。在具体的规划过程中,应当遵循以下几项原则。

(一)价值性原则

即优先选择珍贵档案进行数字化的原则。人们在长期的社会实践中产生并保存下来大量的档案文献,其中相当一部分非常珍贵,而每个档案馆都有自己的珍藏,应是数字化信息的重要组成部分。将珍贵档案数字化,把档案原件珍藏起来,而将数字化的"副本"信息提供给社会各界利用,这样就可以一方面尽量减少对珍贵档案的损毁,使之长久地保管和流传下去,另一方面将珍贵档案的数字化信息以更加方便、灵活的方式展示在世人面前,为更多的研究者提供研究素材。因此,在有限资源的情况下,优先选择珍贵档案进行数字化处理,既有利于珍贵档案的保护,又有利于人们共享宝贵的档案文献遗产,是我们在进行档案数字化的工作中应当首先考虑的一条基本原则。

(二)实用性原则

即优先选择利用率较高的档案文献进行数字化的原则。人们之所以千方百计地管理好档案,就是为了满足利用者的需求,被利用者需要的档案无疑具有较高的利用价值,只有选择利用率较高的档案文献进行数字化,才能充分发挥档案信息的作用。当然,在具体运用这一原则时,还要注意考虑在不同历史时期、不同用户层次、不同研究目的的利用者,对各种档案信息需求上的差异。因此,要站在社会总需求的高度,把握党政机关、公民个人以及社会各方面的各种需要,确定不同的利用率作为选择标准。[①]

(三)开放性原则

即优先选择开放的档案文献进行数字化的原则。档案信息有绝密机密秘密和非密的区别。档案的机密程度实质上是档案准许利用范围和利用程度的问题。在进行数字化的时候,应优先选择已经对外开放的那部分档案文献,以满足社会的利用需求。也就是说,非密的档案应该是数字化的首选。对于有密级的档案,可以按照档案的机密性随着时间推移递减的规律,及时把保密期限已满、可以解密的档案数字化。有条件的单位,当然也可以首先对尽可能多的馆藏进行数字化,然后根据密级将数字化的档案信息分为内部网和外部网两部分,查阅时根据所授权限提供相应的档案查询服务。

(四)特色性原则

即选择本馆有特色的档案资源进行数字化的原则。在人财物力限制较多的情况下尤其要考虑这一原则。由于所处的地理位置专业系统的性质、档案形成的特殊性及国家有关的专门规定等,每个档案馆收集的档案都有自己的鲜明特色,因此形成了自己的特色馆藏,而一般情况下这些特藏是其

①刘亚静. 档案管理信息化与自动化探索[M]. 天津:天津科学技术出版社,2018.

他档案馆所没有的。选择其他档案馆没有的档案文献进行数字化,全力以赴创立本馆名牌产品,为有关用户提供特色服务,体现了档案馆的特色与价值,是档案馆在合作与竞争并存的信息时代更好地生存与发展的重要保障,同时也可以节约资金,避免重复建设。如反映某一地区历史、现状和发展的档案文献,是具有地方特色的档案资源,应该尽可能齐全、系统地将这些档案信息数字化。

二、档案数字化基本程序

无论哪种类型档案的数字化,都要认真做好前期准备、转换处理和后期数据整理等几个环节的工作。

(一)前期准备

在着手档案数字化之前,首先要做好应有的一些准备工作,不打无准备之仗。一般来说,档案数字化加工的前期准备主要应重点注意做好以下两个方面的工作。

一是制订工作规划。在对需要加工的档案进行总体了解和统计的基础上,对档案数字化的任务量和进度、设备和人员的投入等作出安排,以便按计划有条不紊地进行。

二是档案原件的准备。比如纸质档案的数字化,要对拟扫描档案的纸张、规格数量等进行清点、检查,做到心中有数,哪种情况扫描时要进行拼接,哪些需要彩色扫描,哪种字迹要进行灰度处理等,要制定出具体的方案。除去纸质档案上所有的金属物品,检查卷、件、页是否齐全,对字迹不清的文件予以誉抄或打印,拆卷、整理以便批量扫描等。

(二)转换处理

转换处理包括档案信息的采集、处理、存储等一系列工作,是档案数字化加工的基础工作。转换质量直接关系到数字化档案信息的清晰度和还原效果,因此,必须采取一切措施保证转换加工的质量。

1.信息的采集

比如纸质档案的扫描,要针对档案原件的具体情况(如清晰度、纸张质量字迹状况等),在扫描过程中采用相应的技术手段。对珍贵档案的扫描尤其要谨慎处理,要根据纸张的不同情况采用不同的扫描方式,以免损坏档案原件。

2.信息的处理

比如纸质档案扫描图像有时需要进行纠偏或除污,录音档案的音频信息需要除噪音等。

3.数字信息的存储

即以适当的格式将转换好的数字化信息存储在适当的载体上,以便长期保存和提供利用。

(三)后期(数据)整理

档案扫描的后期整理,是直接关系到快速、准确检索利用的重要环节,丝毫也不能马虎。比如,扫描后的数据集中在一起,要认真检查卷、件、页是否准确,标题与正文应对应无误;对扫描不清晰的要查明原因,确属方法不当的要重新处理,属于原件问题要予以注明。经核查核对各种数据无误后,才能把数字化的档案信息并入到计算机应用系统中,或上载发布到档案网站上,供利用者检索查询。

三、档案数字化保障机制

档案数字化过程中,要采取必要的技术手段和管理措施,保证档案数字化加工的质量,确保档案原件的安全完整以及档案数字化信息的安全保密。

(一)质量控制机制

为了保证档案数字化加工的质量,最重要的就是切实加强各个环节的检查。比如,扫描前要认真检查档案原件是否完整、排序是否正确,对折损严重影响扫描质量的原件应预先修整;扫描后要检查图像是否保持档案的原貌,字迹是否清楚不失真,亮度是否适当,无错扫、漏扫,对图像质量有问题的应重新扫描;扫描图像文件与机读目录数据库的挂接是否准确无误;刻录好的光盘应进行质量检测,确认无病毒,保证文件内容的完整和准确等。

(二)安全性保障机制

必须在每一个工作环节进行监控和限控,以确保档案原件和数字化档案信息的安全。比如,在整个流水作业过程中建立交接制度,确保档案原件不出现丢失等安全问题;在档案数据整合到数据库中或刻录光盘后,切实落实工作机暂存数据的删除制度,防止档案信息的扩散或流失;建立光盘数据备份制度,防止数据丢失等。数字化档案信息的利用也应有严格的规定并认真执行,特别是不能上外网的一定不能上。

(三)可用性保障机制

数字信息的存储与传送受制于硬件、软件与服务分系统构成的技术系统与数字环境,离开了数字信息的工作环境,数字档案信息就无法利用,就会丧失其存在的价值。当硬件、软件、网络环境改变后,有可能造成数据不兼容时,就要将数据信息向新的硬、软件环境转移,确保在新的技术环境下能够对数据信息进行检索、使用和长久的保存。保证数字信息长期可存取性的关键在于数字媒体选择、科学管理与成功的技术迁移。技术迁移是数字信息从一个硬件、软件配置向另一个硬件、软件配置转移,或是从老的计算机技术向新一代的计算机技术转移。当硬件与软件发生变更,并使用新一代技术维护该数字文献的兼容时,迁移可以保护原数字文献的完整性。

第二节　纸质档案的数字化

一、数字化处理方式的选择

将纸质档案转换成计算机可处理的数字格式通常有两种做法:一是将纸质档案扫描并以图像方式存储(或进行OCR字符识别变成文本文件),二是利用已有的缩微胶片影像进行数字化转换。

(一)直接扫描图像法

采用扫描仪对档案原件进行光学扫描,然后将光学图像传送到光电转换器中变为模拟电信号,又将模拟电信号转变为数字电信号,最后通过计算机接口送至计算机中。此外,采用数码相机也可以生成高质量的小文件的图像,但由于其分辨率不足,不能保证很小的特征也能得以忠实地记录。

将纸质档案扫描后进行字符识别变成文本文件,优点是识别处理后的文件以文本形式存储,存储空间小,能够实现全文检索。但却失去了档案原件的视觉效果,特别是手写字迹的识别目前仍然不过关的,校对工作量较大,费用也比较高。而扫描后直接以图形文件进行存储的方式,调阅时见到的是原件的"克隆"样本,看得到诸如印章、签字、批注等信息,给利用者比较直观的视觉感受。加之避免了大量的校对工作,费用也比较低。

(二)缩微影像转化法

即采用缩微胶卷扫描仪将胶卷、单片缩影胶片和打孔卡转换成数字形式。从缩微胶卷进行数字化的主要优点是:没有尺寸和形状的限制,任何文件都可以先拍照后扫描,比如报纸因版面过大而无法用普通扫描仪数字化,必须通过过度介质如缩微拍照或高分辨率的数码相机实现转换;缩微胶卷仍然可以保存成为数字档案的备份;当工作过程被标准化后转换速度快;已有的缩微胶卷无须再制作,节约了成本。

从缩微胶卷进行数字化,除了专用设备较为昂贵外还有以下缺点:数字图像已经是第二或第三代,虽然图像可以强化但需要付出代价;高反差胶片已经去掉了一些原始信息,且色调再现能力差;一些胶片状况差,包括划痕装订线阴影、叠接等;尺寸不同的扫描对象和重要的编目问题打乱了规定的数字化程序;扫描仪的分辨率不足以捕捉所有有价值的细节。

档案部门近年的工作实践也表明,对纸质档案进行直接扫描的方式比较经济和快捷。因此,纸质档案的数字化一般应采取扫描的方法将其变成电子图像文件直接存储,再配合标引信息数据库的建立,实现档案资料电子影像的快速检索利用。缩微胶片影像间接转换的方法因设备投入较大而只能作为辅助性手段,当然,有些情况下,直接扫描和间接转换这两种方法也可以同时配合使用,特别是在已经拥有缩微复制品并且具备转换设备的情况下,通过缩微胶卷这一过渡介质间接获得数字化图像比较适用。

二、数字化输入设备的选择

档案信息数字化可采用扫描仪、数码相机、数字摄像机等录入设备。各级档案部门目前投入使用的档案数字化加工系统大多采用扫描仪作为数字信息采集设备。纸质档案数字化所用扫描仪的选择,取决于所处理档案的数量、形态和完成任务所计划的时间等。

(一)扫描仪的种类

扫描仪通常分为高速扫描仪和平板扫描仪。高速扫描仪一般处理速度可达每分钟20～120页,还有单面扫、双面扫不同类型可供选择,其特点是扫描速度快,主要缺点是无法处理大幅面档案,档案纸张状况较差时易损坏原件,特别是珍贵档案也不太适合选用该类设备进行加工处理。[1]

平板扫描仪主要用于A4、A3幅面档案的扫描,用途广,功能强,种类多,价格低,但处理速度较慢。因档案原件的幅面大小、纸张质量通常是各不相同,千变万化的,在具体选购时可以平板扫描仪为主,需要时适当配置少量高速扫描仪。

选择平板扫描仪的时候首先要注意扫描仪的最大幅面。一般分A4、A4加长幅、A3、Al、A0几种,以A4最为普遍。由于档案馆扫描对象多为普通文档及少数相片、图片类,A4及A4加长幅已可以满足日常所需,若原稿幅面较大,也可以通过分块扫描后再拼接的方法来实现扫描。如果扫描大幅面图纸较多,或资金雄厚,也不妨考虑其他几种。

扫描仪按颜色还可以分为黑白和彩色扫描仪。如果仅做文字输入,用黑白机即可,但由于目前黑白机和彩色机的价格已很接近,况且某些档案原件采用彩色标注(如红铅笔批注、发文单位等),所以一般情况下都以购买彩色扫描仪为主。

(二)扫描仪性能指标

1.扫描速度

扫描速度是表示扫描快慢的指标。这项指标对档案馆颇为重要,因为档案馆藏数量庞大,高速扫描有利于提高工作效率,缩短档案信息数字化的时间。

2.扫描分辨率

这是决定图像质量的关键因素。分辨率选择应根据用途、原件字体大小来决定。一般须兼顾显示、打印或识别要求,适当考虑存储空间效率,过高的分辨率不但无法显现效果,会放大原件噪音,而且对存储空间是一种浪费。

分辨率是表示扫描仪精度的重要指标,反映了扫描仪对图像细节的表现能力。其中,光学分辨率是扫描仪的光学系统可以采集的实际信息量,即扫描仪的感光元件(CCD)的分辨率;最大分辨率是通过处理器或软件算法可以捕获的信息量。光学分辨率是应当首先考虑的指标,因为它不仅决定了扫描仪的价格档次,还是扫描仪对原始图像感知能力的具体表示。当前市场上扫描仪的光学分辨率主要有300×600dpi、600×1200dpi、1000×1200dpi

①赵娜,韩建春,宗黎黎等.信息化时代的档案管理精要[M].天津:天津科学技术出版社,2018.

等类型。

选择扫描仪绝不是分辨率越高越好,扫描精度提高一倍后,其扫描速度会大大降低,而生成的图像文件大小则会呈4倍的增长。需要指出的是,扫描分辨率和输出设备(主要是打印机)的分辨率之间是有匹配关系的,如果扫描分辨率超过一定数值,再清晰的图像也不可能打印出来,仅仅是多占用了磁盘空间,毫无价值。事实上,档案馆选择300×600dpi分辨率的扫描仪即足以应付文字输入。

3.色彩分辨率

色彩分辨率是表示扫描仪分辨彩色或灰度细腻程度的指标。理论上,色彩位数越多,颜色越逼真。目前市场上扫描仪的色彩位数一般有24位、30位、36位、48位等几个档次。对于档案馆来说,因为一般的文稿或图片本身质量就不高,一般24位以上的扫描仪就够用了。

4.动态密度范围

表示扫描仪所能探测到的最淡颜色和最深颜色间的差值。范围越宽表示扫描仪可捕获到的可视细节越多,即可再现的色彩细微变化能力越强。该指标对高性能专业扫描仪十分重要,但对于档案馆选择,并无大碍。

5.灰度级

表示灰度图像的亮度层次范围,级数多说明扫描仪图像的亮度范围大,层次丰富。目前多数扫描仪灰度为1024级。

6.扫描仪的接口方式

主要分EPP、USB、SCSI三种。EPP即打印机端口,其最大特点是方便,对计算机要求低,但扫描质量较差。USB接口速度较快,安装方便,可以带电拔插。随着USB应用的日益广泛,USB接口的扫描仪已成为发展趋势。SCSI扫描仪安装时需要在计算机中安装一块接口卡,安装较复杂,价格较高,但速度快,扫描稳定,扫描时占用系统资源少。其实,无论EPP、USB或SCSI接口,都不是决定扫描仪扫描速度的主要因素,扫描速度与扫描仪本身性能息息相关,因而使用任一种接口方式,扫描速度上并无太大差别,但从接口上看,最适宜档案馆使用的是USB接口,速度与方便兼顾,当然,如果已购置了SCSI接口卡,则使用SCSI接口的扫描仪更佳。

除此而外,还有一些应当考虑的因素,比如易用性送纸方式等,这里就不再详细叙述了。

三、扫描技术参数的确定

为了保证扫描图像的质量,必须认真选定图像扫描的有关技术指标与存储格式。与扫描图像质量有关的指标有很多,纸质档案的扫描中主要应考虑以下两项参数。

(一)扫描分辨率

分辨率越高,则扫描出的图像越清晰,但所占的资源也相应越多。纸质档案的扫描一般可选200~300dpi。

(二)扫描模式

即选择灰度扫描还是黑白二值扫描。对于一般的文字型档案文件,可以采用黑白二值扫描;需要表现档案原件细节的,则可以采取灰度扫描。

(三)压缩存储格式

纸质档案扫描信息的压缩存储格式主要有TIFF、BMP JPEG、AWD等几种。根据档案部门的实际应用情况,一般选择TIFF格式或JPEG格式。BMP格式是标准的位图格式,对复杂的摄影图片的表现力不如GIF和JPEC,BMP格式的主要缺点是依赖Windows,对其他软件支持不够。AWD格式使用Imaging(通过Windows程序——附件——映像打开)进行文件多页扫描,每个文档可含有多个页面,文件占用空间较小,只有黑白形式。

1.TIFF格式

TIFF格式可以存储多幅图像,其中以未压缩形式存储的TIFF文件可通过OCR软件识别转换为可编辑的文本。它的结构复杂,用一个程序读出所有的TIFF几乎是不可能的。因此在使用TIFF格式时,必须注意其版本、压缩格式。

2.JPEG格式

JPEG是一个通用的静态图像压缩编码标准,可以用不同的压缩比例对这种文件格式压缩,属于有损压缩。目前这种格式的图像在网络应用中十分广泛,扫描彩色照片或公文也可采用此种格式,但不能用于OCR识别和多页形式。

根据目前档案部门的实践,通常以TIFF或JPEG格式存储。在满足图像清晰度的前提下,一般以黑白或灰度图像格式存储,以减少存储空间。另外,如要考虑今后OCR需要,可以选用以TIFF非压缩格式存储。

四、数字化处理步骤

纸质档案的扫描加工一般采用流水线作业形式进行,而档案拆卷后以散张的形式存在,这就要求操作者要严格按照每道工序的要求,仔细处理和操作,防止档案的散失。一般说来,应当按照整理、扫描、校对、存储等几道工序对纸质档案进行数字化处理。

(一)整理

按扫描计划和工作进程,每次以一定卷数为一批次安排到人,检查完整性,无误后在扫描备考表上签字并向整理者移交。整理的主要内容和要求:一是检查文件的完整性;二是对每份文件正文进行拆金属装订,因为批量扫描的需要而要求档案以散张的形式存在;三是对文件进行打页号。按有字的一面算一页的方式进行计页,因为这样可以有效地防止档案的丢失及在处理过程中档案位置顺序的排错,并且这样在校对时也比较方便;四是登记幅面大于A4纸张破损和纸质很差的页,以便对幅面大于A4的页采用A3幅面的平板扫描仪进行扫描,对纸张破损和纸质很差的页采用平板扫描仪进行扫描。

(二)扫描

扫描文件采用TIFF格式,用G4的最大压缩率,文件名称由"档号十三位顺序号"组成,采用100dpi分辨率,黑白模式扫描,一般情况下选扫描区域大小为A4,对比度、明亮度均为192。

(三)校对

校对者用图像处理软件对扫描图像进行校对,并进行纠斜、去黑边增亮等相应处理,对需重扫或缺扫页进行登记,以方便重扫和补扫。

(四)存储

与此同时,对档案原件要进行整理、重新装订,检查无误后予以归还,防止档案散失。

五、数字化存储设备的选择

大量档案原文的存储管理离不开海量存储技术。光盘存储系统是目前海量存储的基本手段。完整的光盘存储系统包括光盘盘片、相应的光盘驱动器及其光盘软件。

光盘以其存放数据类型及其数据格式的不同而分不同类别,从其用途和性能分为3类:只读型光盘,如CD-ROM、VCD等;一次写入多次读出的光盘,如CD-R和WORM;可重复读写光盘,如磁光投MO等。数字化档案信息通常只需存入一次,改动的可能性较小(处于相对活跃期的科技档案除外),因而,适用于后两类光盘,尤其是第二类光盘。

与光盘相对应,光盘机也有只读型、写一次型、可重写型三类。目前,流行的光盘机主要有只读光盘存储器CD-ROM、可写CD驱动器(也称CD刻录机)、可擦写光盘驱动器DVD机等。实现档案全文数据的网络共享,多采用超大容量的光盘塔与光盘库为存储设备。一个光盘塔可同时装载几十片甚至上百片CD盘片,容量在几十GB以上。光盘塔内有若干个刻录驱动器,读写时光盘塔能自动将要读写的CD盘片放入刻录驱动器中。光盘库是MO技术的扩展,一个光盘库可同时装载十几张或几十张MO盘片。光盘库中有若干个MO驱动器;读写时光盘库能自动地将要读写的盘片放入MO驱动器中。光盘库存储量很大,都在几十GB以上。以50GB的光盘库为例,可存储50万到500万张A4文档原件。光盘塔、光盘库的类型十分丰富,各项性能指标差别较大,因此,必须谨慎选择适合档案信息管理的光盘存储系统。以下是选择档案信息用光盘存储系统的考虑因素。

(一)支持并发访问用户的数量

在选择光盘系统时通常存在一个误区,即将光盘系统的价格和存储容量作为首要考虑因素。其实,选择档案光盘系统最关键的因素应当是其可同时支持的在线并发访问用户的数量。网上档案全文库最基本的功能是在全网范围内提供快捷便利的档案信息利用,在网络中同时有25～50名用户并发访问光盘库是常见的,因此对众多并发访问的支持是有效实现档案与信息库利用价值的基本条件。否则,无论存储容量多大,都可能因光盘系统不能有效支持众多并发用户而彻底崩溃,进而导致整个网络系统的瘫痪。

(二)安全性及其安全管理体系

档案信息不得篡改,因此确保其存储安全十分重要。对于镜像存放在光盘存储系统中的重要档案信息,系统管理员和合法用户在任何情况下均不得对其数据做任何修改。然而,某些品牌的光盘服务器却因硬件和软件设计的失误,导致任何用户均可对存储镜像的光盘数据做任意篡改,这将造成严重后果。由于光盘存储系统的生产商和代理商对此类缺憾有意无意地隐瞒,很多单位未能意识到问题的严重性。因此,档案馆在选择档案光盘系统时安全性是必须考虑的重要因素。此外,在系统管理体系方面,档案光盘存储系统能否与 NT Domain 等网络管理界面无缝集成,支持 Passthrough 功能,是否具有自动日志功能,可自动记录所有用户的访问信息,包括使用账号、时间、访问方式、网络地址和访问状态等,都是选择时必须考虑的安全因素。目前,市场上部分品牌的光盘塔、光盘服务器的系统管理员可轻松发现恶意用户对光盘塔的攻击和越权访问行为,做到及时给予制止和警告。

(三)对各种网络操作系统和网络结构的支持

网络环境中,网络操作系统平台和网络结构千变万化,网络中服务器和客户机多种多样,这就要求档案光盘存储系统能够适应各种复杂的网络环境,目前国内市场上的光盘塔和光盘服务器都能支持多操作系统混合的网络环境。

(四)存储容量

档案馆档案室必须根据本单位数字化档案的数量及其增长情况来选定光盘塔、光盘库可存储光盘的数量及其总的存储容量。存放档案信息的光盘数量每年在不断增加,因此选择档案光盘存储系统时应考虑系统是否允许采取自行添加硬盘的方式来对光盘塔和光盘服务器进行扩容。部分光盘存储系统出厂时有预置存储容量的机型供选择。

六、缩微影像转换技术应用

对于已经进行过缩微复制的纸质档案,如果具备条件,没有必要像前面介绍的那样再次调用档案原件进行直接扫描,而可以采用专用设备对缩微胶片上的影像进行数字化转换处理,达到同样的目的。缩微影像转换技术的应用,包括对缩微胶片进行扫描,把缩微模拟影像转换成数字影像,进行存储、还原和检索输出等工作。

运用缩微数字影像系统对档案缩微品进行扫描,把模拟影像转换成数字影像是该技术中的一项基础性工作。在从事这项工作中应注意以下几个问题。

(一)缩微胶片扫描设备的选择

目前,缩微影像转换成数字影像的技术日趋成熟,缩微胶片数字扫描系统,既要考虑先进性,又要选择适用性,同时还要考虑性能价格比。目前,市场上的缩微胶片扫描系统主要有:英国的"优胜"4001和4100型,日本佳能的MSS00型和日本的美能达的MS3000型等。比如,美能达的MS3000型缩微胶片扫描仪,不仅能够把缩微模拟影像转换成数字影像,还能作为缩微数字影像的还原设备使用。

(二)扫描技术参数的选择

扫描分辨率的选择。根据相关单位的实验,扫描的分辨率越高获取的信息技术越大对原影像的细节描述就越好,对于层次比较丰富的影像来说,扫描的分辨率越高,得到的数字影像就越丰富。美能达MS3000型缩微数字影像系统有200dpi、300dpi和400dpi三种分辨率。鉴于目前档案馆保存的档案多是以文字为主要内容的,其影像层次比较少,以黑白两级为主,因此对以文字为主的档案缩微胶片,选择200dpi作为扫描的分辨率为宜。

扫描的亮度的选择。扫描亮度值以45~60为最佳。扫描亮度值大于60时,底灰随亮度的增加而增大,无用信息增加,数字影像占用空间增大,不利于数字影像的存储、还原、数据处理和网络传递。扫描亮度值小于45时,数字影像的占用空间随亮度减弱而减少,影像变浅,原影像信息减弱或丢失。扫描亮度值在50~60,数字影像的占用空间适宜,原缩微影像信息基本不丢失,影像没有底灰。因此,50~60的扫描亮度值是档案缩微胶片转换成缩微数字影像的最佳曝光亮度。

扫描对比度的选择。扫描对比度数值以80~90为最佳。扫描时对比度数值小,数字影像的反差就小,出现底灰多,数字影像占用空间大,影像清晰度受到影响。扫描时对比度数值高,数字影像的反差就大,特别是一些铅笔或红、蓝铅笔字,通过提高对比度可以加强信息的获取量,使数字影像更加清晰,同时数字影像占用空间减少。扫描时对比度数值太高,也不利于档案缩微模拟影像转换成数字影像,原因在于过高的对比度,不但不能通过扫描加强影像的信息量,反而使其信息量失真或丢失。

(三)校对工作

对扫描后的缩微影像要进行逐页校对,然后把缩微数字影像按件与计算机数据目录挂接,把缩微数字影像建立起一个完整的数字化档案全宗。

缩微数字影像的存储与输出(还原),与纸质档案数字化图像的存储和输出方式程序等基本相同,此处不再赘述。

第三节 照片档案的数字化

从工作原理上讲,照片档案数字化与纸质档案数字化的基本程序和要求大体相似,而在分辨率、位深等方面的具体要求有所不同。

一、扫描分辨率的确定

分辨率越高单位内的像素点越多,采集到原稿图像的信息就越多,获得的数字图像信息量越大,图像质量也就越高。扫描分辨率也决定了数字图像文件的大小。扫描仪对照片进行扫描获得的数字图像是位图,位图图像是由许多像素组成的,计算机一般用一个字节空间来记录一个像素的光亮信息,提高扫描分辨率相应地增加了像素的数量。计算机会用更多的磁盘空间来记录图像信息。增加分辨率会使图像文件大小成几何级数增加,200dpi图像文件是100dpi图像文件大小的4倍;300dpi图像文件是100dpi图像文件大小的9倍。扫描分辨率决定了图像的清晰度和图像文件大小,二者之间是成正比的矛盾关系,想要提高图像的清晰度,就会增加图像文件的大小,想要减少图像文件的大小,就会降低图像的清晰度。

当然,通过试验获得一张或同尺寸的多张照片的一个最佳扫描分辨率比较容易。但是,不同大小的照片档案使用同一个分辨率值来统一扫描分辨率是不科学的,对于小幅面照片会使图像摄取不足,对于大幅面照片会使数字图像文件过大,造成存储空间的浪费。[1]

根据中央档案馆技术部的实践经验,10×8英寸大小的照片用300dpi分辨率进行扫描,复制后输出的图像效果接近原照片,甚至更好(这要取决于输出设备)。以10×8英寸大小,分辨率为300dpi数字图像的像素总量(像素总量:长×宽×分辨率),作为A4幅画以下照片确定分辨率的参考值就可以计算出扫描分辨率。简单的计算方法是用小幅画面边长最大补偿值乘以300dpi就得出了小幅画面照片扫描所使用的分辨率。如:计算一张5×4英寸照片在扫描时应使用的分辨率,边长最大补偿值为2,得到5×4照片为600dpi。

---

[1] 王辉,关曼苓,杨哲. 大数据环境下档案信息化管理[M]. 延吉:延边大学出版社,2018.

二、位深对数字图像阶调的影响

位图图像中的像素可以代表黑、白、灰色或彩色信息。计算机记录每个像素的光亮信息多少是用比特(bit)位数来衡量的。使用一位来记录像素信息,其像素只能是白色或黑色的;如果使用二位描述像素信息,有四种可能表示灰度的区别;八位有256级的灰度;二十四位信息能够提供1.6千万个可能的颜色。位数称为图像的位深。使用位数越高,描述的灰度级越多。它是数字图像反映颜色精度的重要指标。

图像的位深是由扫描仪提供,如果选用的是专业级的扫描仪都能得到足够的位深。但是,一张照片的密度范围在2.2左右,如果冲洗质量不佳或日久褪色的照片的密度范围往往只有1.5甚至更低,这样的密度只占扫描仪密度范围的一部分(专业扫描仪的密度范围在3.2～3.9),相应的数字图像的位数因此也会减少。应当在选择有效密度范围大于原扫描仪的同时,使用扫描软件将原稿图像信息扩展,使数字图像记录更多的原稿色调信息。

第四节 录音档案的数字化

一般单位的声像档案中或多或少有些录音磁带,如领导讲话、会议、座谈、文艺演出、采访等等。随着时间的流逝,使用次数的增加,加之失控的温湿度作用,无论多好的录音带,都难以长期保存,利用也十分不便。利用多媒体数字技术,把录音带转录成数字音频文件提供利用,而尽量减少声像档案的利用次数,除特殊要求外,甚至可以不再提供磁带利用。

一、录音档案数字化软硬件设备

录音档案数字化比较容易实现,主要硬件有放音设备、存储设备和计算机等,录音档案数字化软件较多,可根据习惯熟悉程度选择。

(一)放音设备

一般应根据录音档案的原载体型号选择放音设备,比如盒式录放机、开盘式放音机等。

（二）存储设备

存储介质较多,如 CD-R、DVD-R、DVD-RAM、MO 等。当前最好选用 CD-R。需要光盘刻录机,即 CD-R 刻录机,可选择速度快一些的,具有 JUST-LINK、BURN-PROOF SEAMLESS-LINK 性能其中之一的更好。

（三）计算机

需要一台声卡运作正常的多媒体计算机。硬盘选择大一些,当前通用配置的计算机完全能够满足要求。处理录音档案的声卡,录音放音效果应具有 CD 唱片的音质。所谓 CD 音质是指录音采样频率达到 44.1KHZ,用 16 位的宽度来记录声音,称为 16 位声卡。一个用途广泛的声卡还应能够支持多种声音源的输入,如 CD、AUDIO、MIDI、话筒、线输入等。看说明书或声卡背后的接头,就可以知道产品支持的声源数。[①]

（四）数字化软件

数字化转换软件主要为一套乐曲制作软件,如 CreativeWavestu-dio、GoldWave、Music-Match、JukeBox 等。一般反应使用 Creative Wav-estudio 较好。此外,GoldWave 也是一种功能强大、占用空间少、免费共享的绿色软件,并且可以在互联网上免费下载。刻录软件也较多,使用 EASY-CD 较好。

二、录音档案数字化基本程序

录音档案进行数字化的工作过程一般如下。

（一）前期准备

首先要研究制定录音磁带数字化计划,合理安排数字化工作先后次序。然后对拟进行数字化的录音磁带的质量、完整性等进行检查和查验。

（二）确定转录参数

根据声音质量选择参数,采样频率可选 44.1 或更低的。声音样本的大小可选用 16 位或更低的。根据原录音带选择声道数。如果是 DVD 中的声音则选 48KHZ。此外,还要设定录音质量时间长度。若不知道如何设定音质参数,可以在 Voice、Radio、CD 三种类型中选择一种,建议选取 CD（音质好）类型,设定想要录音的时间长度。

---

①张仁芬. 档案信息化管理[M]. 长春:吉林摄影出版社,2019.

（三）数字化转录

通过录放机播放磁带,进行转录。转录过程实际上就是把模拟声音信号变成数字信号,由两个步骤来完成:第一步是对连续的声音信号进行采样,第二步是将得到的连续的幅度值进行量化,变成不连续的数值。

（四）保存文件并刻录光盘备份

转录结束后,选好存储地址,输入文件名,选择文件类型,予以保存,生成数字音频文件。音频文件有许多类型和格式,如WAV、MP3、RM等。要选用标准和通用的格式,根据声音质量情况和原来录制的水平,一般选用WAV或MP3的格式。

备份存储的介质目前可选用CD-R,做成CD或以MP3文件格式存储。以后可选用DVD-R作为存储介质。

（五）编写文件说明

对刻录的光盘档案进行著录,编写好文件说明,并打印光盘封面和封底。以讲话录音为例,著录内容一般应包括全宗号、目录号、原盘号、文件号、光盘号、轨道号、光盘类型及文件格式、盘内文件编号、原盘类型、讲话者、讲话日期、讲话地点、讲话会议、开始语和结束语、录音质量、录音长度、题名、分类号、主题词、采集人、刻录人、制作日期、密级、备注等。具体参见《中央档案馆录音档案著录单》。

（六）质量检查

认真检查转录质量和刻录质量。

（七）进库保存

将录音磁带归还库房,光盘保存在适当的地方,在适当的温湿度下安全保管起来。

第五节 录像档案的数字化

一、视频数字化软硬件配置

视频数字化硬件主要包括放像设备、视频采集计算机、编辑机、存储设备等,视频数字化软件主要包括采集软件、编辑软件等。

(一)放像设备

根据录像带规格、型号选用设备。如 VHS 放像机、3/4 放像机等。普通模拟录像机可输出清晰度在 200 多水平线的模拟录像。高清晰度模拟录像机可输出清晰度在 400 水平线的模拟录像。数码摄像机可输出清晰度在 500 水平线的数字录像。目前,档案部门保存的录像带形式各样,主要有大 1/2 带,另外还有部分 3/4 带、声带等。

(二)视频采集计算机

包括视频采集压缩卡、回放卡的高配置计算机。声像档案数字化的一个重要工作是声像采集。所谓声像采集是指通过硬件设备把原录像带保存的模拟信号转换成数字信号采录至计算机中,以数字图像格式保存的过程。图像采集的过程是保证数字图像质量的关键环节,因此,采集所使用的硬件设备即采集卡的选择至关重要。目前市面上的采集卡种类较多,档次功能高低不一,应根据需要合理选用 MPEG1 或 MPEC2 卡。MPEGI 卡型号较多,MPEG2 卡主要有 Pennicle、Matrox、Optibase 等三个厂家生产的多种型号,可以一般选择最高 10MB/S 码流,多种接口。

(三)编辑机

对采集好的材料进行编辑,最好用目前较高配置的计算机,如 CPU 为 1GHZ,硬盘选 SCSI.10000 转/分、大容量。若有条件最好配非线性编辑机。

(四)存储设备

存储介质较多,如 DVD-R、CD-R、DVD-RAM、MO 等。最好选用 DVD-R,光盘刻录机(即 DVD-R 刻录机)连接在编辑机上。

(五)采集软件

采集软件一般由采集卡配备。使用采集软件,可方便地调节录像信息的亮度影视取样标准等参数,确保采集信号的质量。

(六)编辑软件

使用编辑软件,制作美观生动的画面,对浏览录像起引导、指示作用。编辑软件的具体选用,一般反映对于 VIDEO 采用 PACK 较好,对于 DVD 可使用 DAKIN 或 SONIC。

（七）MPEC4 编码软件

DivX 是目前最受欢迎的视频编/解码软件,它与 MPEG-4 兼容,就清晰度来讲,上可挑战 DVD,下可力压 SVCD,特别是在宽带网络普的今天,有着较高的适用性。目前,最新的 DivX5.0 已出现,它新增了 Quarter Pixe(QP)、全域动态补偿及双向编码等新功能,因此,它是一款能在很好地保持图像质量的同时,又能极大地压缩文件大小的 MPEG-4 编码软件。DivX5.0 的标准版本可以到 DivXNetxork 公司的网站下载,而专业版本需要付费购买。

Mmr 和 Angelpotion definitive MPEG4。Mmr 与 DivX 类似,但对硬件的要求比 DivX 低,并且生成的文件要比 DivX 小,这是以牺牲画面质量为代价来实现的。Angelpotion defnitive MPEG4 无须借助 MicrosoftMPEG-4video codes 就可以实现编/解码,它的压缩速度要比 DivX 略快一点,画面质量没有什么明显差别,它的另一个特点就是兼容 DivX。这个软件比较专业,必须付费才能使用。

二、录像档案数字化过程

（一）编写档案著录标引单

为便于快速检索录像信息,需录入档案网络数据库管理软件的数据,著录项目有:档案题名、原档号、时间、人物、主题词、文件标题等。

（二）浏览检查录像档案

浏览录像档案,进行分段,查找录像内容,把录像档案按著录项目中的文件内容分段,记录每段起始时间、位置。

（三）采集数据

采集录像档案,存入电脑硬盘。打开相应视频采集软件,可在该视频监视窗口中,看到录像信息。根据录像带质量情况和规格,设置相应参数,把握采集录像信息质量。建立相应段落文件名,输入电脑硬盘,形成数字化的录像档案。打开服务器,录像档案信息连接上网。

（四）刻制光盘

如果录像需存储光盘保存、利用,可先建立光盘内目录页面,可供利用者浏览光盘时方便查找。然后,采用刻录软件把存入硬盘的数字录像和光盘目录页面一同刻录到刻录机中的光盘上。根据需求可选择 VCD、DVD、CD-R 等格式。利用者可使用数据库管理软件检索所需录像的光盘序号,查找录像档案内容。①

（五）录入录像档案数据库数据

档案网络数据库管理系统可实现网络档案目录管理、档案全文管理。按照著录项目录入数据库数据。利用者通过数据库管理系统软件界面检索任何一个著录项目查找到所需录像档案资料文件名，点击文件名可打开该段录像内容。

三、存储格式的选择

存储格式选择正确与否，关系到设备经费投入、检索效率、未来发展的问题。因此选择存储格式时应满足以下要求。

一是转换后的图像质量要基本保持原录像图像信号的质量。普通的VHS带解析度可达300线，高清晰度VHS带可达500线，BETACOM带可达800线。在将传统声像档案的模拟信号转化成数字信号后，必须保证图像质量几乎没有什么损失。

二是在保证图像质量的前提下，尽量提高压缩率，降低压缩成本，确保畅通无阻。

三是良好的兼容性和开放性，压缩格式应是通行的标准格式，适合于制作、传输，尽量减少格式的转换，同时适合不同厂家产品互通互溶。

四是生命周期长，选用生命周期不长的存储压缩格式，等于浪费了档案部门有限的资源。

目前较为常用的3种存储格式。

（一）AVI格式

AVI格式是微软公司从WIN3.1就开始出现的旧视频格式。它的特点是兼容性好、调用方便、图像质量好，但最大的缺点就是采集的文件太大，如果不压缩采集1秒将占用28MB的空间，太大的体积注定了必将被淘汰。

（二）M-JPEG格式

M-JPEG（MOTION-JPEG）是针对活动图像而优化的JPEG压缩名称。JPEG是指针对一帧图像的DCT变换来对图像数据进行压缩，通过对视频数字信号（4：2：2数据）的每一帧进行JPEG压缩，以减少视频信号数据量。由于数据量成倍减少，降低了存储成本，提高了数据传输速度，并且由于视频

①王玉玲. 大数据时代档案信息化管理[M]. 长春：吉林大学出版社，2017.

编辑、特技制作均需要以帧为基本单位,所以对以帧为单元进行压缩(帧内压缩)的 M-JPEG 格式被成功地用于数字视频系统,特别是数字非线性编辑系统。目前我国非线性编辑系统大都采用4:1M-JPEG压缩被认为是可以接受的广播级水平。当PAL制式4:2:2数字信号采用4:1压缩时,其数据率是40M BIT/S,占用5MB空间,每小时视频节目占用18GB存储空间。

(三)MPEG-2格式

MPEG 本是动态图像专家组(Moving Pictures Experts Group)的英文缩写,今天我们所泛指的 MPEG-X 版本是指一组由 ITU(International Telecommunication Union)和 Iso(Intemational Standards Organization)制定发布的视频、音频、数据的压缩标准。MPEC-2 就是 MPEG 的第二个版本。所谓的 MPEG 压缩是根据运动图像相邻帧之间有一定相似性原则,通过运动预测,参考前一帧图像与这一帧图像的相似情况,去掉与前一帧相似的冗余数据,而只记录这一帧与上一帧不同的数据,从而大大提高了视频数据的压缩效率,这种压缩方法也称为帧相关压缩。

MPEG-2格式在三方面优于其他压缩/解压缩方案。首先,由于在一开始它就是作为一个国际化的标准来研究制定,所以 MPEG 具有很好的兼容性。其次,MPEG 能够比其他算法提供更好的压缩比,最高可达200:1,更重要的是 MPEG 在提供高压缩比的同时,对数据的损失很小。因而,MPEG-2是一个高效的压缩格式,能保证最佳的视觉质量又能减少其数据量。在压缩20倍数据时,仍能确保广播级视频质量,这给基于MPEG-2压缩视频的存储、传输编辑带来极大的好处,特别是在存储方面可以大大减少存储空间,节约存储成本,并能引入各种类型的存储介质,如硬盘、光盘、数据磁带等。可见,关于采集存储格式的采用,实际上以选择MPEG-2比较适合。

第五章 档案管理信息系统建设

第一节 档案管理软件的开发与应用

现代科技和生产的发展导致了档案数量的急剧增加、档案利用率的不断提高,传统的手工整理、档案检索已经越来越不适应现实,如何能够以较少的人力、物力更好地整理、加工档案信息,为利用者提供准确、快捷的服务,已成为亟待解决的问题。计算机具有运算速度快、精确度高、逻辑判断能力强、存储量大、容易操作、能够实现网络化多媒体管理等人力所无法达到的优点,利用计算机管理档案,正是解决这一问题的最有效的途径。[①]

一、计算机在档案管理中的应用

计算机可以在档案管理业务过程各个环节都发挥一定的作用,但是,档案工作对计算机管理系统首要要求是利用计算机来管理好档案的组织架构以及信息内容,以方便查询,所以编目管理,即目录管理,是计算机管理系统的核心功能。

计算机管理系统在档案业务中还包括以下内容:档案的收集、档案的整理、鉴定销毁、档案保管、档案检索、档案利用、档案统计、档案编研、数据交换、光盘发布等。

(一)档案计算机管理重在制定标准和丰富数据源

我国档案计算机管理刚刚起步时,遇到的问题很多,例如计算机的选择、应用软件的开发等。而实践证明,设备问题固然重要,但最关键的应当是如何保证档案机读数据的质量和数量。所谓质量主要是指按照标准和规范对档案信息进行的加工处理,即档案信息处理的标准化问题,而数量则是指应尽快地把能满足应用的较充足的数据装入计算机。搞好标准化,才有现代化,这是经过实践,取得的重要经验。在此基础上才会有通用性强、可

---

①张照余. 档案信息化理论与实践[M]. 北京:中国档案出版社,2007.

以满足多种应用的计算机软件。在档案计算机管理的发展过程中,可以看到某些单位的计算机几经更新,越来越先进,而应用效果却很晚才见到;以及在不少单位同时开发制作者功能类似而互相难以通用的软件。原因就是标准化水平不高和数据量不足。与计算机的快速发展相比,标准的制定相对要缓慢一些,尤其是由一系列标准构成体系从而实现标准化,周期就会更长。从1985年开始公布了第一批档案工作标准,到20世纪90年代初与档案管理自动化有关的标准才做到了基本配套,且数据量也日益充实。恰在此时,档案计算机管理应用的效果才逐步显露出来。积极支持、倡导和从事标准化工作,为增加档案机读信息而努力工作的档案工作者,可说是功不可没。

(二)档案计算机管理要不断跟踪新技术的发展

可以说,几乎计算机技术的每一项新进展,都在档案管理现代化中引起反响,并被用于新的工作环节,解决了档案工作中的一个又一个问题。从基于机读目录的自动编目、联机检索,发展到借助于光盘存储器的档案全文信息存储与检索;从一般文件信息处理,到录音档案、影像档案等多媒体档案信息的处理;从一般的档案管理软件算法,发展到使用属于人工智能应用的知识库技术和模糊集合运算技术解决了一些传统性难题;从人工著录标引发展到自动著录标引;从单纯的档案信息检索、利用管理发展到档案管理的各个环节,例如用于档案褪变字迹的信息增强恢复处理、档案管理,安全监测、库房保管环境自动控制等;从一般的档案管理,发展到文一档一体化的文件全文信息自动著录标引;从专用软件发展到基于标准化系列的通用性软件和商品化程度较高的优质软件;从较封闭的单机和局域网应用方式,发展到档案与图书、情报信息共同运作的广域网工作方式,以及将部分档案管理信息联机进入国际互联网络;从一般的科技档案管理发展到以计算机辅助设计、计算机辅助制造为基础的包含科研、生产全过程的信息综合管理等,各种应用进展举不胜举。可以预见,随着计算机技术的进一步发展还会有更多的新应用出现。

(三)档案计算机管理要适应资源共享的需要建立综合性网络数据库

随着档案计算机应用的普及,档案数据库的建立已从内部库、局域网库开始进入办公自动化、图书资料和科技信息等综合性网络的共享库。档案计算机管理应用是从自建自用内部机读目录数据库起步的。到20世纪90年代初期,应用计算机的单位普遍建立了档案信息管理的局域网,而且一些部委、省、市及大型企业单位的档案管理局域网还加入了办公自动化或行业体系的广域网,形成了较大的互联网。例如某市政府办公自动化网络就是由包括档案在内的多个局域网组成,总站点数达到160个,年信息处理量有数千兆字节。可联机在网上查阅档案、图书、文件、新闻、电子邮件等多种信息。由于实现了多种信息的共享,网上用户的信息拥有量变得极为丰富,改变了以往孤立的档案信息系统中常见的应用方式封闭、数据量少和效益低的状况。

(四)档案管理的多媒体信息处理已从技术探索逐步向实用化发展

档案部门从1992年开始进行多媒体技术的应用研究,目前已经在档案馆指南、多媒体档案信息管理两种应用方式上进入实用阶段。一些已投入使用的多媒体系统,可以向用户提供该局的办公引导、测绘管理、业务信息查询等服务,图、文、声、像并茂,使用方便、形象而生动。随着计算机网络的多媒体化,网络的基本工作方式和运作功能也正在朝着多媒体化发展。有一些办公自动化网络带有多媒体视频会议功能或多媒体电子文件处理及归档功能。

(五)档案计算机管理促进了软件市场的发展

档案计算机管理促进了软件市场的发展,而软件的商品化又促进了计算机应用的普及,20世纪90年代开始,出现了以较完善的标准和规范为依托的通用化及商品化趋势,并开始形成较丰富的软件市场,对档案管理中的计算机普及起到更大的推动作用。例如,解放军总参档案局主持开发的文档一体化软件,就是以系列化的标准为基础,在军内得到推广,取得了很好的效益。

二、档案管理软件应遵循的原则

(一)标准与规范性

档案管理软件应遵循档案的相关标准,包括著录标准、信息分类和主题词标引规则、整理标准、数据交换标准、电子文件存储标准等。

(二)灵活性

灵活性和标准性、规范性是辩证的统一。国家、行业、地方标准存在一些差别,系统只有具备一定范围的灵活性,包括灵活的实体分类、标准著录与动态著录、报表灵活设计与输出等，才能适应各种标准。

在配置的灵活性方面，要允许用户选择操作系统、数据库、单机网络环境、体系结构等。

（三）可扩充性

随着业务的发展，用户会有新的需求，包括新的档案管理方式、更高级的计算机体系结构、更大容量的存储要求等，档案管理软件必须能够方便地扩充才能满足新的业务需求。

（四）安全性

存储的安全性：数据需要长期保存，数量大，数据整理和录入花费巨大，系统必须提供多种存储备份方式，保证数据的安全；数据要有相应级别的安全管理措施，防止被非法修改、删除，保证数据的原始性。

存取的安全性：档案数据中涉及单位和国家的机密，系统必须提供访问的权限控制。

传输过程中的安全性：档案数据在传输过程中要保证安全。

（五）检索效率

检索方式：档案最大量的应用在查询，查询用户水平参差不齐，思维习惯各有特点，系统需要提供灵活的检索途径和方式。

检索速度：随着系统的使用时间加长，档案数据量不断增大，系统要保证数据量的增大不会降低检索速度。

（六）开放性

档案产生于各业务部门，计算机档案管理系统与许多系统之间都存在必然的联系。档案系统中的数据要能和其他系统无缝衔接，如办公自动化系统、计算机辅助设计系统等。

（七）易用性

档案数据各种操作都应当便于掌握，易于操作。

三、档案管理软件功能要求

在功能设置时，考虑了不同类型的档案管理对软件功能的要求存在的一些差别。例如机关档案管理侧重于档案管理与文档一体化功能；企事业档案管理侧重于档案管理与生产、经营、管理、科技活动的衔接，如计算机辅助设计的 CAD 电子文件和光盘存储及其他技术性档案的管理等;综合性档案管理侧重于档案保管、利用统计、借阅管理等;此外,一些档案部门还对涉及特殊类型及载体的档案如原文、照片、录音、影像等多媒体信息的管理。对上述这些具体要求,分别在这几章中列出相关条目,并力求做到既保证功能要求总体分类条理清楚,又兼顾对专门要求的针对性。各具体功能的要点如下。

(一)对数据管理功能的要求

在规定了常规的建立、修改、删除等功能基础上,还专门确定了数据应采用 DBF 格式,因为这种数据格式被所有主流数据库管理系统兼容。此外,还从使用角度规定图纸幅面为 A0、图纸处理精度为 200dpi 这些指标的确定一般是满足应用要求的下限,利于实现合理的技术设备的成本投入。另外,还对其他种类的信息的格式也作了规定,如文字型信息采用 XML 文档和 RTF、TXT 格式,扫描图像数据采用 JPEG 或 TIFF 格式,视频数据采用 MPEG、AVI 格式,音频数据采用 MP3、WAV 等格式。这些格式的确定为档案信息的传输、交换和长期保管及有效恢复创造了条件。

(二)对整理编目功能的要求

这部分功能要求突出了文档一体化的管理,对电子文件自动归档操作中包含的主题词设置、自动标引及归档涉及的封面、表格自动打印等作了规定。这些规定把计算机辅助档案管理中已实用化,且可以高效率完成的功能正式确定下来,有利于发挥计算机的效能。

(三)对利用查询功能的要求

这是计算机辅助档案管理中的最常用的功能。为适应现阶段技术水平和兼顾近期发展,对全文检索和图、文、声、像一体化检索功能提出了要求。

(四)对辅助实体管理功能的要求

这部分功能对综合性档案馆、机关、大型企业和企业集团档案管理部门是很重要的。规定的功能包括:档案征集、接收、移交、鉴定、密级变更处理等,还要求对上述处理的时间、来源、数量、种类、载体、人员等进行管理。这些功能利于把与此相关的工作较系统地纳入计算机的自动处理流程。

(五)对安全保密功能的要求

为确保档案信息的安全,要求档案管理软件的研制、安装、运行必须符合国家的安全保密规定。使软件系统达到相应的安全保密等级,以确保在安全基础上采用新技术提高工作效率和工作质量。

(六)对系统维护功能的要求

这部分功能主要是针对保证系统的可维护性、可运行性设定的。其中的权限管理、运行日志管理等,不仅是重要的安全措施,也是使软件系统适应电子文件管理的重要要求,兼顾了软件对电子文件管理发展的需要。

四、档案管理软件的筛选与测评方法

(一)测评目的

我国档案管理软件的开发与应用已经有十几年的时间了。据有关部门的不完全统计,我国各部门先后开发的计算机档案管理软件接近1000个,其中仍在使用的软件不少于400个。每年大约继续有数十个新开发的软件被推出,其中有不少称为通用性软件。有如此丰富的软件资源可供各级各类档案管理部门选用,应当说是很可喜的事。但从实际情况看,并非这么乐观,一方面很多档案管理者挑来挑去找不到满意的软件,另一方面一些软件由于其局限性或某些缺陷而难以推广。造成这种情况的原因主要有两个:一个是由于我国档案标准化工作起步晚,虽然近年有较大的发展,而且正在完善配套,但计算机技术的发展似乎更快。例如我们正在完善档案著录规则时,计算机已经开始大规模处理图文信息了,我们刚刚开始研究怎样制定这类标准时,能同时处理图、文、声、像的多媒体档案信息的计算机应用又成为热点,与此同时计算机网络化在档案管理中的普及很迅速,而且成为一种必不可少的平台。这些新发展都对档案信息管理的标准化提出更多、更新、更高的要求。标准化相对滞后的情况,使得具有广泛通用性的档案管理软件难以出现。另一个原因是软件的开发者没能按照产品生产或者商品化的规律办事,使得不少软件制作欠规范,功能设计带有随意性,隐性缺陷较多,售后服务不周到,后继开发和版本更新不及时等,于是这些软件难于推广或者寿命短暂也就是必然的了。

对于上述问题的解决,在当前除了加快制定和完善标准之外,还可以采用其他一些办法,如积极促进档案管理软件市场的发展,凭借优胜、劣汰的市场规律来改善软件质量,扩大优秀软件推广面,并起到抑制重复性开发,节约人力和财力的目的。软件测评工作就是力图筛选出工作平台新、通用性强、兼容性好、质量有保证的计算机档案管理系统。

（二）测评方法

档案管理软件的测评遵循一套以质量认定为主的规范化的方法。测评涉及的功能度、兼容性等8个方面是在与国际标准、国家标准及其他一些关于软件开发的常用技术规范总体兼容的情况下，根据计算机管理档案的要求进行归纳确定的，指标得当、包容面宽，既适应计算机技术的发展又适应档案管理的实际情况。

1.功能度测评

主要是考察软件的实际功能与其标称功能的吻合程度，及该类软件应具有的常规功能是否齐全。例如，有的软件标称的档案自动标引功能就把处理速度描述得很快，正确率说得很高，但是实测时因达不到指标就要被扣分。而另一些软件则把这类功能指标、运行的限定条件和注意事项等描述得较为客观、清楚，这样就较少被扣分。有的软件尽管内在功能不错，但由于开发前调研论证欠充分，忽视了某些常用功能，推广起来会遇到问题，因此也会被扣分。例如对于文书档案一体化的软件，就应把计算机辅助立卷、文书与档案机读目录格式的互相转换等功能作为常规功能。

2.兼容性测评

主要是考察软件在其所标称的多种硬件或者软件环境支持下的运行状况，以及该类软件在所推广应用的范围内的常见机型上能否正常运行。例如一些带有光盘设备的图文系统，除了主机有选择余地外，像扫描机、光盘驱动器等必须专配，在兼容性上就打了折扣。对于网络系统来说，还要求图文信息的传递转换设计周到合理，才能体现出较好的兼容性，多媒体系统中的问题就更多。另外，从测评的情况看，为保证兼容性，使用的软件工具和平台并不是越新越好，应当在成熟性和先进性上统筹考虑才较为合理。

3.速度测评

主要是考察软件运行中的数据库打开时间、数据查找时间、数据删除时间、索引时间、数据汇总时间、报表生成时间、打印时间，以及完成编目、联机检索、图文传输处理等特定功能目标所需要的时间。速度指标主要是从档案管理的实用要求来确定的，同时还要兼顾计算机技术的发展情况。

4.易用性测评

主要是考察软件的易安装性、易操作性、操作引导的清晰程度在线帮助信息的完整性、人机对话界面的合理性和易懂性、用户自定义功能的便利程度等在实测中发现这类指标常被扣分,而且商品化程度高的软件与主要是自己用的软件在这项测评中的差距很大值得软件开发者注意的是,以前那种由开发单位派技术人员上门安装调试,为用户办班授课推广软件的方式已经跟不上发展。一些开发应用软件经验丰富的公司和新技术掌握较快的大学、研究机构所提供的软件在这项测评中占有较大的优势。推广的实际情况也反映出易用性好是用户乐于接受该软件的重要条件。那种具有自动引导安装、自我说明完善、在线帮助完整、操作简便的软件是软件商品化的一种标志。

5.容错性测评

主要是考察软件对各种误操作及不合理使用方式的屏蔽和示警能力。近几年开发的软件在容错性方面的进步是很大的,送测的软件在这项测评中多数有较好的表现,尤其是对于档案数据录入中的误操作及属性自动识别和限定功能已经是一种常见的容错性设计。但也发现对错误信息的处理方式上,有不少软件欠妥当。有的示警信息说明不够清晰完整,有的软件不能保留或返回原现场。这种情况属于反应失当,实测中也常把这种现象当作由误操作引发的软件故障。分析起来,这种情况也可能是软件开发者对所使用的工具软件或平台缺乏深入了解,过分依赖这些环境提供的出错处理功能造成的。

6.安全可靠性测评

主要是考察软件对非授权用户的识别与抵制、对网络非法用户侵入的防范、口令密码设定与管理的严密程度、数据传输加密和解密的安全性、对极限使用方式和极限环境的适应性、硬件和软件运行的故障率等。实测中发现,多数软件考虑到了这类功能,但是又或多或少存在问题。例如一些软件开发者对防止非法拷贝采取的措施较为严密,但是对为用户提供的信息安全保密方法却非常简单。不少系统只设置了普通口令,而对系统维护性操作未划分权限,这样会对安全造成很大的隐患。一些系统设置的对使用过程自动记录和建档的日志功能很好,但对这类信息也应做加密处理,并采用隐蔽性保护措施,防止被破坏。对单机系统的安全性要求相对低一些。而网络系统的安全可靠性设计上问题就更多。这是因为网络上的信息库必须按共享要求设计,提供公共接口、遵守通信协议等。许多设计者对网络的安全隐患的严重性缺乏足够的认识。

7.数据结构的合理性测评

主要是考察软件所建立的数据集的逻辑结构和物理结构在满足功能要求的情况下是否合理,并与《档案著录规则》等国家标准是否兼容,数据操作是否简捷、高效、节省存储空间、操作权限明确、各种派生数据集生成方便和一致性好、网络环境中的数据集分布与流动是否合理等。数据结构设计好坏往往决定了系统整体技术指标的高低,这也是档案管理软件的重点测评项目。原因是档案信息量很大,只有做到数据的逻辑结构和物理结构均合理,才能保证系统高效、可靠。

8.资料的测评

主要是考察软件操作使用所必须具备的资料是否完整、清晰、可用性强。对于软件开发过程生成的资料不作为测评重点。其实在实测中,通过对操作手册的检验也可以间接看出软件的开发是否规范。这项测评也可以说是区分商品化软件与一般自用软件的标志。从送测的资料可以在某种程度上区分软件从论证、开发、调试、维护等方面的差别。那些管理科学、工作程序严谨、技术水平较高的软件在资料测评中均会有较好的体现。而那些开发水平较低或自用的软件,资料也往往粗糙,而且漏洞较多。甚至有的软件如果按手册操作却经常"碰壁",使手册的引导变成了误导。较普遍的问题是资料偏重于指导操作,缺少系统维护或故障对策等方面的内容。

在进行了上述8个项目的测试后再汇集起来对软件作一个总体评价。

(三)软件测评的作用

1.为软件的推广提供了可靠的依据

国家档案局在筹划和开展测评工作时明确地把着眼点放在软件的筛选和推广上。通过这项工作的实际开展,确实起到了这样的作用。经过测评筛选后达到优秀和良好等级的软件无论是内在质量,还是展示出来的外在形象都体现出较高的水平。组织这项工作的国家档案局科技成果推广部门也认为测评是成功的,获得的结果让人信服,对筛选出来的软件进行推广感到有把握。

2.对软件开发起指导作用

实际情况是,与其说测评是对软件开发结果的评价,不如说是被测软件进行改进的起点和过程。一些软件开发单位在送测前就很详细地了解了测评的内容和要求,送测后又对测评中发现的问题认真地修改,然后继续送测,使测评实际上成了提高软件质量的重要手段。实测中能一次达到优秀的可能性极小,最终能达到这一等级的几个单位都体现了精益求精的态度和坚韧不拔的精神。

3.对软件的商品化起促进作用

商品化的档案管理软件应当是什么样的,通过测评方法的制定,对其提供了较规范的模式。可以说,测评方法将影响今后的档案管理软件的开发工作,使"手工作坊"式的软件开发向规范化、集约化、社会化的方向发展,当高质量的商品化软件大面积推广之时,那种低水平重复开发软件的现象自然会得到抑制。这将大大节约档案部门的人力和资金,产生很好的社会效益和经济效益。

五、档案管理软件的组织体系结构

系统体系结构从整体上说来是二层结构与三层结构的结合,应用层与业务处理层的相互渗透较深。系统基本上采用组件技术进行系统的构造,系统组件分为核心(基本)组件和扩展组件,组件的整体设计思想是:对业务中基本的、一致的处理进行分类、提取成为核心组件;将各个独立的、不一致的处理提取为扩展组件。核心系统主要是通过组装核心组件形成;扩展的产品系统通过核心组件与扩展组件的组装而成。

系统化的复用将为软件企业在竞争日益激烈的市场上赢得有利的地位,因此,对软件复用的研究和实践越来越引起学术界和产业界的高度重视,直接面向系统化复用而提出的"领域工程"也日益成为目前软件工程领域的一个重要研究方向。一般认为,领域工程是为一组相似或相近系统的应用工程建立基本能力和必备基础的过程,它覆盖了建立可复用的软件构件和构架的所有活动。领域工程实施的目标是产生DSSA,即"专门领域软件体系构架"。DSSA最外显的组成部分是"应用构架库"和"软件构架库"。

六、档案计算机管理的发展趋势与对策

(一)档案计算机管理的网络化趋势

档案计算机管理的发展是计算机等新技术的社会化发展大环境中的一部分。20世纪70年代,随着计算机存储容量和运算速度的增加,人们认识

到计算机其实是信息处理机。到20世纪80年代初,又有人提出网络就是计算机,或者说网络才是真正的信息处理机。不过这个认识直到90年代初才被大多数人所承认。原因是这时计算机网络有了全球性的发展,在短短几年中就几乎深入到世界的各个角落。从以下几个方面可以看出网络化的含义。

用户上网意味着其信息拥有量迅速扩大。国内联网的各类大型数据库已有1000多个,而与其相连的国际互联网拥有4000万个IP级用户,即主机用户。它们大多拥有自己的上网数据库,此外每个IP用户还联有众多的小用户或个人用户,几乎也拥有各自大大小小的数据库或数据集。可以想象,上网用户可查找的信息量无疑是天文数字,何况互联网络还正在高速发展过程之中。档案工作者面临两个问题,一是如何借其扩大视野,依托网络丰富信息资源;二是如何突破封闭的管理模式,把应当开放的档案通过网络及时提供给社会。

(二)电子文件增加迅速

档案计算机管理的应用进一步扩展,在办公自动化的电了文件管理、计算机辅助设计、计算机辅助制造等方面的应用发展进一步加快。随着计算机应用的普及,各类电子文件的数量增加很快。例如,一些省市或部委的办公自动化网络中的电子文件数量,有的一年产生约2万件。这给档案管理带来了很大的变化,也造成了很大压力。一方面电子档案的管理同其转化之前的电子文件同样方便,另一方面其作为档案所应具备的原始性、真实性、完整性和可靠性等也需要特殊的技术保证。CAD电子文件的管理方法研究已纳入国家重点支持的科技进步计划,进展较快。与此同时,国家档案局也积极推动了对于办公自动化电子文件归档管理方法的研究工作,并取得了初步进展。

(三)与档案计算机管理有关的一些新技术的发展

语音识别、文字扫描模式识别、超文本和超媒体信息处理等方面的应用已逐步从研究阶段进入实用领域。计算机的每一项新的技术发展,几乎都会在档案管理中找到用武之地。档案信息的多样,及其巨大的数量,为新技术的应用提供了广阔的天地。例如,某些档案馆利用OCR技术已建立起较大的档案全文(文本)信息数据库。

（四）计算机多媒体技术的发展

计算机多媒体技术的发展很快。随着多媒体计算机的普及,多媒体互联网络的发展也加快了速度。美、日和欧洲,甚至一些发展中国家都在参与新一代支持多媒体信息处理的互联网的设计和技术更新,其中美、欧之间的竞争甚至已达到白热化的程度。美国于1998年4月宣布将在一项私人投资项目中由国家再投入5亿美元加速发展Internet2。其目标是建立一个比现有网络快100～1000倍的高速且可靠的网络,能在1秒钟内传送全套30册大英百科全书,并能进行实时影像和声音的传送。尽管该网络是一个研究与教育网,暂时不对公共开放,但其技术必然逐步应用到公共网络中去。

（五）新型计算机技术的发展

随着技术的发展,信息技术和电脑技术还会出现新的飞跃。各种功能奇特、先进实用的电脑将会使人们的工作和生活更加方便快捷、多姿多彩,同时也会给档案工作带来更多、更大的变化。高性能,低能耗计算机的普及;智能化计算机的开发应用;便携式办公系统的推广;新型高密度、高可靠性存储设备的应用等。

需要研究的主要问题和对策主要包括以下几个方面。

1.加强领导和统一规划

把以往各单位分散的小系统设计转变成多单位、多部门,甚至全国性的基于大系统工程的社会行为。做到以档案行政主管部门牵头,结合科研、教学等多方面的配合,将有限的资金和技术、力量调配好,实现以下目标。

第一,从技术开发到推广应用形成有机联系在一起的多层次结构。

第二,从标准化上由针对某事的独立标准,形成集信息处理、设备选用、技术开发等多方面结合的立体化结构。

第三,在技术人才方面,由相对封闭的"档案工作者与非档案工作者"的简单划分,转变为"参与档案工作的"社会化观念,寻求更,为广泛的社会服务和技术支持。只有如此,才能使当前的"人才危机"问题得到根本解决。

2.计算机应用的普及给档案管理的基础工作和管理方法带来巨大影响

计算机在档案管理中的应用不仅带来了高效率和高质量,而且也改变了档案工作的传统方式。例如,对著录标引的标准化要求,由于计算机文档一体化管理应用的普及,对档案信息的著录标引项目提出了增加对电子文件和电子档案的生成、运转、鉴定等管理性信息的著录项目,以确定其法律效力及保管方式;一些单位由于用计算机直接管理文件级档案,产生了是否还需保留案卷级管理的问题,有些部门应用计算机管理档案中已经根据新的《归档文件整理规则》改革了文件整理方式;档案电子化带来的某些原件是否保留的问题等。

3.档案计算机管理网络安全问题的严重性及其对策

随着网络化的发展,档案信息的上网管理及其安全性、可靠性、加密技术、"防火墙"技术,以及档案信息与其他信息资源和处理软件的兼容性等问题会日益突出。怎样妥善解决这类问题将成为研究重点。网络安全问题已成为限制其发展的最大障碍。如加强与网络信息安全有关的立法,限制和打击网络犯罪活动,对网络的安全性进行科学认定。依据发达国家的经验,对付电子文件和电子档案涉及的网络安全问题,不仅作为工程技术问题解决,还必须从政府行为和社会行为上来综合采取措施,才可能是有效的。

4.随着计算机和网络的多媒体化,应注意促进档案多媒体信息管理的实用化

首先,应注意解决多媒体信息演示系统开发方式的工具化问题。如果其开发软件实现了工具化,就可以做到通过改变参数来调整功能结构,并随机填充相应内容即可得到完全不同的多媒体演示应用系统。从而节约大量人力、物力,使其能广泛地普及应用。

其次,要解决多媒体档案信息处理的标准化和长久保存问题。多媒体信息技术的设备兼容性较差,其信息存取和交换有诸多不便。与多媒体档案信息长久保存有关的载体筛选工作还很薄弱,面对层出不穷,花样繁多的光盘等介质研究滞后,尚未有明确结论。上述工作投入大、周期长,需要引起有关部门的足够重视,采取更为有力的措施。

此外,还应注意用多媒体技术实现档案管理功能的更新。计算机已经从内部信息的多媒体处理转向处理功能的多媒体化。

5.解决计算机普及速度加快而档案部门计算机专业人员短缺的问题

可以采取以下措施:一是要提高档案工作的标准化程度。档案工作现代化的基础是标准化。计算机在档案管理应用中涉及的每个问题,如数据著录、设备兼容、应用软件推广、信息联网等都需要一系列的标准才能解决。二是要在标准化的基础上大力推进计算机应用的社会化服务,这是档案部门获得高质量的技术支持和减少人力、物力投入的最有效的途径。三是要

加快在档案工作者中的计算机知识普及。尽快使应用计算机的知识和技能为每个档案工作者所掌握。

6.解决电子文件归档和电子档案的长期保存问题

电子文件的归档问题应引起更多的注意。加紧制定有关的国家标准或行业标准。一方面对办公自动化和CAD等产生的各类电子文件的真实性、完整性和安全性予以保证,同时为档案馆接收电子文件形成的电子档案提供指导和规范化的要求。电子文件生成的数量已很惊人,而其与纸质文件的区别又很大。目前在生成和使用电子文件的部门,对其如何安全长久的保管考虑不充分,而面临电子文件归档管理的档案工作者对其特性很陌生。这个问题必须从现在起就引起广大档案工作者的重视。

7.解决新型载体的安全使用和长久保存问题

随着计算机存储技术的多样化,应随时跟踪技术的新发展,注意及时对档案信息新载体的使用和保管方法进行实验论证,深入研究,以保证档案的安全可靠和长久保存。

第二节 档案网站的建立与维护

档案网站是由档案部门建立、被连接在一起并通过互联网或各级公共网络向社会提供查询服务的电子文档集合。其内容主要包括档案部门政务公开和档案信息网上查询两大部分。目前,我国在国际互联网上开通的档案网站(或通过各级政府网建立的档案局馆主页)约有200多个,对于充分利用公共网络这种全新的信息交流和资源共享的重要工具宣传档案事业,开拓向社会提供优质服务的渠道,发挥了重要的作用。[①]

一、档案网站建设的意义与作用

(一)为档案馆提供宣传自己的新方式

互联网络作为新兴的已被公认为是继三大媒体之后飞速发展起来的第四媒体,能够克服传统的档案宣传形式的许多局限,成为档案馆自行加强

---

①赵娜,韩建春,谢娟等. 信息化时代的档案管理精要[M]. 天津:天津科学技术出版社,2018.

和深化宣传工作的新窗口、新阵地。档案馆可以充分利用互联网覆盖面广、信息流量大的宣传优势,把需要让外界了解的信息如馆藏概况、档案管理情况、先进经验、开放利用服务等的信息做成精美的网页,放在互联网上,让全世界的人通过浏览网页来了解情况。档案馆还可以在网上发行电子刊物和进行精彩档案利用实例发布等,向全社会宣传推介自己,从而提高社会档案意识和档案事业的影响力,还可充分利用网络及计算机的巨大储存能力和快捷的处理功能,通过举办网上展览、网上档案编研成果展示等形式,在互联网上开辟社会主义精神文明宣传和爱国主义教育宣传的新天地。

现在,互联网上有很多提供免费主页空间的站点,可以根据需要选择申请。如山东省章丘市档案馆,建立了介绍档案馆基本情况、馆藏概况、开放利用及现代化管理情况的网页,这样就为该馆在网上安了家,有了一个属于其自己的完全免费的宣传阵地。据介绍,自建站以来已经有2000多人次访问了该站,为提高档案馆的知名度发挥了作用。

(二)为档案馆提供改善服务的新手段

档案馆可充分利用网络分布广泛性、开放性、动态性和非线性等特点,在网上公布馆藏指南和检索目录、定期或不定期进行特色档案信息发布等,在互联网上开辟一个为社会各界服务的新渠道。如北京市档案馆在其网站上载了对外开放的36万条开放档案目录,开通以来访问该站的人次已经超过18000多,效果非常明显。

为提高档案信息资源的利用效果,充分发挥档案信息资源的作用,除正常接待查档外,许多档案馆开展了函电代查、代抄、代复制、档案咨询等多种形式的服务活动。互联网的发展,又为档案馆提供了新的服务手段。电子邮件(E-mail)是互联网提供的一种快速、高效,方便、价廉的信息传递方式,通过电子邮件,不仅可以传递文字信息,还可以传递声音、图像、影像等多媒体信息。档案馆通过电子邮件这种形式可以突破函电代查、代抄、代复制的局限,给利用者提供更加及时,准确、全面的信息服务。一般档案馆都在主页上公布一个可供联系的E-mail地址,这样远在外地的利用者可以把他的查档要求通过E-mail告诉档案馆,档案馆再根据其要求查阅后,将结果以E-mail的形式传送给用户。

二、建立档案网站应具备的条件

建立档案网站的目的一方面是政务公开、方便群众的需要,但更重要的是提供一条查阅档案信息的新的便捷途径。凡是牵涉到档案信息上网运行的,必须解决问题好有关保密等方面的问题,同时还须具备技术成熟、设备先进配套、档案工作人员业务素质提高等诸多软硬件方面的条件。

(一)要解决好档案信息上网的安全性问题

档案工作自身的性质决定了其在一定程度上的保密性要求,而互联网的特点之一就是开放性,且目前互联网的安全技术还不完备,因此,档案信息上网首先必须经过关于保密与开放的鉴定处理。应当开放的档案应尽量开放上网,不能开放的档案则绝不能上网,以避免失泄密。同时,还要及时做好对社会急需且已到期档案信息的解密工作。

对于上网信息中包含的一些只对特定群体公开的限制利用范围的档案信息,可以从网络的物理结构、防火墙设计、用户身份认证等多方面进行安全控制,以保障档案信息网上安全运行。

(二)必须对档案信息进行数字化处理

档案信息必须经过数字化处理,建立包括档案目录数据库和档案全文数据库两大主体类别的系列高标准数据库,方能在互联网上发布、存储和传输。现代计算机技术,尤其是宽带多媒体综合数字信息网可以为用户提供文字、图片、动画、声像等多种信息的综合服务。档案信息数字化的方法很多,最常用的有:键盘录入、手写识别、声音识别、图像识别、扫描等。

(三)档案信息的处理必须标准化

标准化是计算机网络信息系统的生命线,是档案信息进入互联网的重要前提条件之一。互联网是一个相对独立的整体,它采用标准的TCP(传输控制协议)、IP(网络层协议)技术和标准的计算机网络语言使所有的计算机得以相互交流,从而形成一个巨大的全球信息网。标准化的系统的利于信息交流,也会提高信息的通用程度。这就要求我们一方面在日常工作中严格执行档案收集、整理、鉴定、编目、著录、标引,编研等各环节相应的工作标准,一方面又要在软件开发中坚持信息系统设计与应用标准,并力求以更加开放明晰的表达方式,获得较高的兼容性和可拓展性。

(四)档案信息必须按不同的服务对象和目的选择、分类

服务对象和目的决定服务内容,档案信息上网的主要目的是为互联网上的全体用户服务,而非单纯的档案管理者。因此,在工作中应当严格区分档案网络化管理和档案信息上网这两个完全不同的概念。尤其是在档案信息全文上网处于刚刚起步,现有档案信息数据库还远不能满足网络需求的现阶段,我们对上网档案信息进行选择、分类和处理制作更应注意在力争满足广大用户需求的同时,明确自己的核心用户和主要服务宗旨。档案馆除应适时发布社会所关注的焦点信息外,还应将馆藏的特色精华部分优先加以开发利用并推介给广大网络用户,尽快获得用户充分的支持。

三、中国档案网站总体分析

档案网站作为一种新生事物,一方面充当了档案工作网络时代开路先锋的角色,是打开新时代大门的先行者;另一方面也必然带有新生事物初期的种种天然性的缺陷与不足。总的说来,中国档案网站具有以下主要特点和相关问题。

(一)无头现象

从行业网站发展的基本规律来看,一般按照从上到下、上下结合的发展方式较为合理。在我们国家,其他行业或行政管理部门都有国家级综合网站,如国家人才网、国家地震网、国家旅游网、中华文化网等等,各级网站上下贯通互联,逐步形成行业体系。但在档案行业,至今没有龙头网站和样板网站。

(二)孤岛现象

孤岛现象是在以下三个方面因素共同作用下产生的:第一,专业性太强,给人的感觉是只给档案专业人员看的,不适合非档案人员浏览。起不到网络应有的作用,对档案工作的宣传不利。第二,从管理上讲,由于没有龙头网站,致使各地的档案网站各自为政,上下不成体系,成为一个个"孤岛",没有初步形成上下贯通、网络互联的档案网站的网络体系。第三,从技术上讲,档案网站没有链接或链接很少,犹如死胡同,进去出不来。加入搜索引擎的较少,网址查询困难。

目前,多数网站上没有档案网站或其他相关网站(如政府上网工程等)的链接,只有少数网站,如海南、河北的档案网站有与其他档案馆的链接。据悉,上海档案信息网已向全国上网的档案局(馆)发函征求链接。希望目前的档案网站尽快实现技术上并不难以实现的行业网站的"友情链接"。

除档案网站之间实现"友情链接"之外,档案网站与相关网站如政府办公信息网、文化信息网等也应实现"友情链接",加入大信息、大文化的网络中去。

（三）差少慢现象

质量差,主要是指档案网站的主页界面质量较低,结构比较呆板、单一。档案网站的主页一般是由档案部门的工作人员自行设计的,没有专业美术人员和专业技术人员参与。

内容少,既包括档案界新闻报道类信息较少,也包括档案内容信息缺乏。档案网站内容比较雷同、专业内容不丰富,亟待丰富和完善。它们犹如一个个网上档案管理部门的职能或档案成就展览。在档案网站主体信息——档案检索信息与档案内容信息方面,差距就更为巨大。从总体上,应逐渐实现从案卷级目录检索到文件级目录检索,最终实现全文检索。按照目前我国档案工作的水平,应首先将有关的档案目录信息尽快地上传到网站中去,并随着档案现代化水平的进一步提高,逐步实现档案内容的全文检索。

（四）有站无车现象

目前,进入档案网站浏览的上网者多数是档案界的圈内人士,少数是对档案和档案工作有一定关切度的人士。一方面,读者范围相对较小;另一方面,由于内容少、更新慢,读者无须在短时间内重复访问。总之,由于档案网站本身的种种缺陷,造成了这种有站无车现象或称站小车少的现象。(站小指档案网站内容少、功能差;车少指访问档案网站的读者人数少。)

四、档案网站的发展问题

21世纪中国档案网站的发展,应重点解决以下问题。

（一）关于建设档案网站的思想认识问题

我国档案网站建设规模及速度与相关部门如图书管理部门相比,已处于落后状态。造成这种局面的原因,固然有经费等方面的原因,但主要的原因在于建设档案网站思想认识问题。具体地讲,要解决以下两个问题。

1.对建设档案网站必要性的认识问题

在21世纪,档案事业与网络的"联姻"是天作之合。两者在本质上具有不容置疑的必然联系。从本质上讲,网络是一个公共信息平台,而档案馆是公共信息库。信息库需要网络平台的承载与传输,网络平台需要丰富的信息资源,两者相互需要,一拍即合。特别是数字化的档案馆对网络具有极强的依赖性,不在线的数字档案馆是不可想象的。21世纪是中国档案事业数字化和网络化时代,对此必须具有充分的深刻认识。

2.对建设档案网站可行性的认识问题

人们对建设档案网站的远期必要性往往能够给予肯定,但对建设档案网站的现实可行性却常常持怀疑态度。其原因在于对于网站建设的有关细节问题不甚了了,将其神秘化,无形中夸大了建设档案网站的种种困难。

创建档案网站所遇到的困难主要是技术和经济问题。这两个问题实际上并不是不可逾越的障碍。因为普通的档案网站创建技术并不复杂,能够解决创建普通档案网站的技术人员比比皆是;而在经费问题上,在网站建设初期可以因陋就简,不必追求网站的功能强大。这样,无须花费许多资金就可以解决网站建设的经费问题。实际上,现在已经建立起来的一些档案网站是在"基本上没花钱"(在已有计算机的情况下)的情况下建成的。

(二)与档案网站发展有关的基础性工作问题

相对而言,创建档案网站难度并不大,而发展档案网站,使之成为真正的网上档案馆则有相当大的难度。建设真正的网上档案馆主要困难在于它需要大量的基础性工作。这些基础性工作主要在于馆藏纸质档案的数字化和办公自动化条件下新产生的电子档案的接收与管理工作,即档案信息数据库的建立工作,档案信息数据库是网上档案馆的内容基础。其中馆藏纸质档案的数字化问题是建立数字档案馆的最大障碍,需要付出艰苦的劳动和大量的工作时间。目前,馆藏纸质档案的计算机录入还没有非常便捷的方法,即使使用扫描仪也需要大量的改错工作。

先进的信息技术为档案工作的发展提供了极好的条件。但同时它也给我们带来了新的难题,增加了一些"额外"工作。档案工作者要发扬愚公移山的精神,逐步挖掉纸质档案的大山,使它们走上新世纪的信息高速公路。

(三)档案网站建设的具体操作性问题

1.网页制作

网页制作是一项比较繁杂细致的工作,既有技术含量,又有知识含量,同时也要有信息储备和一定的审美观点。运作之前要进行大量细致的筹划,做好方案的设计和论证工作,不要贸然动工。

2.网站的维护与更新

网站要经常维护更新。特别是信息类的内容,互联网上的信息瞬息万变,网页要保持活力,就必须经常更新。更新有两层含义:一方面是在网站中不断添加内容和功能。另一方面要对网站内容不断地更新,特别是信息类的内容。站点的维护及更新最好由各级档案部门的人员来进行。一是保证随时更新,二来能保证网站的亲合性,即接近档案工作的具体情况,便于更新。网站的维护人员应该是全才,即有档案和计算机两方面的知识与技能,特别是对网页制作比较精通,还要有一定的编辑和审美能力。

3.档案数据库与档案信息查询管理工作

不断扩大的网上档案数据库和广大利用者的网上查询活动,都需要档案人员进行适当的管理性工作。其中数据库的管理性工作要求有较强的技术能力和严谨的工作作风;而网上利用者的档案信息查询管理工作还要有较高的政策水平。

第三节　数字档案馆的建设

信息经济已成为世界经济发展的新动力和新增长点,信息化成为当代各国竞争的制高点。作为各个领域、各种社会活动历史记录的档案,其信息载体正快速地向数字化发展,数字档案将成为未来5-10年内新产生档案的主体。面对这样的形势,如果缺乏完善的数字档案管理方案和基础设施建设,各领域信息化的发展必然会受到制约。目前,国际上仅有美国、英国等国开展了数字档案馆的研究,新加坡档案馆四年前开展了馆藏档案数字化处理工作。

建设数字档案馆的主要目标就是对数字档案的管理、数字档案馆的运作以及传统档案的数字化提出完整的解决方案,开发先进的应用系统,建立相关的业务规范和标准,建设各类数字档案资源库。[①]

一、数字档案馆概念的提出及其背景

数字档案馆的概念源于三种途径:一是随着计算机档案管理的普及,使

---

①潘连根. 数字档案馆研究[M]. 北京:中国档案出版社,2005.

档案馆的信息管理数字化,实现了从档案机读目录的管理到档案原文信息的数字化管理;二是随着办公自动化和生产科研的计算机化,直接产生了电子文件和电子档案,实现了档案进馆前的数字化;三是随着信息高速公路的建设与发展,国家基础数字信息工程建设中对档案馆、档案信息以及其他部门的各种信息的综合管理与使用模式提出了新的要求。第一种途径所导致的概念一般被认为是档案馆的数字化管理。第二种途径获得的概念与数字档案馆较接近,但主要含义还是数字化的档案馆,甚至有人据此引出虚拟档案馆的概念。第三种途径获得的数字档案馆概念是通过国家信息基础工程把各级各类档案馆组织在一起,把档案信息与其他门类的信息综合起来作为国家信息资源的组成部分,面向全社会发挥作用,因此有着更为深刻的含义,其意义也更深远。应当说,以第三种途径为基础提出的数字档案馆概念更接近社会需求并与国家基础信息工程的建设目标联系更密切。

二、数字档案馆的构成

对数字档案馆的认识应当与对数字图书馆的认识结合起来,才能做到较为全面。可以概括地说,二者之间是"你中有我,我中有你"。其实,在档案管理中使用计算机的初期,就有不少人提出档案与图书或其他文献之间在信息属性上的差别将随着计算机的应用而逐渐淡化。在档案信息管理现代化的进程中,人们从刻意寻找档案的特点变为注重档案与其他文献信息的共性,以求使用兼容的软件、便于信息相互交换。随着计算机网络的发展,人们更关心的是从网上获得的信息本身,而并不在意信息属于什么管理范畴、存放在什么地方。

归纳起来可以看出数字档案馆的构成要素至少有以下一些。

一是以现代通信、计算机网络、多媒体信息技术设备为基础设施。这些基础设施不可能全部由档案部门自己建立,而必须依靠国家和社会的支持。

二是以各个时期、各种类别的档案信息库及其他综合信息库为基础资源。这些信息库必须在严格的标准化和规范化的基础上由多个部门联合建立。

三是以智能信息处理技术为主,将原有的数据库转变为知识库,使用自然语言,提供高度有序化的基本管理和应用。传统的数据库是一类结构相对简单的数据集合,其属性描述和检索处理依赖于精确的人工语言,而这种方法对于管理综合性的超大规模数据库(知识库)很不适应,例如国际互联网上成千,上万的大型数据库,由于检索语言不统一和管理方式各异已经造成了极大的混乱。因此必须依赖更为先进的智能化信息管理技术,以求用自然语言进行所谓的概念性全网络搜索,才能为用户提供方便、高效的服务。

四是支持高层决策、司法凭证、大众教育等综合服务,形成立体应用体系。数字档案馆应成为国家基础信息资源的出入口。通过这个出入口,既可以吸纳各种各样的信息,又可以按用户各自的身份提供相应的服务。数字档案馆与传统的档案管理自动化系统的区别就是,前者信息具有广泛性、综合性,并且有能力对社会的各个方面和各个阶层提供服务,而后者一般只包含某个部门的档案信息或少量资料,提供的服务面显然要窄得多。

五是以优质快速的不间断服务满足社会需求。现有的档案管理系统,很少能做到不间断服务,而且一般只是被动地提供服务。数字档案馆则需要提供每年365天,每天24小时的服务,而且可以做到主动地按社会需求提供优质服务,让用户感觉到好像数字档案馆事先就知道自己的需求一样,提前就做好了准备。

三、数字档案馆的作用

一是使档案信息成为知识经济的基础信息资源组成部分,为现代化建设服务。

有人认为现在是知识经济的时代,也就是说知识产生的收益在社会产值中占有很大比重。而知识经济的运作条件就是计算机网络支持的基础信息资源。数字档案馆为此所提供的信息应当是重要的、丰富的,而且其中的档案信息是不可替代的。

二是用中国丰富的档案信息去参与解决国际信息环境的中、西文化比例失调问题。

现在国际互联网上的信息是中文信息少,而源自中国的信息就更少。这种状况已经给我国带来了不利影响,与我国的国际形象不符。稍有上网经验的人都有感觉,其他国家的网站关于中国的报道不多,且带有很大的偏见,可以说在互联网上有损于中国的消息俯拾即是,而客观公正地反映我国真实情况的信息却少得可怜。为改变这种状况,我们可以发挥数字档案馆的信息优势,以多种语言文字积极传播中国产生的信息,澄清视听,宣扬中国文化,营造有利于我国现代化建设和发展的国际环境。

三是用翔实的档案信息支持决策、管理、政务公开等,为提高国力和国家的战略地位服务。

决策的及时正确、管理措施的得当、政务的公开等要靠信息的完整、可靠和快速的综合分析能力来保证。数字档案馆恰好满足这些要求。由于数字档案馆与政府办公系统有着密不可分的联系,所以支持决策有着天然的优势,可以发挥更为重要的作用。

四是为科学研究、知识普及等提供智能化服务,落实"科教兴国",营造科研、教育的良好环境。

数字档案馆所能提供的科技知识等信息及时、准确、系统,比一般数据库系统提供的检索服务方式更方便、自然,也就更贴近用户。例如,数字档案馆实现的网上专题展览可以使档案馆这类"爱国主义教育基地"在网上活跃起来。通过数字档案馆还可以同时满足科学研究的大型而复杂的课题直至家庭教育等形式丰富多彩的各种需求。

五是改善档案管理工作,提高档案工作的社会地位。

传统的档案自动化管理目标一般是提高工作效率和改善工作质量。而数字档案馆对档案管理的作用将更为明显,除了对内部的改进之外,对档案社会形象的改进会起到更突出的作用。

四、数字档案馆的总体规划

数字档案馆是建立在现代信息技术的普遍应用基础上,利用数字化手段,以高度有序的综合档案信息资源为处理核心,以高速宽带通信网络为技术设施的超大规模、分布式数字信息系统,属于国家数字化信息基础工程。它不仅仅是馆藏档案的数字化,也不仅仅停留在整个档案工作业务流程的计算机化。数字档案馆工程是网络环境下档案信息资源的一种整体处理模式。它涉及标准规范与法规的制定和推行、软/硬件基础设施建设、应用系统开发、数字资源建设、人才队伍培养等方面内容,是一个与软件工程、网络工程、计算机工程、信息组织工程等有着密切联系的系统工程。

根据档案馆业务的基本流程,数字档案馆工程主要包括以下方面。

第一,接收办毕文件的元数据及其实体(包括各种形式的文件)并对文件的流转实施自动化管理、利用和控制。

第二,使用数字模拟整合技术将馆藏档案数字化,实现数字化档案资源在网上的发布和传送。

第三,支持馆藏各种档案实体的自动化管理,利用各种新技术,如光盘存储、超媒体技术等,进行超大规模数据库的管理、检索等。

第四,组织对数据的有效访问和查询,使利用者可以通过网络对数字档案信息资源进行查阅(包括目录、索引和全文)。

第五,支持以网络连接不同档案馆的数字馆藏,能够提供分散于不同地区的档案信息资源。

与传统档案馆比较,数字档案馆具有以下特点:数字馆藏;通过网络组织、管理与利用档案信息,且不受时空限制;整体性;分布式;更广开放性;对信息技术更强的依赖性;动态性与交互性;自动化与智能化等。

接收的档案数字化和规范化之后,再经过数据加工,分解出元数据和对象数据,并分别组合成元数据库和对象数据库。其中,元数据库用于查询系统,共享到数字档案馆中心;对象数据库用于具体检索,分散保存在各地档案资源库中。当特定用户通过本地终端查询元数据后需要检索对象数据时,对象数据系统只有在确认了各自的权利和义务以后,才会在受控的条件下将对象数据传送给用户。每一个对象数据在数字档案馆系统中应具有唯一的一个调度码,根据调度码定位其在档案资源库中的位置。这样,调度系统就解决了如何调度对象数据到用户的问题。再通过统一所有档案资源系统的查询条件式,就能解决不同系统之间的检索条件共享,实现档案数据共享。

在数字档案馆工程中,基本分成国家中心和各地分中心两个层次。用户通过各中心提供的服务平台,获取所需要的存储在档案资源库中的档案信息资源及相关文件、资料。要发挥各个资源库的优势,通常将从数字档案馆的资源库中所提取的元数据共享到数字档案馆国家中心和各分中心,供用户检索使用;而将对象数据存放在各地资源库中,根据用户需要,通过调度系统,将对象数据提供给用户。数字档案馆国家中心、各地分中心及资源库都各有自己的职责。

五、数字档案馆工程建设的主要内容

数字档案馆工程建设内容多,涉及范围广,其主要任务有标准规范与法规的制定和推行、软/硬件基础设施建设、应用系统开发、数字资源建设、人才队伍培养。

（一）标准规范与法规的制定与推行

推荐使用统一标准规范是适应未来数字档案馆服务、数字资源多样性、满足数字资源长期保存的需要。

管理规范是对数字档案的管理提供一套规则。包括数字档案相关概念定义、移交、整理、价值鉴定、存储、著录、安全性保证、原始性保证、检索路径、利用方式等。业务规范是针对数字档案管理业务处理提供规则。包括数字档案的术语标准、资源标识、描述、数字档案文件格式、元数据、对象数据格式标准等。深圳市档案局将根据数字档案管理特点以及网络应用特点,制定业务规范与标准。技术规范包括软硬件基础设施建设技术标准、软件系统工作平台技术标准、存储压缩格式、数字水印、加密算法等。上述规范将在工程建设过程中逐步完善。

（二）软硬件基础设施建设

数字档案馆工程将建设大容量的分布式资源数据库大规模并发用户的访问服务管理系统。将配置大型高速交换机、路由器、光端设备、并行处理的高性能服务器便于扩充的规模型集群系统、智能城域网系统、操作系统高可靠性的信息安全系统、数据库管埋系统和其他相关系统等。基础设施主要包括网络设备、服务器、档案数字化设备以及系统软件等。

（三）应用系统开发

应用系统是工程持续和不断完善的基础之一,是一种可扩展的信息网络系统。其功能除了将馆藏各种载体档案数字化之外,还对档案信息资源的形成、整理、存储、检索、传递、保管、保护利用、鉴定、销毁、统计等全过程实施管理。该系统应包括多个分布式的、超大规模的具有可互操作的异构多媒体资源库。能通过局域网处理档案馆所有的档案管理业务,并交换档案(即电子归档,包括管理信息、数字化档案和数字档案);通过城域网对国内用户提供高效跨库、无缝连接的信息服务。

以深圳市数字档案馆为例,其应用系统主要由以下四个系统构成:①文档管理系统;②档案管理系统;③档案目录管理系统;④文件中心管理系统。系统由数字档案馆支撑应用平台、业务应用系统和SD2000文件管理系统组成。

数字档案馆的应用系统是实现工程健康、持续和不断完善的基础之一。它应是一个可扩展的网络应用系统,完成对档案的数字化加工、数字档案的采集、处理、存储、归档、组织、发布和利用等全过程。系统应涵盖数字管理的全过程,具有可扩展、实用的特性。

(四)档案数字资源系统建设和馆藏档案数字化

档案数字化需要具备对档案实体信息进行扫描制作及存贮,建立档案内容信息库。需要对多种媒体形式,包括纸张、照片、电影胶片、录影带、录像带等,进行数字化处理。利用计算机应用软件来管理制作流程,能在一定程度上恢复破损模糊的档案原件,对批量处理及大容量存储提供支持。为了保证档案的原始性,在档案数字化的过程,提取数字指纹作为档案的元数据,并嵌入数字水印。数字档案馆再通过接收立档单位数字档案,建立数字档案资源数据库。

(五)人才队伍建设

人才是保证数字档案馆工程建设成功和持续发展的关键,需要一大批系统开发与维护、档案数字化加工与管理、标准建设与保护、相关技术的使用与研究以及数字档案馆运营与管理等方面的复合型专业人才。

第六章 档案信息化保障体系建设

　　档案信息化是一项开拓创新的事业,同时也是一个充满风险的领域。这项事业的健康发展和逐步奏效,需要一系列相互作用、协调配套的支持条件,即档案信息化的保障体系。档案信息化保障体系主要包括宏观管理体系、制度标准体系、安全控制体系、人才队伍体系和信息技术体系。

第一节 宏观管理保障体系

　　档案信息化是档案事业发展的战略举措,也是档案现代化的立体战役。为了确保这项工作循序渐进、卓有成效,需要自上而下地进行总体规划和精心地组织实施。

　　档案信息化规划是档案行政管理部门针对档案信息化事业发展制定的全局性、长远性谋划,是对发展目标、任务、措施的宏观思维、精准描述和权威部署,是反映发展规律,驾驭发展大局,破解发展难题的顶层设计,具有定位目标、激发士气、凝聚人心、统一步伐的作用。[①]

一、规划制定的原则

(一)统揽全局的原则

　　规划首先要明确档案信息化的指导思想、基本目标、工作任务、措施步骤、保障体系、评价指标等。为此,档案信息化规划要有前瞻性、系统性、严肃性、权威性和操作性。在目标的确定上既要起点高,又不能不切实际地盲目拔高;在任务的确定上既要全面覆盖,又要重点突出;在措施的确定上既要宏观布局,又要微观落地;在保障体系的确定上既要营造动力机制,又要设定约束机制;在评价指标的确定上既要定性,又要尽可能定量。特别要做到与本单位档案事业发展规划和本地区信息化发展规划相衔接,争取取得

---

①杨公之. 档案信息化建设实务[M]. 北京中国档案出版社,2003.

组织、资金和人力上的支持。为了落实好规划,要建立集规划、制订、协调、监督、意见反馈、补充完善于一体的规划执行机制。通过落实责任、考核和目标管理,努力实现预定的信息化蓝图。

(二)分步实施的原则

档案信息化涉及面广,工作量大,制约因素多,因此不可能毕其功于一役。在制定规划时,要充分考虑国家、地区信息化战略的实施进度.档案信息化的近期需求,档案基础工作条件,管理制度和业务规范的配套情况,以及经费、人力的投入能力等。要在全局性、长远性目标的指导下,根据需要和可能,将总目标分解为若干阶段性目标,以便分步实施。阶段性目标要处理好前后衔接关系,每一阶段的目标任务既要继承前阶段的成果,又要为后阶段创造条件。特别要将档案信息资源建设列入阶段性目标的主要任务,并提出量化的指标要求,如电子文件归档和传统存量档案数字化应当达到多少百分比等。

(三)需求驱动的原则

长期以来,信息技术领域有一句行话"以需求为导向",它是信息技术应用的一条重要规律。现代信息技术几乎无所不能,然而,只有与特定的需求相结合,才能实现信息化的价值。需求决定计算机应用的发展方向、检验标准和实际效能,是信息系统建设的出发点、归属点和动力源泉。不重视需求或找不准需求,必然使档案信息化偏离正确的轨道,甚至付出沉重的代价。2002年,美国国家档案馆为了建立电子文件档案馆(ERA),制定了电子文件档案馆的需求体系文件,之后用了8年时间对该需求进行了四次版本升级,可见他们对需求研究的重视程度,也说明精准把握需求的难度。

(四)突出重点的原则

所谓突出重点,就是规划要满足重点需求。需求是一个相当具有"弹性"的概念,在分类上有:一般需求和主要需求、潜在需求和现实需求.表面需求和本质需求、当前需求和长远需求等。突出重点就是要在调查研究的基础上,分析出和把握住主要需求、现实需求、本质需求、当前需求和紧迫需求。为此,在制定规划时,要从本单位、本行业的实际出发,以问题为导向,以必要性和可行性统一为基础,找准需求,定义总目标和阶段性目标,一步一个脚印地有序推进档案信息化工作。

二、规划制定的步骤

(一)组织机构

档案信息化规划的制定事关大局、事关长远,应当建立由单位主要领导主持,信息化管理人员、相关业务技术人员和档案管理人员参加的规划起草小组,具体负责规划制定的全过程工作。为了开阔眼界,借用外脑,还可以聘请外单位有关档案信息化的专家,对规划起草人员进行培训,对起草工作给予咨询、审核、把关,或直接负责规划的撰写工作。

(二)调查研究

调研主要包括四个方面:一是对国际、国内、本地区、本行业档案信息化发展战略和规划的调研,了解其对档案信息化目标、任务、措施的定位,以便于为本单位规划制定提供参考。二是对同行业或相近行业档案信息化的先行单位进行调研,以便学习和借鉴他们的成熟经验。三是对社会信息化发展状况进行调研,了解其软硬件技术发展水平,以及哪些技术适用于本单位。四是对本单位档案工作和档案信息化需求进行调研,发现和分析存在的问题,研究利用信息化手段破解问题的对策。

(三)撰写规划

对调研结果进行归纳总结,撰写调研报告。根据调研报告撰写规划大纲,并征求有关领导、专家或业务技术骨干的意见。根据拟定的规划大纲,撰写规划初稿。初稿完成后组织专家进行科学性和可行性论证,并广泛征求机关各业务部门和相关单位的意见,修改完善后交本单位领导审核、签发,然后正式颁发。

(四)规划颁发

规划颁发时要一并提出规划执行的指标要求、进度要求和责任要求,并按照"言必信,行必果"的要求,跟踪规划的执行情况。

三、规划的主要内容

(一)回顾总结

回顾总结本单位档案信息化的进程、现状,取得的基本经验或主要体会,以及存在的主要问题。对于尚未建立档案管理信息系统的单位可以总结本单位档案工作的现状,以及为档案信息化创造的基础工作条件,如档案制度化、标准化建设,档案资源建设,档案人才队伍培养等。

(二)目标定位

目标是对档案信息化建设预期前景和效果的描述。目标可以分总目标和具体目标两部分。目标定位要有以下"五个度":高度,即体现高起点、高标准、高水平;宽度,即做到档案业务工作的全覆盖;深度,即要致力解决发展中遇到的热点、难点问题;亮度,即要有创新点和闪光点;温度,即要满怀热情地贴近时代、社会、生活、百姓。总目标的实施周期应尽量与本单位发展规划相吻合,一般为五年。

(三)任务部署

任务是对目标的细化。目标一般比较原则、概括和宏观,任务则要尽量具体和微观。任务一般按档案信息化的要素细分,包括基础设施建设、信息资源建设、应用系统建设和保障体系建设等。任务部署要尽量做到定时、定量,如纸质档案数字化工作每年要达到多少页、占馆(室)藏总量的百分比是多少等。

(四)措施落实

措施是指实施档案信息化的必要条件,一般包括人员观念的改变、档案基础工作的跟进、技术平台的建设、信息安全的落实、资金持续投入以及人才队伍培养等。其中档案基础工作部分要特别强调"兵马未到,粮草先行",即提前、重点做好电子文件归档、纸质档案数字化工作。

第二节 标准规范保障体系

数字档案的载体、信息和生存环境的不稳定,使其真实、完整、有效和安全性面临严峻的挑战,管理问题相当复杂。为此,特别需要标准体系来规范管理者的行为,使档案信息的制作、加工、采集、保存、保护、鉴定、整理、传递等环节都处于受控状态。标准规范体系对档案信息化的意义十分深远。[①]

一、标准规范建设的原则

制定我国档案信息化标准规范,要符合中国国情,符合国家信息化工作

---

①赵屹. 档案信息网络化建设[M]. 北京:北京图书馆出版社,2003.

的基本方针,同时兼顾与相关国际标准和发达国家档案信息化标准的衔接,并且遵循以下原则。

(一)适度超前原则

档案信息化标准是对档案信息化建设过程中出现的各种重复性事物和概念所做的统一规定,标准的对象在档案信息化建设中是随着时间的变化、技术的更新而不断变化的。因此,在档案信息化标准规范建设过程中,要考虑信息时代和网络环境的变化,要有前瞻性和预见性,能在一定程度上预测社会和技术的发展方向,并充分考虑相关标准的制定时机,坚持适度超前原则。档案信息化标准规范建设,要在有初步经验的基础上,根据现实情况并结合未来档案信息化发展状况开展相关工作。

(二)坚持开放原则

当今社会是一个开放的社会,各行业的开放程度、行业之间的交叉融合程度越来越高。在进行档案信息化标准规范建设过程中,应自始至终坚持开放性原则。

(三)动态管理原则

档案标准化过程并非一蹴而就,而需要在实践中不断补充、提高、扩展。动态性原则是指要根据档案信息化建设的实践发展,对标准不断进行修订、充实和完善。档案信息化建设是一个长期的过程,在这个过程中,标准规范的对象会随着时间的变化而不断发生变化。特定的标准是根据特定的时间、特定的环境、特定的对象制定的,虽然要求标准制定者在制定标准时,要充分考虑到未来的变化,但是预测与变化往往会有偏差。因此,对于档案信息化方面的标准,实施后3-5年就要进行审视。对于不适应实际的标准,要及时废止;对于分不适应,要及时部分更新;标准规范的制定或修订既要针对档案信息化出现的新情况和新问题,又要尽量继承以前标准规范的条款,保持标准的稳定性,避免大起大落,以免使实践工作无所适从,陷于被动。

二、标准规范建设的主要内容

(一)管理性标准规范

档案信息化管理性标准规范包括两个方面,一是对人的管理性标准,主要是指对与档案信息化建设相关的人员进行管理的标准,包括档案工作人员管理标准、软件设计人员管理标准、用户管理标准、用户角色控制标准,用户权限审批标准等,明确档案工作人员的职责和任务,以及用户的权利和义务,以保证档案信息化建设各项工作的正常开展。二是对物的管理性标准,主要是指对数字档案信息资源实体的全过程规范化管理,以及对信息化设备,如机房、硬件、软件存储载体的规范化管理,主要规范这些资源可以给谁用、如何使用和如何保管的问题。

(二)业务性标准规范

业务性标准规范是对档案信息化及电子档案业务处理进行的规定,解决业务操作行为不统一的问题。其范围包含与档案信息化相关的术语标准;档案信息采集标准,包括数字信息资源建设所涉及的数字化加工、元数据、资源创建、描述等;信息管理标准,包括数字信息资源组织、资源互操作;信息利用标准,包括数字信息资源检索、服务;信息存储标准,包括数字信息资源长期保存等;电子档案的术语标准及管理规范,包括电子档案的基本术语、资源的标识、描述电子档案的文件格式、元数据格式、对象数据格式等,如《电子档案管理基本术语》(DAT58-2014)。

(三)技术性标准规范

技术性标准规范是对档案信息化及电子档案管理有关技术应用进行的规定,主要解决技术应用不适当而导致的质量问题。其范围包括硬件基础设施建设技术标准、软件系统工作平台技术标准、数据存储压缩格式规范、数据长期保存格式规范、数据加密算法规范、网络数据传输规范、数字水印标准等。

(四)评价性标准规范

评价性标准规范是对档案信息化及电子档案管理的成果和效用进行评判的指标体系,包括档案信息系统(包括数字档案室、数字档案馆、电子文件归档管理等系统)的研制、档案信息资源的开发和利用、信息安全、信息技术应用的广度和深度、信息化人才开发、信息化的组织和控制、信息化的效益等评价的标准。其中信息资源开发和利用应该是测评指标体系中的重要部分,可细化为馆(室)藏档案数字化的数量,多媒体编研成果的种类和数量,数字信息的提供利用方式,数字档案的利用频率等。

三、标准规范的贯彻落实

标准一旦颁布生效就应当具有严肃性和权威性。为了更好地落实档案信息化标准规范,要做好以下工作:一是档案信息化标准规范的宣传教育。通过举办专题培训班,或将有关标准内容纳入档案专业培训课程,宣传有关标准规范贯彻的意义、目的、内容、要求。二是采取行政手段,加强对档案信息化标准规范的宣传贯彻力度,做好常态化督促、检查和指导工作。三是将档案信息化标准规范的执行情况纳入信息化项目的评审、鉴定、验收程序和要求中,贯标通不过,责令整改,整改通不过,项目不予通过验收。有了规范要做规矩。所谓"做规矩"就是要对不贯标的档案信息化建设项目敢于否定,对貌似可行的违反规范项目及时制止。从建设项目立项评估、可行性研究等前端开始,就给予强有力的标准指导和贯标监管。四是档案信息化标准规范建设要与时俱进。档案行政管理部门要收集贯标工作的信息反馈,及时发现标准规范脱离实际的情况,以便在调研分析的基础上对有关标准规范进行修订。五是档案信息化标准规范的修订要倾听行内有关领导、专家、业务骨干、计算机专业人员的意见,充分参考图书、情报、文博、电子商务、电子政务等相关标准,以便使标准规范做到向上、向下和横向兼容,确保其开放性、先进性和适用性。

第三节 信息安全保障体系

档案信息安全,是指构建动态的档案信息安全保障体系,确保档案信息的真实性、完整性、保密性、可用性、可控性。要保证档案信息的安全,就必须考虑到硬件、软件、数据、人员、物理环境、人文环境等多方面要素。档案信息系统的复杂性、开放性及面临威胁的多样性,决定了其安全防护是一项整体性的、综合性的系统工程。

档案信息安全保障体系由档案信息安全法律法规体系、安全管理体系和安全技术体系三部分组成。①

---

① 张姬雯. 档案信息化工作实用手册[M]. 南京:南京师范大学出版社,2005.

一、安全法律法规体系

信息安全首先需要建立档案信息安全法律法规体系,做到有法可依。该法律法规分布于档案专业的内部和外部。内部有涉及安全问题的档案法律法规,外部有涵盖档案管理的信息安全法律法规。

近年来我国档案界陆续制定出一些关于或涉及档案信息安全的规章、标准和规范性文件。如国家档案局2002年颁发的《全国档案信息化建设实施纲要》和国家标准《电子文件归档与管理规范》中均有针对档案信息安全的具体规定;2013年组织制定了《档案信息系统安全等级保护定级工作指南》(档办发〔2013〕5号)以落实国家信息安全等级保护制度。很多地方和单位也颁发了档案信息安全保管方面的规章制度,如上海市档案局颁发的《上海市档案条例》《上海市档案信息化建设实施意见》中均有关于确保档案安全的条款。江苏省档案局颁发的《江苏省档案信息化建设保密管理办法》黑龙江省档案局颁发的《黑龙江省档案信息化建设保密管理办法》等都专门针对档案信息化安全体系建设。

二、安全管理体系

档案信息安全是基于技术的管理工程。从管理层面上讲,就是要确保档案信息的安全,必须在风险分析的基础上确立档案信息安全的策略、方针和目标,成立相应的管理机构,确立合理的管理机制,制定安全管理计划,分解安全管理职责,执行安全管理制度和管理标准,建立并实施完善的档案信息安全体系。因此,风险识别与风险评估是档案信息安全管理的基础,风险控制则是安全管理的最终目的。

(一)档案信息安全系统管理模式

新的风险在不断出现,档案信息系统的安全需求也会随之不断变化,因此安全管理应是动态的、不断改进的持续发展的过程。档案信息安全管理模型可选择PDCA模式,即计划(Plan)、执行(Do)、检查(Check)和行动(Action)的持续改进模式。采用PDCA管理模式,每一次的安全管理活动循环都是在已有的安全管理策略指导下进行,每次循环都会通过检查环节发现新的问题并采取行动予以改进,从而形成安全管理策略和活动的螺旋式提升。如图4-1。

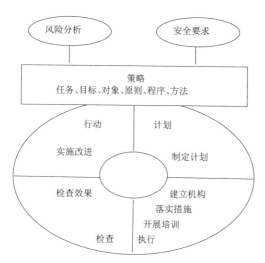

图4－1 安全管理模型—PDCA持续改进模式

信息安全管理PDCA持续改进模式把PDCA管理模式与安全要求、风险分析有机地结合在一起,考虑了信息安全中的非技术因素,同时加强了信息安全管理,具有广泛的适用性。

(二)档案信息安全系统管理的具体实施

在档案信息安全管理模式中,档案信息安全管理中心是整个系统的核心,每一个环节都要定期地与档案信息安全管理中心进行安全信息交流,当档案信息安全管理中心认为有必要对其安全目标进行修改时,要及时向上级领导汇报,等待最终的定夺。

1.完善组织机构

有条件的档案部门可以成立档案信息安全管理中心,负责实施和监控整个档案信息安全管理活动。安全管理中的每一个环节都必须与安全管理中心进行信息交流,安全管理中心还具备评价数字档案信息安全管理体系运作情况的功能,可以对安全方针、安全制度和安全措施的实施结果进行调查,并分析这些安全举措对档案信息安全的影响,然后提出相应的改进方案。数字档案信息安全管理中心由部门领导、信息管理专家、信息技术专家和技术雄厚、人员稳定的开发队伍、有关的工作人员组成。

2.进行风险评估

根据最新的研究数据,在全部的计算机安全事件中,约有60%是人为因素造成,属于管理方面的失误比重高达70%以上,在这些安全问题中95%是可以通过科学的风险评估来避免的。

因此,档案部门必须清楚档案信息系统现有以及潜在的风险,充分评估风险可能带来的威胁和影响,这是档案信息化建设必须首先解决的问题,也是制定信息安全策略的基础与依据。进行风险评估,不只在明确风险,更重要的是为数字档案信息安全管理提供基础和依据。

3.制定安全策略

制定档案信息的安全策略,要在完善配套、科学合理的有关数字档案信息安全的法制和标准体系下,通过有效的信息安全技术和安全管理遏制来自外部和内部的攻击,增强安全防护能力和隐患发现能力,确保数字档案信息资源内容和信息载体的安全,达到所需的安全级别,具体安全策略可分为内部建设安全策略和网间互联安全策略等,循序渐进逐步加以完善,最终形成功能强大的数字档案信息安全管理体系。

4.开展数字档案信息安全管理培训

开展数字档案信息安全培训是档案信息安全管理体系的重要环节之一,因此对于档案部门工作人员的培训不应是"一次性"的活动,需要定期对人员进行安全策略及安全技术的"应知、应会"培训,尤其是安全策略更改或面临新的安全风险、部署新的安全解决方案之后,更要对其加强培训,以保证安全策略的有效程度。

5.持续完善管理体系

首先,确定待评价系统的边界和范围,明确评价的目的,以系统整体为立足点,总体分析各方面的效益与成本,及其与系统各构成部分的关系;其次,确定待评价系统的状态与所处的阶段,如可行性分析、总体设计、系统开发与运行等各阶段;再次,选择适当的评价方法,如结果观察法、类比—对比法、专家评价法或评分法等,确定适当的评价指标;最后,收集有关数据、资料进行分析、计算,得出评价结果,并将评价结果书面化。根据评价结果进行不断完善,提高档案信息安全管理体系及具体实施过程的有效性和效率,以满足自身、用户和其他相关方日益增长和不断变化的需求与期望。

三、安全技术体系

目前,档案信息安全在技术方面主要采用信息加密技术、信息确认技术、访问控制技术、病毒防治技术,审计技术、防写技术等。

（一）信息加密技术

加密是保障信息安全最基本、最经济的技术措施，也是大多数信息防护措施的技术基础。加密的作用是防止敏感的或有密级限制的信息在传输过程中泄密。文件加密所采取的加密算法形形色色。据不完全统计，目前已经公开发表的加密算法多达数百种。电子文件加密的基本过程是：存储或传输前将原先借助相应的软件可以识读的数码序列（称为明文）通过数学变换（加密运算）变成无法识读的"乱码"（称为密文或密码）；利用时再通过数学变换（解密运算）将"乱码"还原成可以识读的数码序列。其中，加密运算和解密运算都是在一组密钥控制下进行的，密钥是控制加密算法和解密算法实现的关键数据。电子文件的加密、解密机制如图4-2所示。

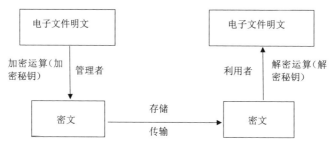

图4-2　电子文件加密技术示意图

（二）信息确认技术

对于纸质文件，以往用书面签署或签印的形式将责任者名或责任者特征（如指纹）固化到文件载体上，借助纸质文件载体与内容的不可分离性来证明文件内容的原始性和真实性，使文件具备法律效用。这种方法显然不适于不具有恒定载体的电子文件。对于虚拟流动的电子文件，信息确认技术起到了相当于签署纸质文件的作用。

信息确认技术是通过一定的技术手段防止文件的内容被非法伪造、篡改和假冒，同时用来确认文件的发出、接收过程及利用者身份和权限的合法性。完善的信息确认方案应能实现以下四个目标：

第一，合法的文件接收者能够验证其收到的档案文件是否真实；

第二，发文者无法抵赖自己发出了所发的文件；

第三，合法发文者以外的人无法伪造文件；

第四，发生争执时，具有仲裁的依据。

实现上述目标需要综合采用多种技术手段,目前,常用的有数字摘要技术、数字签名技术和数字水印技术。

(三)访问控制技术

访问控制是信息系统安全防范和保护的主要策略,其任务是杜绝对系统内电子文件信息的非法利用和蓄意破坏。访问控制技术种类繁多,且相互交叉,目前主要有防火墙、身份验证两种访问控制技术。

(四)病毒防治技术

即使采用防火墙、身份验证和加密技术,文件系统仍然可能遭到病毒的攻击。防治病毒包括两个方面:一是预防,在系统或载体未染毒之前采取有效措施,防止病毒感染;二是杀毒,在确认系统或载体已染毒后彻底将其清除。防毒是根本,杀毒则是补救措施,目前普遍使用的是以特征扫描为基础的杀毒软件。

(五)审计技术

审计技术旨在记录电子文件运行处理的全部过程,抑制非法使用系统的行为。采用审计技术的电子文件管理系统将自动记录下系统运行的全部情况,形成系统日志。系统日志类似于飞机上的"黑匣子",是系统运行的记录集,内容包括与数据,程序以及和系统资源相关的全部事件的记录,如机器的使用时间、敏感操作、违纪操作等。审计记录为电子文件真实性的认证提供了最基本的证据,借助系统日志,管理员可以分析出系统运行的情况,追踪事件过程,排除系统故障,侦察恶意事件,维护系统安全,优化对系统资源的使用。系统日志包括哪些内容必须根据文件系统的安全目标和操作环境个别设计。

(六)防写技术

防写技术是保障电子文件内容不被修改所采取的安全技术,其目的是通过技术手段来固定处于静态的电子文件的内容信息。大多数文件管理系统具有将运行其中的文件属性设置为"只读"状态的功能,在只读状态下文件内容只能读取,不能更改,除非具有高级权限的用户来更改文件的"只读"属性。另一个简单的技术手段是将文件内容刻录到 CD-R 光盘、WORM 磁盘等一次性写入存储介质上,这些不可逆式(无法改写已写入的内容)的存储载体有效防止了对静态电子文件内容的改动,保证了电子文件的真实性和完整性。

第四节　人才队伍保障体系

在档案信息化进程中,知识和掌握知识的人才是事业获得成功的决定性要素,也是信息化保障体系建设的核心任务。信息技术的发展已经为档案信息化提供了优越的条件,然而,技术的日新月异,也对档案信息化人才提出了越来越高的要求。如何培养好、使用好各类人才已经成为档案信息化实力的主要标志。[①]

一、人才队伍的素养要求

(一)创新思想观念

观念虽然无形,但是对提升档案信息化人才的决策能力和执行能力具有决定性的作用。为此,需要培育以下七种新思维:

1.开拓思维

树立追求理想、崇尚科技、奋力改革、不断开放、不畏艰险、不甘落后、奋勇拼搏、图存图强的开拓意识,破除守旧、畏难、不作为的落后意识。

2.战略思维

战略是对事业发展全局性、长远性的谋划,战略眼光是大视野,战略目标是大手笔。为此要将档案信息化和社会发展的大趋势,如改革开放、经济繁荣、知识管理、文化传播等紧密联系起来,将社会需求作为档案信息化的目标,形成科学的"顶层设计",自上而下、积极稳步地组织和推进档案信息化工作,改变过去各自为政、分头重复建设的粗放型发展格局。

3.策略思维

策略是又快又好地实现战略目标的最佳路径。当前针对档案信息化的薄弱环节,应当实行"内合外联"的策略,即对内实行档案技术和信息资源的整合,以整合的实力提升外联的能力;对外实行与外部信息系统的外联,将优质档案信息资源接收进来,辐射出去,使档案信息系统成为社会信息的集散枢纽。

4.人本思维

档案信息系统要真正做到"以用户为中心",即以档案利用者和档案工

①刘亚静.档案管理信息化与自动化探索[M].天津:天津科学技术出版社,2018.

作者应用度、满意度作为信息系统建设的出发点和归属点。为此,信息系统要尽可能满足用户,特别是社会大众的需求,且做到操作简便,界面友好,富有人性。

5.开放思维

网络化是一个开放的平台,只有开放才能充分发挥网络化的优势。因此,档案信息系统要积极致力于与各种社会信息系统互联互通,无缝对接,在互连中获取更多的数字档案资源,在网络化服务中提升档案工作的社会影响力和认可度。

6.忧患思维

电子档案的存储密集性、传播快捷性、技术依赖性和表现虚拟性,使其失真、失全、失效、失密的风险日益增大,而且数字化带来的灾难往往具有一瞬间、毁灭性的特点。由此,搞档案信息化建设要居安思危,未雨绸缪,警钟长鸣,一手抓技防,一手抓人防,两手都要过得硬。

7.辩证思维

档案信息化会遇到许多矛盾的对立面和统一体,如资金的投入与产出、数据的存入与取出、配置的集中与分散、信息的共享与保密、文件的有纸与无纸、资源的增量与存量等,需要我们用联系的方式和发展的眼光去认识,处理好对立统一的关系,避免非此即彼或顾此失彼的僵化思维方式。

（二）提升操作技术

1.信息输入技术

能够采用传统的键盘输入技术,先进的语音、文字、图像识别输入技术,数据导入、导出转储技术,数码摄影、摄像技术,快速、准确地输入文字、图像、声音、视频等信息。

2.信息加工技术

能够采用信息检索工具,从指定的网页、服务器、脱机载体中采集档案信息;按照档案的形式和内容特征进行分类;按照档案的内在联系进行组件、组卷或组盘;采用自动或手工方式对档案进行著录和标引,以及对档案元数据进行采集、封装和管理。

3.信息保护技术

熟悉或掌握数据库管理、数据组织、数据迁移、数据加密、数字签名、脱机存储、网络访问控制、数据容灾,以及维护电子档案真实性、完整性、有效性和安全性等技术。

4.信息处理技术

熟悉或掌握文本编辑、图像处理、视频编辑、文件格式转换、数据下载或上传等技术。了解或掌握档案多媒体编研技术,能围绕特定主题,将编研素材编辑制作出档案编研成果。

5.信息查询技术

能够按照用户查档要求,正确选择检索项、关键词、主题词、分类号,并正确组织检索表达式,对在线或离线保存的文本。超文本全文信息进行检索,并对检索结果进行打印、下载、排序、转发等处理。

6.信息传输技术

包括采用电子邮件、短信、微博、微信等手段接收和传播文本型、图像型、声音型、视频等各类档案信息。

(三)优化队伍结构

档案信息化建设的人才队伍至少需要以下四种类型的专业人才,特别需要兼备两种以上:特质的跨界复合型人才。

1.研究型人才

档案信息化需要科学的理论指导,没有理论指导的实践是盲目的实践,脱离实践的理论是空洞的理论。研究型人才是理论的探索者和实践的导向者,其主要责任是:研究档案信息系统建设的理论;探索电子文件归档管理和电子档案科学保管、远程利用的方法;研究新技术、新方法在档案领域的应用;研究、开发先进、适用的档案信息管理软件;提出电子文件和数字档案管理的标准规范;主持或参与档案信息化科研工作;从理论和实践的结合上指导档案信息化工作的开展;培养档案信息化建设人才。目前,档案信息化研究者主要由档案信息化工作者和高校师生构成,他们有各自的优势,却又各自存在理论与实践方面的不足。最好是两方面研究者进行强强联合、优势互补,促进理论和实践的紧密结合和良性互动。

2.管理型人才

档案信息化是复杂的系统工程,需要实行严格的目标管理和精细的过程控制。管理型人才的主要责任是:掌握国内外档案信息化建设的现状、经验教训、发展趋势;制定切实可行的档案信息化战略规划和实施方案;制定相关的管理办法和标准;组织、指挥、督促、指导本地区及本单位的档案信息化工作;协调档案信息化建设和其他外部信息系统建设之间的关系;培养和使用档案信息化人才资源;有效筹集和合理使用信息化建设资金等。目前,各机构的档案信息化管理职能多数由档案管理人员担任,他们具有传统档案管理的理论知识和实践经验,但是,往往缺乏信息化知识和技能,又由于公务繁忙,缺乏接受信息技术继续教育的机会,可能造成档案信息化管理上的缺位或错位。由此,亟待通过各种途径,提高现有档案行政干部的信息化素养。

3.操作型人才

档案信息化涉及的环节多、操作性强,需要一大批既懂档案管理业务,又熟悉计算机操作技能的操作型人才。这类人才的主要责任是应用计算机网络技术,从事档案数据积累、归档、组卷(组件)、分类、编目、扫描、保管、鉴定、检索、数据备份等操作,他们的工作重复、枯燥,容易因疲劳、烦躁而出差错。而他们的工作责任心和操作能力,直接关系档案信息资源的安全、质量和价值。对他们的素质要求是具备强烈的信息安全意识、高度的工作责任心和熟练的操作技能,例如纸质档案扫描,只要求掌握规范的操作流程和方法,以及必要的图像处理技术。操作型人才的培养需要短期的突击培训,而更主要靠在实践中锻炼成才。

4.其他型人才

(1)法律人才。档案信息化建设,特别是网站建设,可能涉及保密、隐私保护、知识产权、合同管理、网络安全等法律问题,需要具有相关法律知识的人才提供法律支持。

(2)外语人才。外资、中外合资企业的档案信息系统和档案信息资源往往涉及大量的外文,需要外语人才。

(3)数据库管理人才。数据库定义、运行维护、资源配置、权限设置、数据迁移等都需要数据库管理的专业知识,此项工作往往由本单位信息技术人员担任,如果数据库服务器设在档案部门的,档案部门也需要配备这样的专业人才。

(4)多媒体编研人才。如果本单位需要大量从事多媒体档案编研工作的,则需要配备必要的多媒体档案编研人才,以便从事对多媒体档案收集、整理和编辑工作。

值得指出的是,以上人才结构的落实,关键在档案部门的岗位设置。由于各单位受人力资源编制的限制,从实际出发,以上人才岗位的设置,既可以是专职,也可以是兼职,如果是兼职的话,不宜兼职过多,以免影响其专业能力的发挥。

二、人才队伍建设的策略

(一)预测与规划

人才的引进与培养不可能一蹴而就。特别是从档案队伍中培养信息化人才需要较长的时间。为此,各单位要按照本单位、本行业档案信息化长远规划和可行条件,分析人才总量、结构、分布与需求的差距,对人才需要进行前瞻性预测,对人才引进和培养方式进行决策、制定计划、纳入编制,然后有步骤地引进和培养人才。规划要综合考虑到人才的知识结构、技能结构和类型结构。

(二)培养与使用

1.人才培养途径

(1)对现有档案人员的教育与培训

加强档案业务人员培训是解决档案信息化建设所需人才的主要措施,是提高现有档案人员信息化能力和技能的主要途径。

在培训内容方面,《全国档案信息化建设实施纲要》提出:"坚持各级档案部门领导干部进修制度,把档案信息化建设相关的计算机应用基础知识、数字化技术知识、网络技术知识、现代管理技术知识等列入指导性教学计划;加强对档案业务人员应用新技术、新设备、新方法的培训,普及信息技术知识,提高档案业务人员掌握和运用现代化技术的技能。"在培训方式方面,要把档案部门自主培训和社会辅助培训结合起来,发挥各方面的优势,增进培训效果。

(2)引进人才

档案信息化建设需要的信息技术、信息管理专业人才,很难在短时期内从档案工作者中培养。为了满足急用之需,需要从社会上引进IT人才。引进的人才一定要综合素质高,事业心、责任心强,信息技术能力强,团队协作意识强。为此,在引进人才时要严格审核、特别要考察其解决实际问题的能力,避免盲目引进。对引进的IT人才,要尽快使其掌握档案理论和业务知识。

（3）短期聘用人才

IT人才也分各种层次和专长，他们适用于档案信息化建设的各个阶段和岗位，如系统分析员适用于系统建设的前期阶段。该阶段结束后，就不需要系统分析员了。因此，档案信息化建设中涉及的一些高级技术人才和纯技术性工作的人才，可以用外包、合作或聘用的办法加以解决。档案信息化建设所需要的法律人才、外语人才、多媒体编研人才、数据库管理人才、系统维护人才，也都可以采取这种方式解决。

2.人才培养方式

人才培养的方式应当是多层次的。高等院校是档案信息化专业人才的培养基地，具有较强的师资力量、较高的科研水平和完备的教学设施，是我国档案人才培养的骨干和主体。目前，全国有档案学专业的高等院校35所，设立档案学专业硕士点的高校28所，每年培养档案学专业人才千余名。然而，这些院校现有的教学规模仍不能满足档案信息化人才发展的需要，而且单纯的学历教育难以满足档案信息化实践的需要。因此，必须通过继续教育、岗位培训、专题短训等方式，对具有档案专业背景和信息技术背景的人才，按照"缺什么，补什么"的原则，进行各种专业知识和技能的突击培训，完善人才的知识结构，以解档案部门复合型人才缺乏的燃眉之急。

3.人才的使用

档案信息化建设要想吸引人才，留住人才，调动人才为档案事业奉献的自觉性和主动性，就需要制定相应的人才吸引政策；关注和解决档案信息化人才的切身利益；给人才安排适当的岗位，使其发挥专长；给人才提供继续教育和实现自身价值的机会，真正做到以"事业留人""感情留人""适当的待遇留人"，真正做到人尽其才，才尽其用。

第五节 信息技术保障体系

改革开放以来，我国档案事业坚持信息化带动战略，取得了长足进步。实践证明，以信息技术应用为先导的科技创新，永远是档案事业科学发展的不竭动力。当前时代正面临新一轮信息技术革命的浪潮，为了更好地抓住信息技术革命的先机，紧密跟踪、研究和自觉应用新一代信息技术，需要增强对新技术发展和应用趋势的认识。

一、新一轮信息技术发展的"四化"

当今时代,在社会需求的驱动下,信息技术的发展精彩纷呈,并呈加速度的态势。归纳起来有以下的"四化"。[①]

(一)移动化

笔记本电脑,智能手机、移动电视、平板电脑以及各种电子阅读器的迅速普及,加上各种无线、宽带互联技术的迅猛发展,使包括多媒体在内的各种信息的处理、传播具有更强的移动性、便捷性、普及性。韩国在 2005 年宣布,电子商务进入了移动电子商务时代,前提是该国无线网和移动 IT 技术的高度普及,由此改变了社会的商业运作模式。iPhone 曾代表移动计算技术发展的潮流,其便捷的拖曳触摸屏技术、无限在线和无尽存取的网络链接,给用户以全新的体验,由此获得无数"果粉"的青睐。如今与 iPhone 类似的智能手机、平板电脑、电子书、MP4 如雨后春笋般地涌现,传统电脑、电视已经全面进入了移动化时代。

(二)融合化

融合化的标志是移动通信、有线电视和互联网三网融合,手机、电视机和计算机三机合一。主流网络和先进终端设备的融合,加上移动 3G、4G 和 WIFI 无线宽带技术的普及,以及包括多媒体、高清、数码压缩、媒体播放器等影像技术的飞速发展,使人们可以利用碎片时间上:网工作、学习、交友、娱乐,从而使网络使用更加人性化、私密化、娱乐化、交互化、移动化,也使各种大容量高清多媒体信息被移动地、流畅地浏览,跨越时空,进一步深入社会各领域,改变人类的生活方式。推而广之,目前新兴的信息技术,包括云计算、大数据、物联网等都是融合技术,"互联网+"讲究的也是融合。档案信息化要密切关注和应用新型信息技术的融合优势。

(三)虚拟化

虚拟技术是利用计算机模拟某种时空环境,使人们在虚拟环境中感受真实环境,从而省却了置身真实环境所需的资金投入或安全风险。如虚拟终端技术可将某应用软件推送到各台低配置的终端机上,终端机只需要浏览器,不用下载和安装软件,即可享用千姿百态的网络资源。目前虚拟终

①许秀. 高校档案管理与信息化建设研究[M]. 哈尔滨:哈尔滨工业大学出版社,2019.

端、虚拟服务器、虚拟存储、虚拟桌面等技术迅猛发展,随着云技术的普及应用,虚拟技术与商业运作模式结合起来,必将迅速拓展到社会生活的各个方面。

(四)依存化

未来信息技术的应用都不是异军突起、孤军作战,各种新技术必将更紧密地相互依存、集成,优势互补,浑然天成,如云技术就融合了网格技术、虚拟技术、分布技术、资源均衡技术等。同时,新技术的应用将更加依赖运行的环境体系,如云技术应用就需要依靠法治化、规范化的商业运作模式。由此,对各种信息技术的综合化、集成化应用,以及在新技术应用中各种保障措施的及时配套跟进,将考验档案行业驾驭信息技术的能力和智慧。

二、信息技术新发展对档案信息化的影响

信息技术对档案工作的影响是"双刃剑"。只有正确认识和科学应用信息技术,才能趋利避害,给档案工作发展带来正能量。信息技术在档案信息化领域中的应用前景十分宽广,以下简单介绍和评述新一轮信息技术对档案工作发展的影响,希望引起档案工作者的密切关注。

(一)图像采集与识别技术

为了适应多媒体和全媒体技术的飞速发展,近年来计算机图像采集与识别技术日新月异。该技术对档案信息化的影响是:

1.图像采集技术

包括数码摄影、摄像、扫描等图像采集设备的功能日益强大,使用日益便捷,由此催生了海量的、高质量的图像信息。一方面,使多媒体档案的收集、整理、保管、保护面临巨大的压力和难题。另一方面,使档案资源增添大量生动直观的优质信息资源,弥补了传统文字档案可视化不足的缺陷。

2.识别技术

包括生物识别、图像识别、磁卡识别、电子标签(即射频识别技术,简称RFID)等识别技术的日益成熟和成本下降,为档案信息化的应用创造了充分的条件,在辅助档案实体的档案进出库登记、借阅登记、归还登记、入库档案清点、档案库房安全管理等方面有广阔的应用前景。

3.手机二维码技术

该技术已经广泛应用于社会各领域,也可用于档案用户身份识别、文件

防伪和网站快速定位等,显著提高档案信息主动推送和档案网站快速访问的效率,进一步促进档案事业的社会化。

4.光学字符识别(OCR)

该技术使图像信息迅速转换为文字信息,便于将目前大量扫描形成的图像档案文件转换为档案大数据,便于当代大数据技术的应用,为档案的内容管理和全文检索奠定宝贵的基础。

(二)存储技术

随着数字信息存储技术的飞速发展,涌现出存储区域网络、网络附属存储、云存储、固态硬盘、存储卡、磁盘阵列、磁带库、光盘、光盘塔、光盘库等新型存储技术和存储设备。该技术对档案信息化的影响是:

1.海量化存储技术

存储海量化、载体密集化、存取快捷化,一方面更有利于发挥大数据电子文件存储密集、传播方便的优势,有利于大容量多媒体电子档案的长期保存;另一方面也增加了电子档案信息失窃、失落、失真、失密的风险,使电子文件安全保管面临更大的挑战。

2.集群存储技术

多台服务器"团队作业"的集群存储技术能显著提高档案信息系统的快捷性、稳定性和灵活性,有利于大数据档案的安全存储、高效处理和广泛共享。

3.自动采集元数据技术

如今计算机的各种移动终端都可以为我们的操作行为自动留痕。手机和相机的摄影、摄像都可以自动记录拍摄的日期、位置(GPS信号)、版权等元数据,有效地保护、管理和利用这些信息,可以使电子文件元数据管理真正从理论探索走向实践,显著增强电子文件的真实性、完整性、有效性和还原历史的能力,由此确保电子文件的档案价值。

4.固态硬盘技术

该技术的普及将使信息存储更加稳定、处理更快捷,也使移动终端更加轻便、省电。这将有利于档案数字化信息的长期保存和保护,同时也将加速档案服务终端的移动化进程。

(三)检索技术

检索技术包括搜索引擎、网络机器人、智能检索、图像检索等。该技术对档案信息化的影响是：

1.检索功能智能化

使计算机对自然语言(如关键词)的检索具有一定的语义推理、扩检能力,可显著提高查全率和查准率并方便用户,将广泛应用于档案检索。

2.检索条件图像化

将过去的通过文字检索转变为通过图像检索,如指纹、照片检索,从而显著提高影像档案的检索能力,给检索手段带来革命性的变化。

3.检索服务简单化

使各种移动终端和搜索引擎的使用更加"傻瓜化",从而使检索服务更加人性化,如检索后提供自动摘要、自动跟踪、自动漫游、机器翻译、动态链接等,网络机器人技术可以对特定的检索需求进行定制,自动挖掘互联网信息。

4.检索领域多样化

可提供多语种、多媒体服务,还能提供政治、军事、金融、文化、历史、健康、旅游等各种专题的个性化服务,这些都能使档案检索系统的设计更好地面向用户,深入满足大众的各种档案需求。

(四)移动终端技术

移动终端技术包括4G通信技术、移动电视、平板电脑、电子阅读器技术等。该技术对档案信息化的影响是：

第一,基于4G通信的移动技术使过去的移动脱机终端向移动互联网终端发展,可将任何公开的档案信息在任何时候提供给任何地点的档案用户,使档案利用彻底打破时空障碍。

第二,终端的移动性更强,智能化程度更高。智能手机、平板电脑、电子阅读器、超级本电脑等性价比的迅速提升,使档案的远程移动检索成为可能。

第三,智能终端操作系统及应用技术迅猛发展,为档案信息采集、处理、编辑、利用、传播提供了丰富的功能,也为档案事业发展提供有力的技术支持。

第四,人机交互技术日益更新,包括触屏技术、语音处理技术、体感动作识别技术等使移动终端的用户界面更加友好,吸引越来越多的档案用户,进一步扩大档案工作的社会影响。

(五)融合技术

融合技术包括三网融合、三机合一和物联网技术。"三网融合"是指电信网、广播电视网、互联网三类网络的融合。"三机合一"是指电视机、电脑、手机三类终端之间的信息互连,功能优势互补。"三网融合"是"三机合一"的基础。物联网(LOT)是物和物相连的互联网,其核心和基础仍然是互联网,然而,通过识别器、传感器、控制器等技术,形成人与物、物与物之间相连。该技术对档案信息化的影响是:

第一,使网络用户遍及社会生活的各个领域,档案信息系统只要搭上"三网融合、三机合一"的平台,就将显著提升其社会影响力。

第二,使多媒体信息的制作、编辑、传递、检索更加方便快捷,同时为多媒体信息的广泛传播及其开发、利用提供了先进的平台。

第三,有利于减少基础建设投入,简化网络管理,降低维护成本,进一步提高网络资源共享利用水平。

第四,物联网将进一步提高档案自动化管理水平,在自动调阅档案卷、手机遥测并控制档案库房温湿度等方面有广阔应用前景。

(六)影像技术

影像技术包括数码相机、摄像机、多媒体、流媒体、3D 展示、数码压缩、触摸屏等技术,该技术对档案信息化的影响是:

第一,影像清晰度的日益提高,使多媒体档案的记录质量和利用价值进一步提升,为档案的编研和社会服务开辟新的领域,同时也使影像档案存储更加海量化,对档案的收集、整理和长期有效保存提出了新的挑战,并对档案存储密度和档案信息传输的带宽提出了更高的要求。

第二,流媒体、媒体播放器和数码压缩技术的日益发展,将使多媒体档案的网络传播速度更高,编辑效率也越高,终端播放更加流畅。

第三,多媒体编辑工具的功能日益强大,并向移动终端延伸,为档案多媒体编研技术的普及创造了条件,也将促进档案多媒体编研工作的广泛开展。

第四,3D 展示技术提供了档案虚拟展览手段,在档案信息的网络展览和社会化传播方面将有广阔的用武之地。

(七)安全技术

安全技术包括数字签名、数字印章、数字加密、防火墙技术、备份技术

等,该技术对档案信息化的影响是:

1.由单一安全产品向安全管理平台转变

档案信息系统安全防护技术将借助先进的管理平台成为一个有机组合的整体,而不是仅依靠单一的安全防护产品,头痛医头,脚痛医脚。

2.由静态、被动防护向动态、主动防护转变

档案信息系统可采用动态、主动的安全技术,如应急响应、攻击取证、攻击陷阱、攻击追踪定位、入侵容忍、自动备份、自动恢复等防御网络攻击。

3.由基于特征向基于行为的安全防护转变

过去档案信息系统按特征拦截黑客攻击存在较大的漏洞,而基于行为的防护技术可做到疏而不漏。

4.内部网安全技术得到发展

网络安全威胁不仅来自外部网络,有时内部网的安全威胁更大。因此,档案信息系统内部网络安全技术将越来越得到重视。

5.信息安全管理由粗放型向量化型转变

对档案信息安全状况检测和评估的量化,将改变过去凭经验、模糊化的粗放管理方式,使安全控制更加有效。

6.基于软件安全的方法及相关产品将快速发展

软件是信息网络安全的"灵魂",发展基础性档案信息安全软件,有利于从根本上杜绝安全事故。鉴于以上发展趋势,今后档案信息的安全管理将趋向于合理地选择和配置先进适用的网络安全技术,制定安全管理策略和正确使用安全技术。

三、云计算技术在档案信息化中的应用

云计算是当前信息技术领域的热门话题之一,正受到社会各界的高度关注,并将使档案信息化面临一系列新的机遇和挑战。

(一)云计算用于档案信息化建设的优势

采用云计算技术能够为档案信息化建设带来诸多益处:

1.实现档案信息资源共享

通过云计算,档案部门可避免因档案管理系统软件的多头开发所造成的"信息资源孤岛"现象,可在不同地域档案部门之间共同构筑档案信息资源"共享池",实现电子档案资源的高度集中统一管理和广泛共享。

2.节省投资成本及运维费用

众多档案部门不再需要构建自成体系的软硬件平台,而以极低的成本投入获得极高的运算能力,大幅度降低运维费用和提高运维效率。

3.提高信息系统的安全性

以往档案馆中的数据都集中在本馆的服务器上,一旦服务器出现故障,档案馆就无法为用户提供正常的服务,甚至导致数据的丢失。而采用云计算就会存在大量服务器,即使某台服务器出现故障,其他服务器也可以在极短的时间内将故障服务器中的数据拷贝到其他服务器上,并启动新服务器,继续提供无间断服务。

4.解决人才短缺问题

云计算的档案信息系统维护都由云端技术人员负责,与目前各档案部门配备专门的信息技术人员的做法相比,既专业又节约人力成本。

(二)云计算对档案信息化的保障

目前,档案信息化面临资源整合难、数据集中难、系统运维难、资金投入难、人才引进难等诸多难题。云计算技术的出现,将为档案部门走出困境提供新的思路。

1.档案信息化基础设施保障

由于经济水平的差异,不同地区对档案信息化建设的投入也存在较大差别。经费紧张的地区难以满足基础设施建设的需求;而经济发达地区的基础设施资源存在一些闲置的现象。为此,档案部门可以采用云计算的"基础设施即服务"方式,整合档案行业的服务器、存储器等设备,通过"云"平台,向各级档案部门提供基础设施服务,不仅可以避免设施建设重复投入的浪费,也可以减少技术力量较弱档案部门的系统运维开支。

2.档案信息化业务平台保障

档案管理应用系统的研发和运维需要档案部门投入大量资金和人力,尚且难以确保应用系统的质量。采用"平台即服务"模式,各级档案部门可以集中使用资金和优秀的人才,研制和推广通用的档案管理软件,既可避免软件重复研制的资金投入,又可通过通用软件的推广,改变过去因重复建设造成数据异构、平台异构、流程异构,档案信息资源难以互联共享的弊端。

3.档案信息化高效利用保障

如何通过档案的社会化服务,增强档案社会利用价值,提高社会的档案意识,是新时期加强和改进档案工作的重要课题。

依托部署在"云端"的档案资源管理体系,公众可便捷地获得数字档案资源,并开展不同专题的档案编研;也可以将家庭档案和个人收藏制作成精美的网络展览推入"云端"供共享;还可以利用"云端"提供的"一站式"检索功能获得跨专业、跨地区的档案信息。

在国家档案局开展的"中国档案云"项目中,已建设了以云计算技术为依托,覆盖全国各级综合档案馆,为社会提供统一查询利用开放档案信息的专业化平台,该门户网站被命名为"中国记忆"。

四、大数据技术在档案信息化中的应用

(一)大数据概念探析

大数据的起源可以追溯到2000年前后,互联网网页以每日约700万个的速度呈现爆发式增长,在2000年底全球网页数达到40亿个之多,用户在互联网上检索准确信息也变得愈发困难。对于大数据,可以从资源、技术、应用三个层次理解,"大数据是具有体量大、结构多样、时效强等特征的数据;处理大数据需采用新型计算架构和智能算法等新技术;大数据的应用强调以新的理念应用于辅助决策、发现新的知识,更强调在线闭环的业务流程优化。"大数据不仅"大",而且"新",是新资源、新工具和新应用的综合体。

(二)大数据关键技术

从数据在信息系统中的生命周期来看,大数据从数据源经过分析挖掘到最终获得价值一般需要经过5个主要环节,包括数据准备、数据存储与管理、计算处理、数据分析和知识展现。对于数据准备环节和知识展现环节来说,大数据所带来的变化只体现在量上,而对于数据分析、计算和存储三个环节则有较大影响,需要重构技术架构和算法,而这也将成为当前和未来一段时间内大数据技术创新的焦点。

(三)大数据对档案信息化的保障

1.档案数据高效存储保障

传统关系型数据库已经无法满足对数量庞大、类型多样的档案资源的组织与管理需求,需要引入大数据管理系统对档案进行分布式存储、快速检索。大数据存储方法有很多种,如Hadoop、NoSQL,都具有一些共同的特点,即利用硬件的优势,使用可扩展的、并行的处理技术,采用非关系模型存储

处理非结构化和半结构化的数据,并对大数据运用高级分析和可视化技术。

2.档案数据价值挖掘保障

大数据时代带来新的技术,为档案工作者提供解决问题的方式。档案工作者可以采用大数据技术,在海量档案数据中发现关联,从不同角度对其进行聚类和分类,以多维度、多层次的方式展现档案数据,将非结构化数据转换为结构化、半结构化数据,从而使用户更准确、更容易获得档案信息。必要时,还可以通过可视化技术,形成图形图像,直观地展示最终结果。从海量数据中分析潜在的知识决定着大数据时代档案工作的发展水平及方向,这也意味着大数据时代,档案工作的重心将向档案资源的数据分析、数据挖掘方向转移。

3.档案数据高效利用保障

档案工作的目的是提供利用。大数据时代下的档案工作服务讲求时效性和便捷性,基于大数据技术可为实现网络信息服务的智能化、个性化、精品化提供支持工具。依托互联网技术,全方位地实现档案信息智能检索服务、档案信息决策服务及档案信息跟踪与推送服务。利用这些技术手段,彻底颠覆传统档案分类在档案管理中存在的诸多弊端,将档案事业发展推向又一个全新的高度。

(四)大数据技术应用于档案信息化需注意的问题

1.大数据技术实现问题

大数据技术相比传统技术更为复杂。不同于传统的档案管理技术,档案大数据管理系统通常是一个由很多节点组成的分布式系统,实现起来较为困难。档案管理工作者需要打破专业限制,寻求与专业的具有相应资质的大数据开发公司合作,将行业的需求和大数据技术结合起来,才能开发出适合档案行业特点的大数据平台。另外,我国纸质档案数字化形成的绝大多数都是文字图像,不便于大数据技术的处理,应当将文字图像通过OCR识别,生成文本文件,并尽可能提高识别的准确率,为档案大数据处理创造条件。

2.信息安全问题

档案是不可再生的社会核心信息资源。但有时人为的操作失误、系统技术故障、计算机病毒、黑客攻击、间谍窃取等原因都会造成档案数据的破坏,给机构甚至国家带来巨大损失。因此,在实施大数据技术时,要重点加强信息安全保障体系建设,采取各种安全技术措施,保证档案数据的完整与安全。

3.保密问题

大数据时代下,档案信息主要通过网络进行传输,容易被复制和扩散,导致档案信息资源在开发和利用过程中可能出现信息泄漏、隐私权侵犯、知识产权纠纷等隐患。对于国防、军事、科技等领域来说,档案涉密层次高,一旦泄密将直接危及国家安全。如何实现涉密档案信息资源的合理利用,既充分发挥涉密档案的价值,又保证涉密档案的安全,是大数据时代档案管理面临的重大挑战。大数据时代的来临,相比其他信息技术更加契合档案信息化建设工作的需要,尤其是在当前的知识经济时代,将档案信息转化为知识资源,会成为新时期档案工作的必然发展方向。

第七章 档案信息化的实施方法与策略

第一节 档案信息化的实施原则与方法

　　档案信息化是一个系统的工程,信息技术的应用和网络平台的搭建是手段,数字档案资源的积累和管理是核心,档案信息的开发和利用是目的。档案信息化建设的重要内容就是建立一个标准的、功能强大的、安全稳定的、可拓展的档案管理信息系统,在档案工作中广泛应用。

　　实施与应用档案管理信息系统有三个要素:方法要科学、手段要先进、实施要得当。只有当领导和档案工作者都充分理解和认识档案信息化和档案管理信息系统的必要性、重要性和有效性,且期待通过信息化来获得更大的效益时,档案管理信息系统的实施与应用才能实现。

一、实施的原则

　　在档案信息系统实施的过程中,应在遵循信息化建设总体原则的基础上,采取有效的技术型原则以推动系统实施的成功。下面介绍的几项原则都是非常有效的基本原则。

(一)务实导向、重视实效

　　系统的实施以安全、稳定、实用、方便、易操作为主要目标,过分追求大而全、先进的软件产品,是一种不务实的做法。这主要是由于需求不一样,行业有差别,同时信息技术、软件产品的更新换代非常快,市场上会不断有新产品出现。

(二)软硬件资源共同建设

　　系统的实施过程中不仅需要重视硬件平台的建设、设备的购买,更要注重在人力资源和软件系统方面的投资。IT人才、档案工作者是信息化建设的核心力量。软件系统的技术含量,现代化的管理理念更是应该重视,只有硬件设施平台是无法开展信息化管理工作的,软件系统是硬件系统发挥作用的心脏,因此软件系统的开发及其升级的投资应十分重视。

(三)从实际出发,重视需求

信息系统的实施需要从当前的业务需要出发,提前做好需求分析,并在一定阶段的实施过程中,锁定相对需求来开展实施工作。边研发、边实施、边改变需求的做法只能得到事倍功半的效果。而对于变化较大、新增加的需求,需要放在下一阶段进行。

(四)重视维护,升级换代

随着信息系统的不断应用,档案管理信息系统也在迅速地发展,而其中的难度也在逐渐增加,软件系统的安全、客户化定制等工作量比较大,也比较复杂,非专业人员很难做到专业维护;另外,随着应用的不断深入,这就需要加强软件系统的拓展。因此购买软件系统的同时,需要购买相应的实施、维护服务,以开展有效工作,支持系统拓展和业务的发展。

二、实施的方法

档案信息化系统建设有两种不同的策略和实施方法,即以组织战略为导向的战略推动类型和以实际业务需要为导向的需求驱动型。

(一)战略推动型

战略推动型的实施方法采取的是从整体到局部的实施路线,强调首先在观念、目标和方向的认识达成共识的基础上,逐步将工作分阶段实施,分阶段完成。采用战略驱动型的方法实施的前提是,整体的目标和规划不仅要从全局出发,而且更需要符合档案管理机构的实际需求,既要注重发展的前瞻性,又要注重当前的实用性;一般来说对实施战略管理的人员要求较高,既要有行业发展的规划能力,又要有信息化体系的架构能力,需要懂管理、懂业务、懂技术的专业档案管理的复合人才。

(二)需要驱动型

需要驱动型采取的是从局部到整体的实施路线。

这种实施方法强调以当前业务需求为主,首先在观念、目标、方向和认识等方面达成共识的基础上,逐步将工作分阶段实现,分步骤完成。采取战略驱动实施方法成功的前提是战略、规划的制定不仅要从全局的高度出发,而且更需要符合档案管理过程的实际需要,既要有前瞻性、发展性又要注重当前的使用向;要求制定战略的人员既要有行业发展的能力,又要有信息化驾驭的能力。需要懂业务、懂管理、懂技术、在档案管理和信息化的建设中有丰富经验的复合型的人才。

真正意义上的"战略驱动"实施方法并不是不允许在实施过程中坚持"永恒不变"的策略,而是根据实际需要和业务变动的需求进行机制的调整和完善,因战略与规划一制定,落实的过程往往需要很长的时间,而信息技术在发展,档案业务也在改进,管理模式在变革。因此实施的过程中必须根据需求的变化而有所变革。

目前我国档案信息化建设正在走向标准化和规范化,"战略推动""需求驱动""总体规划""分步实施"成为主流实施策略。各档案管理机构应紧密结合全国档案信息化的发展战略,将档案信息化纳入本单位档案信息化的全局,制定适合本单位业务发展要求的信息化规划和信息系统的实施方案,并在实施和应用的过程中,将以"务实"为导向的自我调整的策略贯穿于信息化建设的始终。

第二节 档案信息化策略的实施措施

一、需要型措施

档案信息化是社会信息化的重要组成部分,因此它与其他信息化的建设部门有许多相同的地方,为了在信息化的过程中少走弯路,减少失误,我们必须汲取成功者的经验和教训,对自己所选用的档案管理系统有比较深刻的认识,并对本单位的实际需要进行个性化的处理这是一项行之有效的实施方法,但绝不是直接的照抄照搬。被选用的方案是在充分了解本单位情况的基础上,再借鉴其他成功单位成功与失败的经验教训,选择适合自己的管理系统,来开展本单位的信息化建设,坚决反对照抄照搬的拿来主义或者过分强调自己的个性习惯又不符合标准,这两种做法都是脱离了实际需要的错误做法,都是不现实的、不可取的。

二、有效化的措施

在档案信息化的实施方法上，要结合本单位的实际情况，比如人才队伍状况，目前档案工作开展的实际情况，切不可偏颇任何一种实施方法。在选择实施策略上应根据本单位的技术力量状况，如果本单位的技术力量比较薄弱，就选择现成的软件系统或者对外承包的实施办法，充分利用外在的专业化的资源，不仅能够在短时间内实现快速实施与应用，还可以降低实施的成本。如果本单位的技术力量较强，建议采取自主与外包相结合的实施方法；对于专业性强、功能复杂、开发周期长的系统，可以采取外包的形式，降低实施成本，提高实施效率，在开发的过程中本单位可以派人参与软件的开发和项目跟踪，了解设计的细节，为交付使用后系统的更新和维护打下良好的基础；对于专业性不强，设计的流程较为简单，开发周期短的系统采取自主开发的方式，这样不仅节约了购买软件的经费，而且在开发的同时培养了自己的技术人才，加强了本单位的技术队伍力量，无形中也培养了本单位的业务骨干。

三、过程化措施

(一)加强宣传过程

使大家充分认识到信息化策略实施是国家信息化策略的重要组成部分，使他们充分认识信息化的目的和意义，认识到管理的规范化给社会带来的良好的经济效益，认识到落实信息化策略的实施工作不仅是当前形势发展的需要，同时也是档案信息化建设的需要。

(二)加强培训的过程

加强对工作人员的业务培训，比如计算机技术的培训、档案管理软件的使用培训以及安全技术防范措施的培训。

(三)规划制定过程

根据业务需求进行咨询和总体规划，其中包括信息的安全、资源的需求、系统功能等，可以了解同行业的实施情况，或通过咨询公司的规划，然后再有针对性地开展工作。

(四)购买软件的过程

在充分调研的基础上，结合本单位的实际情况，选择那些售后服务信誉比较好的大公司,比较有发展前途的扩展性好的硬件和软件系统。

(五)选择示范,以点带面

根据工作的实际需要,选择那些比较重要的部门来实施,先树立一个示范的典型,然后以点带面,全面突破。在成功示范应用的基础上,根据馆内业务的发展需要,逐步把信息化建设扩展到整个单位的每一个部门。

专业性强、功能复杂、开发周期长的系统,可以采取外包的形式,降低实施成本,提高实施效率,在开发的过程中本单位可以派人参与软件的开发和项目跟踪,了解设计的细节,为交付使用后系统的更新和维护打下良好的基础;对于专业性不强,设计的流程较为简单,开发周期短的系统采取自主开发的方式,这样不仅节约了购买软件的经费,而且在开发的同时培养了自己的技术人才,加强了本单位的技术队伍力量,无形中也培养了本单位的业务骨干。

三、过程化措施

(一)加强宣传过程

使大家充分认识到信息化策略实施是国家信息化策略的重要组成部分,使他们充分认识信息化的目的和意义,认识到管理的规范化给社会带来的良好的经济效益,认识到落实信息化策略的实施工作不仅是当前形势发展的需要,同时也是档案信息化建设的需要。

(二)加强培训的过程

加强对工作人员的业务培训,比如计算机技术的培训、档案管理软件的使用培训以及安全技术防范措施的培训。

(三)规划制定过程

根据业务需求进行咨询和总体规划,其中包括信息的安全、资源的需求、系统功能等,可以了解同行业的实施情况,或通过咨询公司的规划,然后再有针对性地开展工作。

(四)购买软件的过程

在充分调研的基础上,结合本单位的实际情况,选择那些售后服务信誉比较好的大公司,比较有发展前途的扩展性好的硬件和软件系统。

（五）选择示范，以点带面

根据工作的实际需要，选择那些比较重要的部门来实施，先树立一个示范的典型，然后以点带面，全面突破。在成功示范应用的基础上，根据馆内业务的发展需要，逐步把信息化建设扩展到整个单位的每一个部门。

四、安全保障措施

档案信息化的基础是建立在网络软件和信息管理系统的基础上，但这些也正是引发安全问题的隐患所在。造成黑客攻击、病毒蔓延、信息窃取的问题在于安全架构不科学、制度不健全、管理不规范、措施不到位，其中既有客观的因素也有主观的因素，其中最主要的原因是信息化建设之初，安全意识薄弱，技术方案不成熟，系统的安全保护性能较差。要想在今后信息化的道路上走得更远，我们必须提高安全防范意识，强调今后在实施信息化的过程中全面设计和考虑安全问题，在今后的管理过程中制定并落实安全方案，加强信息过程的安全管理，对一些机密的档案落实责任到人，并加强安全措施的技术监控，只有提高了安全意识，加强了安全管理的技术保障，才能最终保障计算机网络和信息系统的安全。

五、应用型措施

档案信息化建设的目的是更好地利用信息资源，在实行的过程中容易出现信息化的建设与档案业务的管理脱节的现象，把信息化与业务管理分割开来，这种现象的出现主要有两种情况，一种情况是信息化的宣传归宣传，业务部门根本没有执行，仍然按照原来的工作方法和思路开展工作，为了追求上网的名声，只是把档案信息的目录录入系统，档案管理者根本不关心管理信息系统运行的情况，最多是利用查询模块查询一下档案信息；另外一种现象是对于购买的信息软件只使用很少的一部分功能，比如基础信息和查询模块等，对于信息的整个流程化的管理过程全不了解；还有一些单位信息化的热情很高，舍得花钱购买贵重的应用软件，而实际应用的部分很少，在操作时仅限于目录数据的录入并将此部分数据导入系统，以此来满足数据上网数量检查的要求，而档案信息系统中大量的功能如流程化管理、全文管理和全文检索都没有使用，运行几年后还要面临系统的更新换代，造成了投资上的浪费和信息资源的严重流失。造成这种情况的原因是没有从本质上真正理解信息化的含义，也没有将业务管理与信息系统真正地融会贯通,而是隔离开来甚至是对立起来,其结果造成人力物力的极大浪费,不但没有感受到信息化带来的方便快捷,反而把人变成了档案的奴隶,无形中加重了管理人员的负担,在一定程度上挫伤了档案人员信息化建设的积极性,为信息化建设造成了负面的影响,因此如何应用好才是信息化建设的关键。

六、落实型策略

档案信息系统的实施与应用过程中最易出现"两张皮"现象,即将信息化与业务管理分离开来,认为是两件事情,出现一些极端现象。一种是业务部门照常按照原来的方式开展工作,雇佣临时人员来录入数据,档案管理者几乎不关心管理信息系统运行的任何情况,顶多使用查询模块查一下档案的信息;另一种现象是,业务部门的工作人员仅仅使用很少的一部分功能,如基础信息的录入和查询模块,对于管理信息系统中流程化的管理思想全然不理解;还有些单位花费巨资购买来功能强大的信息管理系统,实际操作时仅习惯使用Excel简单的桌面系统,只将已录入的数据导入系统中,满足所谓的数据上网条数检查的需求,而档案信息系统中大量的功能如流程化管理、全文管理和全文检索没有用起来,几年后系统又面临着拓展、更新甚至淘汰,造成了投资上的浪费和信息资源的损失。实际上应用的不深入本质上是没有将业务管理与信息系统融会贯通,而是隔离开来甚至对立起来,结果花费大量的人力物力来维护系统和数据,使人成为档案数据的奴隶,没有真正发挥信息技术的作用,反而成为管理人员的负担。

七、兼顾型措施

科学技术的发展使人们越来越考虑人的因素,即"以人为本"的理念越来越受到开发商的重视。随着人们需求的多样化,一些个性化的产品、个性化的界面、个性化的业务流程和功能模块充斥整个市场,这就与档案信息化管理标准的规范化相矛盾。因此如何认识和处理个性化和标准化之间的关系也是档案管理信息系统实施过程中的一大难题。这个矛盾的解决,必须在实施的过程中找到一个既能满足个性化要求,又能满足档案管理规范化的平衡点,才能促进档案业务与信息技术的融会贯通,而选择平衡点的前提是,档案部门应制定适应时代变化的标准和规范,档案工作者也应严格遵守行业规范以开展业务管理工作,个性化则是在标准规范的基础上根据管理需要进行扩充,个人习惯如果与标准背离应彻底改变。因此在信息化的过程中,要正确处理好标准化与规范化的关系、安全与应用之间的关系,当个性化与标准发生冲突时应首先考虑标准化的原则,即个性化适应总体化的原则,只有这样才能解决好个性化与标准化的关系,保证信息化建设的顺利进行。

第三节 档案信息化实施的途径与过程

一、档案信息化的实施途径

(一)整体引进模式

这种模式是选择具有丰富经验、信誉度比较好的开发商,由其提供或统一购置档案管理商品化的软件及其软硬件设备,由专业化的实施队伍负责项目的完整实施。好的软件一般是具有丰富经验的管理专家和高级专业计算机技术人员共同开发的,软件本身蕴含了许多先进的管理思想和手段,针对档案室提供各种功能的模块,这些软件模块为档案流程的优化与重组提供了可借鉴的参考模型,能够在较高的层次上提升档案管理的水平,而且软件已经拥有相当大的用户,经过实际的考验一般都比较成熟与稳定,质量有保证;售后的维护比较有保证,又有利于档案信息系统的更新。但商品软件追求通用化,其功能无论在方位上或是在深度上常常使档案管理部门的需求得到部分满足,但系统的实用性不强,更难以形成特色。在具体的实施过程中,单纯依靠软件的提供商可能出现用户过分按照软件提供的立项模式行事,而忽视档案管理的具体实际,或软件提供商过分依从用户的所谓特色,造成软件的先进性、通用性消失。另外这种模式由于没有源程序代码,给系统的后期维护和二次开发造成一定的困难。

(二)自主开发的模式

采取自主研发模式的单位一般是本单位的技术力量较强,具备较强的软件开发实力,这种研发的模式一般是单位自己根据档案业务管理的需求进行定制开发,并随着业务的不断开展,对系统不断进行完善和改进。此模式适合业务比较特殊和有特殊需要的档案部门。这种研发模式的优点是能充分考虑本单位的业务工作需要,针对性强,系统实施相对比较容易,可以考虑到本单位使用细节问题,其风险较小,可以培养自己的研发队伍,对于今后的系统维护和更新都能及时到位。缺点是由于大多数档案管理队伍的人员结构不合理,往往是业务人员多,技术人员少,尤其是高技术的系统开发人员更少,而技术人员不仅要开发系统,还要跟踪现代信息技术的发展,进行系统的维护,考虑系统的安全备份等问题,并且自主研发的工作量较大,开发的周期较长,相对成本比较高,并且自主开发人员不是专门的研发公司人员,在系统的开发过程中,与社会上的先进软件相比还是具有一定的局限性。

(三)对外承包的开发模式

采取这种研发模式的单位一般是资金比较雄厚的单位。采取的方法是购买社会上开发好的现成软件或者选择一家软件公司,按档案业务实际需求定制开发,也就是说把档案信息系统的开发工作对外承包出去。这种模式对于档案部门的工作人员要求不高,在数据的备份和系统的维护方面主要是聘用专业的技术人员来做,或是委托给专业的公司。

这种方案适用于业务比较简单的档案馆,它的优点是充分利用了外部IT公司的力量,开发的时间较短,降低了开发的成本;缺点是如果不注重培养自己的研发队伍,而研发单位的人员不熟悉档案业务,开发系统的实用性较差,而档案机构人员对信息技术的认识不充分,很难提出比较好的建议,难以对开发单位的需求和设计资料进行准确的评价,往往是到使用的过程中才,或者才有较为准确的需求,给实施完成后的正常的运行带来困难,同时也浪费了资金的投入。为了解决好开发与使用之间的矛盾,档案部门在选择开发机构时应选择开展档案信息化解决方案的专业开发商,注重考察该公司的咨询和售后开发能力,要求他们不仅有咨询能力还有一定的培训能力,促进档案管理人员尽快理解和掌握系统的管理思想和应用模式,还需要提供长久的系统更新能力和良好的售后服务能力。

(四)外包与自主开发相结合的模式

这种模式也称为混合型模式。即信息化的项目在档案机构立项,委托第三方公司在其商品化软件的基础上,针对本单位的档案业务现状和业务发展需要进行客户化的定制和开发。采用此类模式的档案部门一般来说是基础条件较好,相对来说资金比较充足,这种模式也是目前档案管理采用较多的一种方式。这种模式的优势在于由开发商解决技术难点,对开发过程进行科学的安排和严格的控制,这样既解决了档案机构开发队伍经验少、技术力量薄弱的问题,又为档案部门培养了懂业务、懂技术、懂管理的复合型人才。同时档案管理机构还可以拥有信息系统的知识产权,更重要的是软件的开发切合用户的实际要求,系统未来的运行和维护也有保障。目前规模较大的一些综合档案管理机构大多采用此种模式,使用的事实证明这种混合性的实施模式还是目前比较理想的运行模式。

二、档案信息化实施的过程与策略

实施过程是在国家信息化政策的总体规划下,按照信息化建设的整体要求,来确定档案信息化建设的战略目标、总体规划,在人员、技术、资金、环境等各类资源已经具备的情况下,来开展档案信息化建设与档案信息管理系统的应用。

(一)信息化实施的过程

1.正确理解国家信息化战略与档案信息化之间的关系

首先要正确地理解国家信息化战略与档案信息化建设的关系:国家档案信息化战略为档案信息化目标、远景以及职能的拓展、业务流程的转变的完整融合,它描述了档案信息化的目标与方向、信息体系结构、技术路线、操作方法、信息化过程的内部操作标准、软件系统的评估方法和考核的指标体系等众多"软性"的规划和策略。其次要正确理解档案信息化规划与信息系统规划之间的关系:信息化工作实际上是信息化战略的执行过程,它所研究的内容与信息化的战略有非常大的相关性,在战略体系下的具体软硬件系统设计过程,是在信息化战略的指导下,分解总体目标,针对不同的业务内容、工作流程提出功能模式,做出系统建设的成本预算,制定系统的实施计划,确定系统的组织、管理、选型方案、评估标准和过程控制方法。

总之,系统实施是信息化建设的重要内容,是完成系统建设并投入使用的关键业务过程。其成功实施标志着将信息化战略与规划决策的正确性,也标志着信息化进入实质性的运行阶段。

2.从思想上充分认识档案信息化建设的艰巨性和复杂性

档案信息化建设是一项历时较长、涉及面广、内容复杂的系统工程,而档案管理信息系统的实施与应用,是以档案业务为核心,以计算机技术、网络技术、信息技术为手段,以现代管理为指导,以提高档案的利用率和利用价值为宗旨而开展的一项划时代的业务革命,其最终目的是提高档案的信息化管理水平,挖掘档案的社会价值,提高全民族的文化素养,推动社会进步,改变经济增长模式,适应信息社会发展的需要。AMIS的实施与应用是涵盖计算机工程学、项目管理学、档案管理学信息技术等多学科知识在内的系统化应用工程,在应用和实施的过程中严格遵循软件项目管理的先进理念,并将多学科知识融会贯通到档案管理信息系统实施与应用的每一个环节,这就要求参与档案管理的所有人员,特别是信息化项目的主要责任人必须从思想上认识到信息化建设的艰巨性和复杂性,在思想上、认识上和行动上做好迎接挑战的准备。

(1)要从思想上充分认识到信息化是一项具有划时代意义的新型工作

其最终的目的是提高档案的现代化管理水平,挖掘档案的价值,提高全民族的素养,推动社会进步和改变经济增长的模式,适应信息社会发展的需要。充分认识到档案信息化带来巨大的社会经济效益的同时,也给各级领导和基层的工作人员带来工作上的方便性和灵活性使每个从事档案工作的人员都真正成为信息化的受益者,从而达到统一思想,统一认识的目的确保档案信息化工作的顺利开展。

(2)加强档案管理业务的学习

信息系统的应用是实现档案信息化的基本手段,其一切活动的开展必须服从档案业务的全过程和未来信息发展的需要,信息系统的应用要求档案工作者必须是懂业务懂技术的复合型的人才。如果说信息专业技术人员将软件系统设计完成后,仍然对档案业务及其知识一无所知,对档案管理流程含糊不清,那么他所设计的系统一定无法使用。因此档案技术人员在开展信息系统的基础工作时,必须加强对档案管理业务的学习,在了解、熟悉、分析和发展档案业务和档案学基础知识的基础上,综合运用档案学、信息技术、计算机技术、网络技术等知识,加强对档案管理的理论、原则、策略、方法等内容的进一步探讨与研究。

(3)加强网络信息技术的培训

在信息化的背景下,档案管理人员必须加强网络技术知识的学习,来提高自身的管理水平。档案信息化是一个系统的复杂工程,其过程包括可行性的论证、系统的规划、详细的设计、编码、实施、应用和持续性的维护等多个阶段,每个阶段都涉及多方面的技术知识的渗透融合与综合利用。同时整个信息化的建设过程也是一个不断完善和逐步发展的过程,所有参与人员无论是管理人员、操作人员、系统设计、系统开发和应用实施人员都必须了解和清楚各个环节的紧密关系和各个业务功能模块的来龙去脉,重点掌握自己业务范围内和所操作的系统功能模块的基础知识,才能使整个系统顺利运行并不断得到应用和完善。

(4)加强档案信息资源的建设工作

档案信息化建设涉及的内容非常广泛,而且这些内容会随着社会时代的不断进步发展而得到不断的丰富,档案信息化建设面临的任务很艰巨,困难也很多,因此我们要有重点地突破,把信息资源的建设当作核心工作来抓,实现重点带面的良好局面。在信息已成为重要的社会资源的背景下,档案信息作为一种原生信息,正发挥着越来越重要的作用,把国家的档案资源建设好是档案工作的中心任务。这项工作主要包括三方面的内容:一是要加快现有档案馆藏文件级目录数据库和全文数据库的建设,以满足快速检索利用的需要。要加快现有档案目录的整理、著录和建库工作,局部实现档案级目录级检。二是有条件的档案部门,要积极推进那些重要的、容易受损的、利用频率高的档案数字化进程,加强重要档案的保护,提高档案的利用率。三是对新产生的电子文档,要采取科学的管理方法和利用现代技术手段,收集好管理好。随着信息技术和电子政务的不断发展,电子文件将是未来数字档案信息新的主要来源。管理好、利用好电子文件将是档案工作在信息化时代一项至关重要的任务和面临的重要课题。各级档案部门要积极介入本地区本部门电子文件的产生过程,加强对电子文件的积累、鉴定、著录、归档等环节的监督、指导,保证归档电子文件的真实、完整、有效。要研究探索电子档案的接收、保管、利用的技术方法,为电子档案的尽管做好准备工作。

(5)不断地提高档案信息化的服务水平

档案管理工作是一项服务性的工作,它的根本任务是为国家建设和社会的发展提供可靠的信息服务,在信息资源共享成为社会发展趋势的背景下,档案信息资源因其独特的价值而日益受到社会的关注,档案信息资源的社会共享已成为国家档案事业适应社会信息化发展潮流所亟待研究的重大课题之一。随着社会经济的不断发展,社会信息意识不断增强,为信息资源的社会共享提供了良好的发展空间。新时期档案工作应做到:经济建设发展到哪里,档案工作就延伸到哪里;政治建设发展到什么阶段,档案工作就服务到什么阶段;文化建设发展到什么水平,档案工作就服务到什么水平;党的建设对档案工作提出什么要求,档案工作就提供什么服务。为了更好地实现档案信息化建设的目的,我们应根据社会信息化的客观趋势,在不断优化传统的档案服务方式的基础上,与时俱进地促进档案工作的创新。要实现档案服务方式的创新就必须更新服务理念,整合档案资源,兼顾需要与可能创新档案服务模式,实现档案服务工作质的飞跃,是档案信息资源的社会化共享逐渐由理想变为现实。

(6)安全保障体系的建设

档案作为人类历史的记忆和现实工作的支撑,其信息的安全性至关重要。因此在管理信息系统实施与应用的过程中,应保证档案信息不流失到非保管单位和个人,应确保档案信息安全并可读取,应确保档案信息分权限管理和分权限查询、浏览及检索利用。这不仅仅需要对档案管理信息系统提出安全保障要求,更重要的是实施单位的安全管理措施和加强,安全管理方法要得当。

安全保障体系的建设是档案信息化建设的重要内容之一,各级档案部门在开发利用档案信息资源和网络系统建设工作中,必须提高信息安全意识,防止失密、泄密以及档案丢失现象的发生。要保证信息的安全首先要加强安全保密技术的应用,依靠先进的技术手段,在档案网络技术建设中,必须充分应用信息安全保密技术,解决好档案信息传输与存储安全保密问题。其次是要建立完善的保密制度,各级档案部门在信息化建设的过程中必须制定针对性强、操作性能好的信息安全保密规定,确保档案信息的安全。最后是要建立严格的管理制度,各级档案管理部门要加强档案著录标引、数字化转换、档案网络信息公布等过程中的安全管理,实行安全责任制。非公开的档案信息一律不准在网上提供,已公开的档案目录或全文查询服务,要认真采取安全防护措施,实行严格的授权管理体系,确保档案信息和系统的安全。

我们要把档案安全问题提到议事日程上来,任何时候都不能有丝毫懈怠,越是在信息化程度日益提高的情况下,越要全面兼顾档案的实体安全和信息安全。要严格执行档案安全保管的责任制度,杜绝一切事故的隐患;严把档案利用审查关,不该提供利用的档案坚决不能提供利用;要严格执行"三网"隔离制度,采取可靠的防范技术和措施,确保档案部门的网络信息安全,对于面向公众的网上信息进行严格的审查,确保上网信息的安全性。

3.加强资源建设

(1)人才资源建设

档案信息化管理系统改变了传统的手工操作方法。因此对档案管理人员的整体要求比传统的管理要高,因为它的应用要涉及许多方面的知识,需要有变革的管理思路。这就要求档案管理机构转变管理理念,档案管理信息系统本身就蕴含着现代管理思想,比如归档流程的自动化、信息著录标准化以及信息著录的一致性、系统集成等现代管理理念。它的成功应用是在对其进行深刻理解的基础上才能见到的明显效果,这不仅要求决策者而且要求业务人员能够接受和理解。其次是在认识上的转变。档案管理者在充分认识到网络化应用带来方便的同时也带来一些新的问题,认识到提高档案管理信息系统是提高业务服务效率与质量的手段,认识到资源共享的重要性,认识到需要不断地学习新的知识,认识到有了档案管理系统做助手,档案业务人员才能将工作的重心转移到钻研业务,深层次管理开发利用上。

总之,要建立一支既熟悉档案业务又懂信息技术的人才队伍,不断提高档案部门人员的素质。一方面应通过实施各种培训,提供各种学习条件使档案管理工作人员能够很快熟悉掌握信息技术的理念、方法和思路;另一方面应大胆引进信息技术、网络技术等方面的人才,信息技术融入档案业务管理中,真正做到业务技术双精通,做到各尽其用。

(2)信息资源建设

网络环境的核心资源是档案的数据和信息,它们是网络环境的基础资源,离开了这些基本资源,网络信息化就成了无水之源。在实际运行的过程中,不是所有的档案部门都能重视这些基本资源的建设,有一些单位在规划实施甚至已经购买了设备和软件后,还未将档案的目录进行整理,系统就被淘汰了,更不用说电子文件的管理了。因此各单位在建设网络环境之前,必须将基础数据录入到档案专用服务器中,建立分类数据库,为以后应用网络管理系统打下良好的基础。

在数据信息录入的过程中必须遵循标准化、规范化的原则,这也是国家对档案信息化建设的基本要求,并不是所有的信息化单位都能够做到,在一些使用单机版的单位,其档案数据在遵循标准和规范方面离国家规定的档案管理目标还有很大的差距。因此在进行网络化管理信息系统时,必须提前做好录入数据的规范性工作。

数据的整合也是网络化之前必须做的工作之一。数据的整合就是按照标准、规范以及网络化资源共享的要求，将同类和相关数据进行整合，将数据字段整理出来，进行合理的分类。也就是将原来一个个独立存在的数据进行分类整合，并抽取其中规范的数据字段以方便统计，这项工作也是档案信息资源建设的基础工作。

（3）安全资源建设

一个安全、稳定、可靠的信息系统，是顺利开展工作的可靠保证。网络版的档案管理信息系统必定需要支持网络化应用的数据库管理系统，目前有的解决方案只将档案目录信息存储在关系性数据库中，而将电子文件全文存储在文件服务器中，这样又多了一层数据管理，这些数据一旦出问题，系统也就失去存在的意义，因此必须制定相应的档案管理信息系统的安全保障措施，才能保证档案信息的安全和信息系统的安全，才能保证信息化战略的顺利实施。

（4）设备资源建设

网络是信息化的基础设施，拥有一套可靠、稳定、安全的网络设备是档案信息化的基本保证。由于使用单位的情况各不相同，因此在建立本单位的网络体系时应根据实际需求状况和本单位的发展需要，构建适合自己的网络运行环境，这样既能保证目前的正常使用，又能为将来的网络扩展创造条件。一般来说网络布线、端口设计、设备摆放等网络基础设施的建设，在设计建楼时已经考虑到并予以实施，但在使用的过程中也会随着需求的不断变化而逐步调整。对于网络设备的购买，最主要是结合本单位的实际需要来购买，在购买的过程中一定要严把质量关，确保购买的设备是先进的合格的产品，绝不能为了贪图便宜以次充好，结果造成工作过程中故障频繁，那样就得不偿失。最后是警钟长鸣的安全问题。一般来说网关、防火墙、入侵检测等安全产品是网络安全保证的基本需要，如果将本单位的计算机接入Internet而没有采取任何的保障措施，那是非常危险的做法，也是违背安全保证工作条例的。

（二）信息化实施的策略

1.提高认识，需求驱动策略

管理信息系统是实现现代档案管理的一个重要工具和手段，它能给档案管理工作带来多少效益,一方面取决于所选择的管理信息系统是否适合本单位的实际情况并具有先进性;另一方面取决于档案管理人员采取什么样的理念来应用它。更重要的是应充分认识到网络计算机及档案管理信息系统本身并不是万能的,它需要人们在充分认识的基础上,按照需求驱动原则结合实际工作为它的功能进行准确定位,然后才能更正确地使用它,才能真正发挥计算机的先进作用。

2.总体规划,分步实施的策略

档案管理信息系统是档案管理信息化的基础,它的应用与实施都必须围绕信息化建设的总体战略规划来进行,因此必须遵守整体规划、分步实施的原则,在实施的过程中,要有选择地挑选基础工作做得比较好的部门来进行重点的建设,并将其成功的经验加以推广。

首先必须强调分步实施一定要从总体规划出发。信息化规划的目的是为信息化实施提供指南,那么规划与实施之间应是规划先行,实施紧跟其后。在选用应用软件时,就应该从整体的需要出发,避免脱离目标而陷入实际的困境;应该从业务变革出发而不是从技术变革出发,以有利于充分利用组织的现有资源来满足关键需求。不坚持这两项原则就很难实现信息资源的综合利用,也无法适应社会利用档案变化的多端需求。另外,总体规划必须科学、务实,对分步实施才能有指导和依据作用。因此,信息化整体规划必须在设计上提供一个高度集成的、统一的、满足信息化管理整体需要的弹性应用框架,才能使分步实施有的放矢。其次是要讲究实施的策略。总体来说,长远规划、重点突破快速推广是一种有效的策略。应该选择那些需求迫切、能较快实现业务流程整合和现阶段信息化应用较好的领域加以突破。在阶段实施的步骤上,由于数据库的建设是一项艰苦的长期工作,不能马上见效,所以可以先抓网站的形象建设,以引起领导重视,增加投入。最后是要注意分步实施的系统之间的衔接问题。时间上的分阶段实施要注意前后系统的衔接问题;空间上的分阶段实施则要注意不同单位和部门之间所开发系统的标准化问题。

3.转变观念、与时俱进的策略

社会信息化建设的不断发展,使人们对信息化建设的认识也在不断地深入,人们只有转变陈旧的管理理念,不断地加强自身的综合素养才能跟上时代的发展步伐,这就要求档案管理部门的领导能正确认识到信息化建设的社会效益,同时多给档案管理人员提供学习机会,让更多的人认识到档案信息化的重要性,确保在实施和应用档案信息化系统时做到:领导对档案信息化建设和管理信息系统的应用有足够的理解和指导能力;业务部门的领导能够制定规划并组织实施;档案工作人员能够配合。

4.抓住机遇、勇于探索的策略

档案信息化建设的顺利开展必须在基本条件具备的情况下才能进行,因此抓住合适的机会开展信息化建设和网络化应用是非常重要的。特别是对于那些正处于采用什么样的方案、选择什么样的软件系统入门的初级用户就更加重要。网络化应用首先是需求驱动的,并且是在档案业务管理比较规范人员素质较高、业务流程清晰、标准规范严格、基础数据准备充分、网络及设备资源基本具备的情况下才能开展起来。因此无论是正在开展信息化建设还是正准备开展信息化建设的档案部门,都应抓住时机积极开展,才能取得良好的效果。

看一个单位开展信息化建设的时机是否成熟,主要看它周围的环境因素是否成熟,即人、财、物等方面是否具备,而具体需要什么样的条件取决于系统实施的内容、范围、应用规模及当前业务的规范程度等。特别是建立网络化的信息系统,涉及的人员比较多、系统的功能相对比较复杂、需要购买和配置数据库的服务器以及文件服务器等,实施的过程也比较复杂,这需要根据实际情况来确定资金、人员和设备、网络资源是否具备条件,同时还要考虑本单位当前业务需要和未来的发展需要,因此制定总体规划是十分必要的,这样可以确定近期和远期的发展目标、系统功能、工作计划、实施的范围、工作的内容、搭建软硬件的环境及管理人员的培训费用,进行风险分析,来确定开展工作的策略和方法。

5.安全的保障体系、实行专业化服务的策略

在社会信息化的背景下,档案信息化建设势在必行,但采用什么样的措施才能保障档案信息在为社会提供利用服务的同时,保证信息的安全性呢?这里的安全性是指信息不被篡改,不流失。从讲"互联的程度"到与"互联网隔离"等信息安全策略应根据档案的密级保管方式、加工处理及其存储方式等采取恰当的措施。为了保证安全采取"一刀切的孤岛式管理"的极端的、片面的安全管理策略是不可取的。特别是在数字化和网络化推广应用后,档案信息管理和维护工作量比较大,数字化加工的工作量更大,一些单位采

取自己加工的方式,结果耗费了大量的人力、物力和财力,而且工期拖得很长,最终是得不偿失;另一方面是系统的维护问题,包括网络、硬件、操作系统及应用系统都需要专业技术人员进行统一的管理和及时的维护才能保障资源的安全性。针对这种情况市场上出现了专业的数字化加工、信息化应用服务的新技术公司,对于一些有条件的、信息化工作量大的单位,在指定严密的安全措施和签订保密协议的基础上,委托第三方开展专业化技术服务是当前行之有效的解决办法。

6. 领导主抓的策略

档案信息化的实施与档案管理信息系统的应用几乎涉及本单位所有的工作人员,其中最难的是人的协调,而信息技术部门与业务档案部门之间能够解决的是业务上的沟通,系统上的理解和业务上的操作,但担任不同的职位,承担不同任务的人员从不同角度上对信息化的认识和系统应用是很难达到完全一致的。因此工作上的不足、思想上的抵触、认识上的缺陷、观念上的差异等将会造成工作无法进行下去,而这些问题特别是人、资金及重要资源等问题,只有拥有权力的"一把手"管理层,真正"融入"档案信息化的建设过程中,才能有效地解决。许多成功的案例也证明了这一点,只有坚持"一把手"工程,坚持管理层的参与和控制,才能将人力资源落实到位,才能将协调的难度降低,将IT资源达到最佳配置,信息技术才能真正发挥作用,应用系统才能得到深层的应用和广泛的普及。

第四节 档案信息化系统实施的步骤

一、与信息系统实施有关的基本要素

(一)项目组织

项目组织与团队建设是项目启动工作的重要内容,也是决定整个项目能否成功的关键因素,每一个项目的实施,都涉及多方面的组织或个人的参与。为了确保项目的进度,把好项目的质量关,控制项目的资金投入,监理方通常被聘请来全面监督项目的执行,因此项目的实施至少会涉及建设方、用户方和监理三方的利益。

1.建设方

承担信息系统建设的集成商或软件系统的开发商,其职责是提供商品化产品,为客户提供信息化解决方案,根据需要进行客户化定制、实施、操作等工作以及实施软件系统并开展必要的咨询和培训等工作。

2.用户方

客户是项目承担的主要对象,是档案信息系统实施与使用的最终机构。其主要的职责是,根据自己的需要设立项目,并选择供应商、开发商及软硬件产品。客户是项目的出资方,也是项目成果的使用商,是最终的项目受益者。

3.监理方

客户出资聘请的项目实施顾问和项目建设质量监督方,对客户负责。其主要的职责是监督和控制整个系统的进度、成本、质量等风险的综合要素,维护用户的权益,降低系统建设的成本和风险,提高系统实施的成功率。总之,项目的成功开发,需要协调这些利益相关者之间的关系,选择平衡点,最大限度地调动所有参与者的积极性,减少项目实施过程中的阻力和影响。

(二)项目团队

项目的开发需要人才,这就需要建立一个强有力的工作团队,并有组织地展开建设。项目团队涉及的面很广,几乎包括了所有的项目相关者,在项目实施的每个阶段也将组织相关的团体。在项目启动前成立项目委员会来分析项目的可行性,而在项目的执行过程中,项目经理就起着举足轻重的作用。

当前,在我国开展档案的信息化建设基本形成了两套体系:一套是开展信息化建设和运行维护的信息管理组织体系;另一套是当前已经存在的行政及业务管理组织体系。其主要原因是业务管理和信息化应用没有真正融为一体,在业务管理和信息化的应用上存在着观念和认识上的差异。立项的管理模式是二者合二为一,这就要求档案管理的领导是既懂档案业务又懂信息化业务的现代管理的复合型人才,要求信息化管理机构中的每一个员工都要把档案业务和信息化管理结合起来开展工作。

(三)项目资源

资源包括的内容很广,它包括自然资源、内部资源、外部资源、有形资源和无形资源。这里所强调的资源不仅包括支持项目开发的人力资源、资金资源、技术资源、环境资源,也包括档案信息化建设过程中将不断产生的IT资源,如网络、服务器等硬件设备,操作系统、应用系统等软件资源,同时还包括档案信息资源。因此要求我们不但要管好、用好能看得见的设备资源,也要学会管好用好软资源。项目开发的不同阶段,资源的需求在不断地变化,有些资源用完要及时追加,任何资源积压、滞留或短缺都会给项目带来损失,各类资源的合理、高效使用对项目管理尤为重要。

(四)项目的进展

项目的进展情况需要根据项目的目标要求来进行制定,然后才能落实实施。这些计划的制定对供应商、开发商以及档案管理人员的工作进度都有明确的要求。事实上,在档案信息化建设的过程中,由于档案机构内部人员的不配合、工作繁忙、需求变化等影响项目进度的情况比较常见。因此项目在实施的过程中,要求每一个参与此项工作的人员都要明确自己的职责、进度要求,只有这样才能保证项目的顺利进行。

(五)项目的质量

质量在信息系统的管理中起着举足轻重的作用,它的好坏直接关系着档案管理机构的根本利益,同时也影响着供应商和开发商的声誉,应该说参与项目的每一个成员都希望获得高质量的实施效果,这也是客户的最终满意度。在信息化的过程中。要想保证产品的质量,就必须严把质量关,严格过程的质量监控,落实阶段目标,只有保证了每个阶段的质量,才有可能保证最终的项目质量。另外,由于参与项目的多方机构和人员对信息化项目的认知程度很难达到完全的统一,质量的标准也不完全一样,即使用户在当前满意,也可能在短时间内满意度就会改变。因此,加强开发商与用户的沟通、交流、达成共识仍然是保证项目质量的有效方法。

二、系统规划

系统规划是项目工作的前瞻性、全局性和关键性的第一步,档案信息化建设的高层行政管理人员和高层信息管理人员是系统规划的主要成员,其主要任务是确定系统实施的目标、系统的体系结构、系统实施方案和实施过程的资源计划,因此参与系统规划的人员对档案业务、现代化管理和信息技术的掌握程度以及他们的创新精神和务实态度是有效开展系统规划的基础。

系统规划阶段所做的主要工作有:工作团队的组织、系统实施的进程计划、信息系统部署方案的确定以及资金的分配使用方案,还包括人力资源、行政管理、技术支持的协同以及对项目实施过程的风险估计。

三、系统的开发

系统开发是信息系统建设工作的核心,这一阶段的工作是由承担信息化建设的软件供应商来完成的,档案馆工作者的主要任务是提出目标阶段的需求,档案馆的技术支持人员则在业务工作者和开发人员之间起到沟通桥梁的作用,并解决系统开发过程中的问题。

需要分析市场的需要是项目开发的最终目的。因此项目开发的基本任务是要了解市场需要什么样的软件系统;该软件系统具有什么样的功能,这些功能的优缺点是什么等;尽管项目在启动时已经确立了系统的目标,但这个目标相对来说是宏观的、大概的,具体一些细节的内容并不明确,因此明确需要将会对目标系统提出完整、准确、具体的要求。

需要分析阶段主要涉及三类人员即档案业务的管理人员、管理信息系统的研发人员、系统的实施人员,这一阶段的主要任务是加强沟通和交流。这一阶段对档案管理人员的要求是能够准确地描述当前及未来业务的发展需要,系统分析并能够准确地理解、认识业务的需求,必要时可以借助自身的工作经验对客户进行启发和诱导,让他们说出自身更深层次的业务需要,来指导今后的开发工作。需求阶段的工作内容主要包括以下几个方面。

(一)组织结构的调研与分析

了解用户单位当前的机构设置与管理模式,充分分析其利用的合理性、完整性及运作的有效性,用以确定信息系统的体系结构,包括系统的运行结构、功能框架结构和系统的总体部署方案。

(二)对实际需要的调研分析

以用户的需要为出发点,充分考虑用户对软件的实际需要,编写可满足用户需求的规格说明书以及用户手册,表述对目标系统外部行为的完整描述,需求验证的标准,用户对系统的性能、质量、可维护性等方面的要求以及用户界面描述和目标系统的使用方法等。

(三)信息化现状的调研分析

在充分调研的基础上,了解归档单位与档案馆目前的硬件和软件运行环境、当前应用系统的使用情况、当前的数据格式和数据规范性、数据处理的方式等,分析需求开发的继承接口系统的内容和功能、数据迁移和数据导入导出的需求,确定进行二次开发或进行系统实施过程中的具体工作和任务以及软硬件系统的需求。

(四)对需要的检验过程

系统分析人员需要在档案管理人员和系统软件的实现人员的配合下对自己生成的需求规格进行检验,保证软件需求的全面性、准确性、可行性,获得档案管理人员的认同,并对需求规格和用户手册的理解达成共识,达成对目标系统理解的一致性。发现问题及时解决。

我们所做的需求信息的获取、需求的分析以及编写需求规格、需求说明等工作是相互渗透、增量并行和连续反复的,其工作的过程主要包括以下几个方面:首先是系统分析员和档案业务管理员开展的面对面的交流,记录用户提供的信息,即开展信息的获取活动。其次是系统分析人员对获得的信息进行分析归类,并对客户的需求同可能的软件需求相联系,也就是开展需求分析活动。再次是系统分析人员对档案业务需求信息进行结构化的分解,编写成文档和示意图,形成需求规格的说明书。最后是组织档案管理业务的代表评审文档并纠正其错误,完成需求的验证工作。以上这几个过程是由浅入深、循环往复并渗透到客户业务系统的各个环节,贯穿于客户业务系统的各个环节,并贯穿于需求分析的整个工作过程,直到双方对目标系统的功能、流程接口、数据、操作等多方面达成共识后,需求分析阶段的任务就结束了。并不是说业务需求就不可在发生任何的变动,这只是需求的"相对锁定"。

四、系统的设计

系统的设计是基于对需求分析的工作成果,对于系统做深层次的功能分析实现流程设计,分析总结出行之有效的系统实施方案,是整个项目在逻辑上和物理上得到良好的实现,从而实现对最终目标系统的准确架构。

(一)系统的设计

软件系统设计的首要任务是体系结构的设计,在此设计的基础上逐步完成详细的设计工作,把设计的风险降低到最低程度。虽然一个良好的软件结构不一定能产生令人满意的软件,但一个非常差的软件结构设计,一定会导致软件项目的失败。因此我们应高度重视软件的设计工作。

(二)软件的编码

编码就是软件系统实例化的具体过程。在完成系统分析和设计工作之后主要任务就是信息系统运行结构、模块结构和数据组成已基本确定,下面的工作就是把系统设计的结果翻译成某种程序设计的语言编写的程序及信息系统代码编写的具体工作。这一阶段的任务是将需求分析和系统设计的结果与内容转换为用户需要的实际应用过程。

(三)系统的自测试

软件的测试是系统开发过程中非常重要的环节,是系统实施阶段的一项重要工作,开发人员进行系统自测试的目的是尽可能地发现和修改系统设计和系统编码中的错误,开发人员自测试阶段发现的问题越多,交付的目标系统的质量就越高,后期纠错型的维护工作就越少。

在实施和应用档案管理信息系统时,软件开发的执行人因项目的开展方式不同而有所区别,如果是自主研发的是本单位内部技术人员在开展系统设计、软件的编码和测试工作;如果采用购买商品化的软件实施方案,则一般的供应商已经根据档案业务的共性和标准流程开发出管理信息系统的原形产品,本阶段的主要工作是用户在熟悉和使用商家产品,更多的是按照自己的需求对系统进行功能、性能等方面的测试,最终确定商家的产品是否满足目标系统的要求;如果采用自主开发和商品化应用相结合的方式,也同样执行以上三个环节的内容,并对商家提供的产品原型进行改造,来适应本单位业务管理的需要。

五、系统的实施

系统实施的主要任务就是软件系统的客户化定制过程,这一时期的主要任务是建立能满足需要的软件系统。其工作的内容主要包括客户化的定制、系统的测试、系统的试运行等内容,另外还包括数据的导入与客户的培训等工作。系统实施阶段主要包括以下几方面的任务。

(一)对软件系统的针对性定制

主要包括四项内容:一是框架定义,即根据用户的业务需求建立系统总体框架结构,比如按照档案的门类进行系统分类,或者按照信息分类方式或者按照用户自己的管理方式进行分类定制。二是数据库结构定义,即按照每一个档案门类确定逐鹿字段的属性操作方式等。三是业务流程的定义，即按照用户对档案业务流程定义系统的功能。四是用户模型定义，即按照实施单位用户操作系统的功能和数据权限建立用户模型并授予其操作权限。

（二）数据的整合

在系统的使用过程中，数据的迁移、载入等工作是需要软件的供应商来帮助完成的，而用户单位的主要工作是定制数据的管理规则、严把实施过程关，并建立严格的档案保密措施，保证档案信息的安全。这一内容是实施过程中工作量较大的部分，是最容易被忽略的部分，同时也是最容易出现问题的部分。档案管理部门应充分认识到这一点，并在实际工作中引起足够的重视。如果原有的数据不能安装到系统中，新系统的实施工作就等于失败。

（三）系统的检测试用

当客户定制了新的软件系统，并把原有的数据迁移、装载完成后，一个新的应用系统就算建立起来了。在这一工作完成的过程中，首先由供应商或软件开发人员对系统的原形进行全面的测试，测试的过程中一定要按照软件的要求严格测试，由建立单位严格把关，并从专家的角度提出测试意见和改进意见；最后由用户单位的档案管理人员根据最初双方形成的分析报告中规定的系统功能进行测试，如果测试没有问题则进入试运行阶段。

对用户来说，试用和测试新软件的过程非常重要，它不但是检验软件系统的过程，同时也是对一个系统的学习、理解和接受先进管理理念的过程，要求所有的用户积极地参与并提出合理的建议，以便软件开发商对软件中不合理的部分及时改进，通过不断地升级更新，试运行一段时间后确定一个用户系统运行的版本，达到最终满足用户需要的目的。

六、系统的应用和培训

（一）对管理人员的培训

根据档案管理系统对各类管理人员的要求，结合用户对计算机操作系统、网络知识、数据库知识的掌握程度，根据信息系统的管理人员的工作内容进行分期的培训，以适应新系统对档案用户的要求。

（二）系统的操作培训

结合 AMIS 的用户操作手册,对用户进行有针对性的培训,确保每个用户都能够在自己的权限范围内完成正常的系统与业务操作。在对业务人员的培训完成后要进行上岗前的考试,其目的是督促其掌握培训内容。在系统各级操作人员对应掌握的内容都掌握后,用备份的数据库文件替换用户培训时使用的数据库文件,使系统投入试运行。

（三）系统信息的归档

一是整理此次系统实施的架构模型,特别是基础数据表、工作流程,形成本单位独有的系统运行模式,并将本单位的数据库结构进行拷贝,进行归档,以备未来使用。二是建立客户信息档案,将其基本信息实施情况、使用系统版本情况等进行归档,同时将数据库结构一同刻录成光盘进行归档,为以后系统的升级维护奠定基础。

（四）系统的实施切换

当用户得到一个可以真正接受的系统后,就可以实施系统的正式切换,也就是说可以正式利用新系统开展工作,为了保证数据的准确性以及防止数据的流失,在应用新系统开始工作时不急于将原有的系统毁掉,应在使用新系统后继续保留一段时间,在确保没有丢失数据后再彻底停止对原有数据的使用。系统切换的构成中,一定要将系统试运行阶段的部分数据及时装载到新系统中。

七、系统的检测和验收

档案信息系统项目的验收标志着该系统已经得到用户的认可,同时也标志着实施工作将要结束。在这一阶段项目实施单位的工作内容:在此项目实施的过程中一些特殊性的信息资料,如增加了新的档案类型的数据库模板、增加了新的功能模块等,要及时进行整理,以便归档。整理可以作为项目验收依据的相关资料,比如使用说明书变更登记、用户手册等。另一项工作是编写项目验收的文档,结合项目合同和需求说明书的内容,整理出验收的内容以及目前的运行情况及验收的标准。

这一阶段客户方的主要工作内容:成立项目机构,其主要职责是按照验收申请报告、目的合同、系统试运行报告、需求说明书等材料,结合系统现场使用的情况和递交给用户的资料情况,检查实施工作是否达到了合同中规定的要求。另一项工作是进行项目的验收。由项目验收机构对系统实施的现场进行实地考察,检查各项实施工作。如果各项工作都已达到了合同中规定的要求,即可以验收通过;对于不符合要求的项目要提出改进和完善的建议。

八、对实施系统的评价

档案信息系统投入使用并运行一段时间后,用户和开发商可根据双方的合作协议及共同认可的需求分析报告、系统设计方案及相关要求,对系统进行综合分析与评价。评价的内容主要从实用与适用的程度,分析较之以前手工管理方式效率是否有明显的改善,目前已解决了哪些问题,使用是否方便,是否达到了预期的效果。如果与最初设定的目标相差甚远,尽管满足了一些实用功能的要求,也不能算是有效的实施。当然在最初设定阶段目标时,也应该采取比较现实灵活的态度,采取由小及大的方法,不断扩大成果的应用范围。

一般情况下衡量管理信息系统是否成功主要有以下五种情况。

第一,档案信息系统实施完全成功,即项目的各项指标都已经完全实现或超过了预期设定的目标。

第二,档案信息系统的实施是成功的,即项目的大部分目标已经实现,基本上达到了预期的要求。

第三,档案信息系统的实施只有部分成功,即项目实施实现了原定的部分指标,没有达到预期的目的。

第四,档案信息系统的实施是不成功的,即项目实现的目标非常有限,根本没有达到预期的目标。

第五,档案信息系统的实施是失败的,即项目的目标没有实现,必须终止项目。

总之,对档案信息系统的评价结论是档案工作者应该十分重视的工作之一,应当从评价信息中获得档案管理信息系统实施过程中的经验和教训,以提高今后系统建设的成功率,从而提升档案管理信息系统的实效性。

第八章 档案信息化管理的创新探索

信息化是一场革命,它引起了档案管理的深刻变革。社会信息化为档案事业的发展提供了一个集理念、方法、技术为一体的大背景,档案事业作为社会文化事业的重要组成部分被列入国民经济和社会发展的总体规划,遵循和服从社会信息化发展的总体要求和战略布局,从而使档案事业的自身发展与国家信息化发展战略相统一相协调。档案信息化是21世纪现代档案管理区别于传统档案管理模式的重要特征,也是信息社会档案管理业务发展的必然趋势。档案信息化改变了档案工作者的思想观念、档案业务的工作环境、档案馆的组建方式以及档案的载体形式。档案不再拘泥于以纸质、录音和录像为载体,而是多以数字形式形成传递、移交、鉴定、归档、保管和利用,档案工作借助于计算机实现自动化,开展档案工作,挖掘档案资源,提供档案利用。信息化为档案利用者提供了前所未有的方便性,馆藏档案数字化成为历史的必然,数字化档案信息在急剧增长,以全新的思路、方法和举措来发展档案事业是信息时代、知识型社会赋予21世纪档案工作者的新使命。

第一节 多载体档案统筹管理

在我国,信息化真正在各行各业应用起来并产生有历史价值和凭证作用的电子文件和数字化档案信息,是20世纪90年代以后的事情,有条件的档案馆也随之探索和开展档案信息化的初期建设和简单的案卷目录计算机化管理和查询利用。但从全国来看,依然还有很多档案馆尚未启动信息化或还未真正将计算机和信息系统使用起来,各行各业档案信息化的应用水平也参差不齐,产生和形成的档案有模拟的,也有数字的,使用的载体有纸质的,也有光盘硬盘和其他数字格式的。[①]

应该说,进入21世纪,我们处于一个纸质与电子、模拟与数字共存的状态,处于传统管理向现代管理转变的过渡转型期,档案馆内部存有大量的纸质档案、缩微胶片、录音和录像带等各种载体的实体档案,档案馆新接收的档案既有各种形式的电子信息,也有大量的纸质档案。在这个特殊时期,档案载体形式多元化、管理工作复杂化、技术手段多样化、服务利用个性化成了现实的挑战,而档案管理的组织和队伍却很难随之更新和发展。因此,随着档案资源和档案信息管理规模的不断扩大,档案信息的管理问题势必引起社会的高度重视,要求档案工作者思考统一的管理思路,兼顾所有载体档案的统筹管理。档案目录信息统筹管理。

一、档案目录信息统筹管理

无论是电子的还是纸质的档案,无论是手工管理还是采用计算机实行自动化管理,整理、分类和编目始终都是档案工作的重要组成部分,档案目录是各级各类档案馆提供档案服务利用的基础信息,也是实现档案检索和提供档案利用的重要依据。

馆藏的传统载体档案中,手写档案目录是最常见的方式,而新归档的各类档案会形成各种机读档案目录,或以 Excel、Access、Word 或以关系型数据库格式存储的数字形式的目录信息,为了方便档案利用者,档案馆必须对已有馆藏和以后归档的所有档案的目录信息进行整合,按来源原则或信息分类方式分别进行整理、分类与合并处理、形成能够覆盖各类档案资源的目录信息,并采用档案管理信息系统对档案目录信息实行统一管理,实现目录信息的资源共享和统筹管理。避免长期以来一些档案馆的做法:数字化档案采用管理信息系统进行管理,纸质档案采用手工翻本的方式进行检索。在档案馆实施信息化过程中,目录信息的数字化也是很重要的一项任务,不能由于工作量大、过去没有录入就成为历史遗留问题。

档案目录信息统筹管理的另外一个含义是案卷目录和卷内文件目录的关联管理,即尽可能将卷内文件目录也实行计算机化管理,并与其对应的案卷目录进行关联。当检索到案卷目录,就可以方便地浏览其卷内文件目录,提高检索的准确度;当检索到卷内文件目录时,也能够很快地定位到它所对

---

①柴长俞. 档案管理与信息化建设[M]. 江苏凤凰美术出版社,2017.

应的案卷目录及其所在的库房存址,以方便调卷。

当然,由于档案馆人、财、物等资源的限制,档案信息化工作也是一个循序渐进的过程,不可能做到一蹴而就,因此,需要根据业务工作需要的紧迫程度,首先解决重要问题。有些档案馆在信息化实施一开始,注重新接收档案的目录建设和全文管理,而将原有馆藏档案的目录和实物数字化作为二期工程来实施。实力较强的档案馆则将两项工作并行开展,以加快档案数字化处理和信息化利用的效率。无论采取哪种策略和方式,档案信息化最终的效果是将档案馆的档案全部实行信息化统筹管理,既方便档案工作者,又方便档案利用人员,更能为未来档案资源的社会化服务与信息共享奠定坚实基础。

二、目录全文一体化管理

档案全文,一方面是指馆藏档案内容的数字化信息,如缩微胶片、照片以及纸质档案数字化形成的静态图像文件,磁带、录像带等经过模数转化后形成的声音、图像等多媒体文件;另一方面是指各机构使用计算机和办公自动化系统等产生的电子文件归档后形成的数字化档案信息。这些全文信息是档案的内容实体,与档案目录信息相比较,档案全文能够提供更详细、更完整和更准确的内容和信息。然而,很多档案馆在接收电子文件或进行数字化加工后,没有将这些原文信息很好地管理起来,而是将这些数字化全文和图像存储在光盘、磁盘或网络存储器上,与保管纸质档案一样,把它们放在库房中,甚至没有进行分类、编目,根本无法进行系统化管理或提供利用。这完全违背了馆藏数字化和接受电子文件进馆的根本宗旨。我们知道,数字化信息最大的特点是利用的方便性和检索的快捷性,档案馆花费大量的时间、人力、物力和财力开展馆藏档案数字化和接收电子文件进馆的主要目的是方便利用,对于使用频繁的历史档案而言,也起到保护档案的目的。

实行目录全文一体化管理是信息化管理中比较有效的一种方式,其工作原理是首先在档案目录中进行检索,缩小范围,然后再检索全文,以便准确定位查档目标。通常采取的方式是,将档案目录信息采取关系型数据库管理系统实行统一管理,将扫描后的图像文件和新接收的电子文件档案以文档对象或文件形式存储在文件服务器或者内容服务器上,并通过一定的访问规则将档案目录信息与这些文件对象进行关联。在检索到档案目录信息时,就可以浏览和检索全文。如果在信息系统中,还需要按照系统设定的用户对目录和全文的浏览、检索权限进行处理。

目前,很多档案馆在接收电子文件时,采用"目录全文关联归档"方式。这种归档方式是将电子信息分门别类,整理成方便检索的目录信息,并将电子原文与电子目录进行关联挂接,即将电子信息的目录与全文进行捆绑。具体实现思路就是把目录信息与电子全文信息分开存放,将电子信息进行分类、编目,形成档案目录信息,将目录信息存放在关系型数据库中,将电子全文存放在文件服务器或数据库的二进制存储对象中。因此,在实现电子信息归档时,必须做好分类编目、原文整理以及梳理他们之间的对应关系。同时与之相配套,需要建立"电子信息背景应用环境"自动下载中心,以确保电子文件档案的可读性。文件中心可以一个将所有欲归档的信息集中到的一个逻辑管理中心,其物理位置可能是分布式存放在每一个业务系统内部,也可能是存放在档案馆的一个专门的服务器上,网络的使用已经模糊了电子信息的物理位置,只需要按照要求使工作人员方便管理、方便访问就达到目的。

在实际利用工作中,并不是所有有价值的档案都会被所有的档案利用者频繁查找,如工程设计或建筑系的人员需要经常查询的是:工程图纸类的档案信息,而很少关心财务类的档案,而建筑专业的利用者基本上只查看此类档案的应用软件和浏览工具。正是基于档案利用者的这个根本需求和特点,因此"目录全文关联归档"方案是方便可行的,不需要像"脱机存储法"那样,针对每一类电子文件信息都记录它们的应用背景、环境信息,使存储介质中贮存了大量的冗余信息,造成资源浪费。但是,为了满足和方便利用者查看其他类电子档案信息,如单位领导可能会查看各类综合档案,"目录全文关联归档"方案采取提供"电子信息背景应用环境"自动下载并提示装载的手段,以满足对那些想查看数字档案信息,但其客户机上没有安装运行环境的网络用户的要求。

实施"目录全文关联归档",要求档案工作者要转变传统的工作方法,从档案利用者的需求出发,分析档案被利用的范围和特点,遵循档案管理的原则和标准,对部门形成的数字化档案实行即时归档,即将"目录全文关联归档"的思想贯穿于电子档案形成的全过程。档案馆的工作人员也要充分利用现代化管理手段,通过网络开展指导、鉴定归档与管理工作,将工作重点转移到分析档案利用者的需求、开发档案资源的编研与开发、监控电子文件的形成过程,将工作模式从"被动接收"转变为"主动挑选",将真正有价值的、值得保存的电子文件转化为未来社会需要参考和利用的档案资源。

档案信息的"目录全文关联归档"方案,充分体现了档案工作者在电子文件归档过程中采取的"主动服务、一体化管理"的全新理念,也保证了归档以后的电子信息能够获得科学有序的管理和提供利用。这种方案已经被很多档案馆所采用,并且推广应用于馆藏档案数字化处理后的目录信息与电子图像信息的管理中,这是目前我国档案信息化工作过程中值得借鉴和采纳的、行之有效的解决方案。

三、档案工作的"双轨制"

各行各业信息化的大力开展,必将形成了大量的电子文件和电子档案,但这并不等于档案馆以后就不再接收纸质文件。由于电子档案的法律依据、永久保存和安全管理等方面还存在这样或那样的需进一步探究和明确的问题,而实践经验告诉人们,优良的纸质档案可以保存上千年。因此,在未来相当长的时间里,电子档案和纸质档案将长期共存,二者之间的共存、互动与消长构成了信息时代,人类记载历史的特殊方式。"双轨制"将成为21世纪档案工作的主流模式。

"双轨制"是指在文件形成、处理、归档、保存、利用等过程中,纸质文件和电子文件二者同时存在,两种载体的文件同步随办公业务流程运转,同步进行归档、同步进入归档后的档案保管过程。实行双轨制的机构,在文件进入运转程序时就以电子和纸质两种载体并存,业务人员要对同样内容的两类文件进行并行办理。由此看来,"双轨制"的核心是从文件的产生开始就以两种载体形式记录各项社会活动的信息。这些记录中有保存价值的将作为档案进入归档阶段,将纸质和电子的记录同时移交到档案馆。实行这种从头至尾的彻底双套做法是各行各业信息化应用的初级阶段,特别是在《中华人民共和国电子签名法》发布之前,电子文件的法律效力无法认可,电子文件的安全性、真实性和完整性很难得到保障。有了法律保护,电子签名具有与手写签字或盖章同等的法律效力,电子文件与书面文书一样具有同等法律效力。从此,借助于网络环境、数字签名、身份认证等技术,确保电子文件从产生、审批、流转、会签、归档等各个过程的原始、完整、有效和可读,实现无纸化办公,成为21世纪人们追求高效率和科学化、规范化、自动化管理的现实需求。在这种形式下,是否还需要在文件的运转过程中实行"双轨制"成为大家关注的焦点和热点问题,也是学者们研究的重点。

就网络、电子环境本身而言,尽管他们存在先天的"不安全"和"淘汰快"等缺点,但每一种新的服务器、存储器、数据资源管理系统的出现都会兼容老的版本或者出台新的数据转换或迁移方法,目的是确保原来的电子数据不失效或可读。事实上,很多"读不出来"的"丢失的"数字化的文件和档案,究其原因主要是在计算机硬件环境和软件平台升级的特殊时期,没有及时做数据的转换或迁移工作,当属管理上的失职。当然,每一次转换或迁移都有可能破坏档案文件的原始性,或者丢失一些相关信息,这才是为什么要实行"双轨制"的根本原因。

彻底的"双轨制"需要投入很多人、财、物,在电子文件形成过程的管理上也很复杂。因此,很多单位采取了"双套归档"的做法,一种是将办公自动化系统中属于归档范围的电子文件在归档前,制作纸质拷贝,归档时将二者同时移交到档案馆;另外一种则是对纸质的文件进行数字化扫描和文字识别处理,形成纸质档案的电子拷贝。这样,保存的电子文件可以方便网络化利用,纸质文件则主要用作永久保存,有些单位则采用缩微技术,实现档案的缩微化保存。这些做法不可避免会增加档案馆接收档案和管理档案的复杂性,提高档案管理和保存的成本,但这依然是21世纪档案工作的主流方式。随着时间的推移,档案馆保存的纸质档案和电子档案的比例将会逐渐发生变化,但纸质档案将还会在相当长一段时间成为馆藏的主要成分。

因此,各档案馆需要根据自身管理档案的特点和所拥有的资金、人才、网络设备资源等状况,选择恰当的档案接收方式,开展档案的接收和档案信息化管理工作,比如,是全部档案做双套归档还是将重要的部分做双套归档,是在管理过程中随着档案利用的需要做数字化还是全部数字化等。在这一点上,每个档案馆的情况都不完全相同,因此无固定的模式可循。

第二节 文件档案一体化管理

计算机的普及,电子文件的产生,各种办公自动化系统的推广和应用,使文档一体化管理真正成为可能。一套新的管理思想、技术和方法将取代过去的管理模式。文件档案一体化管理是文件生命周期理论和全程管理与前端控制思想应用于电子文件管理的典型模式。在网络信息系统中,电子文件和电子档案很难截然分清,各行各业的信息化形成大量的电子文件,在结束其现行业务之后,需要将有保存价值的电子信息进行整理、归档,进入永久保存期,这必然使文档一体化管理模式进入实质性的应用阶段。①

一、文档一体化管理思路

文档一体化强调电子文件全过程管理的连续性和信息记录的完整性,目的是确保有保存价值的电子文件,自生成开始到生命周期活动过程结束的全过程,信息能够获得完全的记载和一致的保存。文档一体化管理的思路体现在以下几个方面:

(一)管理过程的互动性

文档一体化最重要的特点是:将现行业务系统的工作与档案工作实现互动与交叉。一方面使档案工作者从文件生成之日起就能够开展鉴定归档及归档后的管理,通过前端参与和过程控制,加强为社会积累财富的执行力;另一方面也使得开展现行业务活动的工作人员增强了对档案的认知程度,不仅认识到,只有将有价值的文件完整归档并移交给档案部门进行保管才能算工作真正结束,同时还要意识到,在开展现行业务系统的过程中,要责任明确、注意积累,记录电子文件活动全过程中所有重要的和有价值的信息,确保电子文件的真实性和完整性。管理过程的互动性加强了多方人员工作中的交流与沟通,对形成和积累有价值的、完整的、真实记载社会活动记录的电子档案具有非常重要的社会意义。

(二)应用系统的统一性

文档一体化管理模式的实现是文件和档案共同依赖统一的管理信息系统,并运行于同构的网络、服务器、数据库管理平台,采取相同的数据、文件存储格式,不同的是管理文件与档案工作人员对信息系统的操作权限有所不同。在文件的生成、处理、会签、审批等各业务工作处理阶段,业务工作人员拥有对文件的增加、修改、删除等权限,而档案工作者只有查看、浏览的权限。在文件结束其现行期业务工作之后,进入归档阶段时,由电子文件的归档整理人员进行筛选,整理,而档案工作者则开始履行电子文件的鉴定职能和归档前的指导工作。在电子文件归档形成电子档案后,档案工作者则需

---

①张静.档案信息化与开发利用研究[M].长春:吉林人民出版社,2017.

要开展电子档案的保管,并为档案形成单位和社会提供档案的服务与利用。应用系统的统一性使得在从文件到档案的转变过程中,不再需要数据转换和迁移,保持了文件信息的真实性和完整性,同时也降低工作人员使用信息系统的复杂性,减少了使用过程中的错误发生率。

(三)工作流程的集成性

在传统的文件管理过程中,文件的形成、归档和作为档案保管与提供利用等环节,都将文件生命周期清楚地划分为三个相对独立的过程,即现行期、半现行期和非现行期,并通过现行业务工作部门、机构档案室和档案馆三个物理位置不同的部门分别完成各自的工作。而文档一体化则将文件、档案的管理流程实现了集成,要求在一个统一的系统内,有统一的控制中心,统一的工作制度,统一的且各有特点又互相衔接的工作程序,将档案著录、鉴定、保存和管理等工作贯穿于文件的形成、流转、会签、批准或签发、整理,鉴定、归档、移交、保存或销毁等各个环节,实现各个过程中工作流程的集成和信息的共享,而且能够根据不同的文件与处理要求定义特定的工作流程,实现流程的优化和个性化处理,提高了工作效率,降低了档案接收和保管的复杂性,避免了信息的多次录入和产生不一致信息的可能性。工作流程的集成性体现在以下几个方面:

1.归档工作与文件处理业务活动的集成

各单位在采用办公自动化系统形成和处理文件时,可以考虑对重要文件贴上归档标记,保证其在处理完毕之后即可存入档案数据库。这个动作将一直被定位为将业务活动最后环节的归档,贯穿于电子文件处理的业务流程的各个阶段。

2.归档工作和鉴定工作的集成

文件形成之日对重要文件做归档标记,是对文件保存价值的一个初始判断,档案工作人员在开展鉴定工作时,重点考虑带标识的文件。这样既保证了鉴定的质量,又提高了工作效率,使归档文件的质量控制和文件的技术鉴定工作得以同步进行。

3.归档工作和用户权限设置、数据备份等安全保护活动的集成

归档意味着电子文件管理权由文件形成单位转移到档案保管单位,系统用户对文件的操作权限随之发生变化,另外归档过程中需要对归档电子文件做电子签章和数据备份,这些工作都可以随着归档工作的结束同步

完成。

4.归档工作与档案整理工作的集成

归档的同时,系统将根据预先设定的档案目录信息著录的规则,实现自动分类、自动著录,然后,在人工参与下进行核对、再确认和添加档案馆保管档案的其他元数据项的内容。

(四)业务处理的自动性

文档一体化是在充分信任的网络、计算机和信息系统的数字环境下开展工作,采用信息技术和基于工作流程管理理念实现的自动化信息系统,不仅提高了工作效率,而且降低了错误发生的概率。同时,在一些业务处理环节增加了系统自动处理技术,如电子文件版本信息的自动跟踪、电子文件处理过程中的责任信息的记录、基于管理规则实现的电子档案的自动标引等,都大大提高了业务处理工作的自动化程度,减少了人工操作的复杂程度。由于这些自动化的处理过程是通过系统进行身份认证之后自动生成并保存记载的,因而,大大提高了电子文件整个生命周期活动中信息记载的真实性和完整性。

(五)归档工作的及时性

通过对文档一体化应用系统的广泛使用,档案工作者能够随时对归档范围内的、已经完成现行期使命的文件实行鉴定、整理、归档和提供利用等工作。一旦电子文件的形成机构确认该文件已经结束现行期的历史使命,就完全能够实现即时归档、即时鉴定,避免以往通行的隔年归档中存在的各种问题,如丢失、泄密、滞后等。

(六)安全管理的有效性

文档一体化,一方面使电子文件归档过程变得简单、快捷,自动化程度高;另一方面使人们对电子档案原始文件与档案目录数据实现了同步管理,最大限度地减少了人工的干预,不仅提高了归档工作的效率,更重要的是大大增强了归档过程的规范性和安全性。至于网络和信息系统带来的安全风险,是能够通过采取各种现代技术手段得到控制和加强。事实上,据权威机构统计,70%的信息安全事件来自管理上的漏洞,应该说采用自动化手段执法比靠人工执法的安全性要高。特别是在《中华人民共和国电子签名法》颁布实施后,电子签名、数字证书、身份认证等一些安全措施和技术手段的采用,也将大大增强电子文件和电子档案安全管理的有效性。

二、文档一体化实现方法

文档一体化管理系统的建立离不开计算机与网络技术的支持。现代化的办公系统要求文书与档案工作紧密衔接,实现办公信息的传递、存储、查阅、利用、收集的现代化和自动化。由于受我国文件和档案分开管理传统模式的束缚,迄今为止,办公自动化系统与计算机档案自动化管理系统是两个相互独立的系统。目前,不少名为"文件和档案管理一体化的信息系统",其实也只是将文件管理和档案管理并列,而非真正将数据集成在一起,仅仅是将办公自动化系统产生的数据自动导入档案管理的信息系统,这绝非真正意义上的文档一体化管理信息系统。文档一体化要求对归档文件的真实性、完整性、有效性要在文件产生阶段就要加以控制,鉴定、编目、著录、标引等工作也要在文件产生和处理阶段进行。因此,研发能够覆盖电子文件全部活动,实现文档状态记录和全过程管理的集成系统,将部分"档案管理工作"前置到"公文处理工作"中的文档一体化计算机管理信息系统是实现文档一体化管理的关键。

(一)文档一体化系统业务流程

文档管理的实际办公过程比较复杂,有保存价值的电子文件经过整理、鉴定、审核、移交归档到档案部门管理后,形成电子档案。

(二)文档一体化系统功能结构

通常情况下,文档一体化管理信息系统的功能包括系统维护,收文管理、发文管理归档管理、文印管理和档案管理。这几个模块相互关联,内部信息集成化共享,真正实现了电子文件到电子档案的自然归档和一体化管理。

1.收文管理

以电子文件的形式处理和记载上级公文、平级来文,用户可根据公文的登记日期、急缓程度、当前流转状态等过程信息快速有效地找到相关文件并进行相应的操作,主要包括收文登记收文流转、文件催办、流程监控、文件发布等过程。

2.发文管理

处理并转发内部制定的或外来的文件。电子文件起草后,均需逐级通过各主办与会签部门人员的审批和修改,最后提交领导签发,形成正式的公文,然后登记、归档。主要包括发文起草、发文流转、文件催办、流程监控、发布等主要工作。

3.归档管理

电子文件的归档大多采用以下两种方式,一是通过机构内部局域网的电子公文传输系统从网上实现自动归档,系统通过归档环节后,电子文件的管理权就移交给档案管理部门,成为电子档案。此时,其他业务人员能够按照系统授予的权限查询电子档案,但不可以修改。二是各立卷部门在向档案馆移交纸质档案的同时,上交电子载体存储的各种信息,如磁盘、光盘等。这种方式主要用于一些重要的凭证性或机密性电子文件的移交,归档后的管理也应采取相应的物理隔离措施和安全防护方法,特别是涉密档案不能存储在网络上,防止泄密。

4.档案管理

根据国家版本的电子档案归档与管理的相关标准,执行档案的移交、接收、审核、保存、管理、查询、统计以及提供服务利用等工作,档案形成机构可根据档案的信息类别或档案来源建立相应的档案信息资源库,并可根据归档年度归档部门或档案实体分类等建立快速检索机制,方便借阅和提供利用。

(三)电子文件网络化归档的真实性保障方法

整个过程包括电子文件归档产生的数字化档案信息的形成、归档、管理和利用四个重要阶段,每个阶段都需要采取各种策略和方法保障档案信息的真实性。

现行的电子文件是增量数字档案的原生信息,这个阶段档案信息真实性保障的主要责任人是电子文件连续被处理的多个现行业务工作者,信息系统中常采用的技术保障措施是电子签名、日志跟踪、计算机处理等,在信息系统中记录和保存电子文件的形成、流转、审批到结束现行期业务全过程的原始信息和变动信息,形成电子文件的多个过程版本,并在终稿完成后,在档案专业人员的指导下,及时开展电子文件的归档工作。进入归档阶段的电子文件,如果采取网络化归档方式,应重点防范网络上非法访问的篡改行为以及网络传输过程中数据被修改的可能性。这个阶段,建立客户信任的专网传输通道是必要的也是很有效的,利用公网传输的用户可以考虑采用VPN技术实现网络化归档,充分采用VPN的数据加密、身份认证、访问控制、隧道封装技术等,以保障档案信息从信源真实地传送到信宿。对于密级较高的数据,采取介质归档比较稳妥。当然,这个过程中,归档单位对档案,人员工作的管理制度和规范化操作要求依然是非常重要的。在这个过程中,档案专业指导人员的重点在于监督执行,并严格控制由于人工原因造成的失误。

电子文件归档后进入档案及其信息的接收、维护和综合管理阶段,档案馆接收的电子文件应具有法律依据,《中华人民共和国电子签名法》规定了电子签名的有效使用方法。因此,档案形成单位在移交电子文件时,需要采取法律上认可的电子签名、电子印章等方法保障准备移交的电子文件的真实性,档案馆在接收档案时应首先验证电子签名、电子印章的合法性,并将归档的信息与电子文件终稿转存库中的信息进行比较,在核实真实完整后,才能正式接收电子档案并将其迁移到档案馆的信息管理系统中,此时还需要在实行物理隔离的档案信息的灾难备份数据库中新增当前的档案信息,然后再开展维护管理和提供利用等工作。

提供利用的档案信息按照档案法、国家保密法规和档案保管条例,一般只在网上提供公开档案信息的服务利用,在档案工作人员严格执法和规范化操作的前提下,破坏档案真实性的风险因素主要来自网上非法用户的恶意篡改、病毒攻击等,因此在提供档案信息网络化利用时,除了加强网络安全防范措施外,还需要对公开档案信息采取灾难备份,并定期对网上提供利用的开放信息进行真实性核对。

由此可见,档案馆制定各个阶段电子文件真实性保障的规章制度将贯穿电子文件生命周期的整个活动过程,建立物理隔离的电子文件终稿转存库和档案信息的灾难备份库是保障档案真实性的有效措施,虽然会增加信息化系统的运行成本,但在确保档案信息真实性方面是非常有效的,也是可行的。

三、文档一体化深化应用的要求

实现文档一体化管理是信息时代档案工作的全新管理模式,是适应电子文件、电子档案管理发展的必然要求。文件、档案一体化管理的最佳实践是,在组织机构内部建立功能涵盖电子文件生命周期业务活动的管理信息系统。

文档一体化的实现,使办公业务实现自动化、规范化,档案管理日趋现代化,具有电子文件从起草时就备份、从办文时就修正、办完后就归档、鉴定及整理等工作都能依靠计算机实现互动管理等优点。当然,开展文档一体化管理工作,对档案工作者也提出了更新、更高的要求,要求工作人员不仅要具有丰富的档案专业知识,还必须掌握现代信息技术,熟练地使用计算机及通信设备。

(一)提高认识、统一思想是文档一体化管理的基本要求

文档一体化的实质是将机构各部门相对分散独立的文件与档案统一为一个有机的整体进行管理。这不仅能够加强档案部门对文件管理的超前控制,保证档案的质量,而且能够实现文档数据的一次输入,多次利用,减少重复劳动,节约人力、财力、物力和时间。然而,要想真正实现文档一体化管理,对档案工作者而言,特别是档案部门的领导,必须对文档一体化管理理念有一个全面、客观、科学的认识,并达成共识,使其充分认识到一体化管理的真正受益者是档案工作者自身,认识到新时期文档一体化的必要性和紧迫性,认识到这是时代赋予当今档案工作者的使命,只有这样才能够顺利推行文档一体化管理,加强自觉性,使他们面对困难,不逃避、不退缩,勇于接受新鲜事物,逐步实施和应用文档一体化管理模式来开展各项业务。

当然,信息化工作是一个长期而复杂的系统工程,需要各单位投入必需的经费支持,这就要求各单位应逐渐增加对档案管理部门的投入,落实档案事业经费,高度重视档案信息化建设,把档案信息化作为机构信息化建设的一个重要内容来抓,统筹规划,同步发展,提高档案管理的工作质量和效率。

(二)加强电子文件管理的标准化与规范化

文档一体化管理,使电子文件与电子档案之间的关系更加密切,把二者放在一个综合的管理系统中,作为前后衔接、相互影响的子系统,统一地组织和控制整个文件生命周期的全过程。由于文件管理与档案管理的这种前后相承的关系,文件管理直接关系到档案管理的存在和发展,只有文件管理做到标准化、规范化,档案管理才能够顺利地展开。如果文件管理无章可循,紊乱不堪,可以想象档案管理各环节也会陷入忙乱无序的状态,这也会影响综合管理信息系统整体功能的效用。因此,必须强化电子文件管理的标准化、规范化,严格规范表达文件内部特征和外部特征信息的各项数据,为更好地推行文档一体化管理服务。作为档案工作者,应严格按照《档案法》和《电子公文归档管理暂行办法》,参考《电子文件归档与管理规范》,对现行文件管理过程提出各种标准、规范和具体实施要求,从而促进文档一体化管理的规范化和标准化。

(三)加强培训和继续教育,提升档案工作者的综合素质

文档一体化管理要求档案工作者不仅具有档案学基础理论知识及专业知识,还必须掌握现代信息技术,熟练运用计算机及现代通信设备来操作网络化管理信息系统,要求档案工作者不断调整自己的知识结构,提高技能,加强综合素质的培养。如果不熟悉计算机,不懂网络知识,根本无法接受文档一体化管理思路,更无法开展电子档案的管理工作,也不可能参与到电子文件管理的全过程中。因此,加强档案信息化咨询与培训,开展现代档案管理专业知识和档案信息化技术知识的继续教育,是档案部门迫在眉睫的任务,也是实现文档一体化管理的前提。否则,进行前端控制,开展电子文档的完整、有效和安全管理就成了一句空话。

第三节　档案资源多元化利用

一、档案资源的社会化利用

在信息社会和知识型社会迅速发展的21世纪,在档案信息化建设与发展的众多方面,无论是技术手段,还是信息资源的有效积累和广泛利用,都必将以档案信息资源的整合、集成、共享、利用作为出发点和落脚点,以传承人类文明,共享信息资源,实现社会的可持续健康发展。[①]

(一)档案资源的知识化积累

档案的形成(鉴定、收集、整理与归档)是从个体知识到组织知识,再到社:会知识转换的文化积累、动态跟踪的历史记载过程,档案的开发与利用(编研、开放、发布与利用)是人类传承文明、创新发展的进步与发展过程。这两个相互衔接、彼此推动的过程循环往复、推陈出新,构成了人类社会的知识化动增长(adaptive)和社会化自适应的档案资源不断丰富的过程模型

---

①郭杨.档案信息化实践与管理创新[M].长春:吉林科学技术出版社

（如图6-1所示）。这表明了档案文化通过"传—承—积累—发展—传"这样一种类似于文化加工厂的生产工序,随人类自身的繁衍而形成民族文化生生不已、无始无终的传承环链。

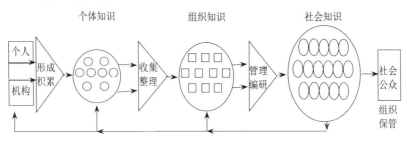

图6-1　档案资源的知识化积累过程模型

21世纪初,我国的电子政务与各行各业的信息化已经进入了以知识管理为核心的快速提升和综合运营的重要发展阶段,信息技术的发展把知识管理推到了重要的位置,"以知识为基础的经济社会"的提法更表明了人们对知识和技术在经济增长中的作用有了更充分的认识。可以想象,未来的互联网是一个丰富多彩的"知识网",是一个储存综合知识的文化资源大仓库。档案作为人类社会活动的原始记录者和忠实承载者,记录了人类社会成果的同时也揭示着人类文化,它是民族义化遗产的重要组成部分。同时,档案在文化传承中占据着举足轻重的地位,发挥着不可替代的作用,正如张辑哲在其《维系之道——档案与档案管理》中所说:"正是由于有了档案与档案管理,人类才能够不断地在继承中存在、发展,在存在、发展中延续,不断使自己真正成为一个连续的时空整体。档案与档案管理是人类社会时空统一性和连续性的维系之道……"。因此,档案资源必将会成为未来"知识网"中不可或缺的重要组成部分,世世代代传承人类的文明。

（二）档案资源的共享化利用

社会信息化使档案信息资源面临着一个全新的生存环境与发展空间。美国档案学者杰拉尔德·汉姆先生曾指出:档案应该记载"人类生活的方方面面",档案工作者要"创造一个反映普通百姓生活喜好、需求的全新的文献材料世界",档案馆藏是反映"人类生活的广阔领地"。因此,档案资源唯有回归社会,得到最大限度的利用,才能体现档案保管的价值和作用。事实告诉我们,实现档案信息资源的集成化管理和共享化利用是档案贴近公众、服务社会的最佳解决方案。

要实现档案信息资源的共享化利用,首先必须在档案基础数据库的建设上下功夫。档案基础数据库是建设数字档案馆和开展档案信息化的基础性工作之一,是实现档案信息资源的集成共享、统一管理、高效检索和方便利用的基础信息存储结构,更是国家信息资源数据库建设的重要内容。今天,我们处于信息技术快速发展的知识经济时代,国家、城市综合服务资源库的建设是社会发展的需要,是加强政务公开、实现便民服务的一项基础性工作。我国已经在人口、法人、自然资源与宏观经济四大数据库的建设方面取得较大成效,档案作为人类社会活动的历史记载,档案资源的开发利用和档案基础数据库的建设是国家信息资源建设的重要组成部分。可以说,档案基础数据库的建设已经成为各级各类档案馆面向社会提供档案资源利用服务的基本职能,成为我国整合档案信息资源、弘扬民族文化、提高民族素质的历史性课题,同时也是档案工作者采用现代化手段记忆当今社会改革、建设、发展的真实过程,支撑社会经济发展的历史性责任和义务,更是政务公开、提高办事效率和促进科学决策的依据。美国、加拿大、澳大利亚、德国、韩国等一些发达国家已经在档案数字化、文档一体化、数字资源长期保存数字档案馆等方面开展了一些预言性、前瞻性和应用性研究,相继制定了电子文件管理的元数据格式与规范,研究开发档案管理信息系统、档案资源共享网站系统建设的思路和方法。2003年2月,国际档案理事会、档案著录标准特别委员会正式公布了新修订的第二版《规范记录著录规则》,于2004年第十六届国际档案大会上正式颁布,该档案著录规则对规范档案目录数据库的检索服务、建立高质量的目录中心具有重要的参考价值。发达国家的经验告诉我们,建设基础数字资源库的宗旨是遵循国际标准,构建跨区域的开放档案的共享资源库,针对公众对档案资源的利用需求提供高效率的查准、查全服务机制。

在我国也有一些省市级档案馆开展数字档案馆建设,制定了符合各地区需求的数字档案的元数据格式规范,建立了档案目录中心,提供部分开放档案信息的检索服务功能,具有典型示范作用。比如福建省档案基础数据库建设,它是基于分布式数据库,在原来单机和局域网络的基础上开发完成,它连接了若干分布式数据库,并建立了档案目录数据库、档案内容数据库等。但是多数档案馆还没有真正建立全面的、系统的、面向公众查档需求的档案基础数据库,而只是建立了一些专门的特定主题的数据库,只能满足一些局部或特定的用户需求,特别是开放的档案信息资源没有实现集成,信息结构不统一,档案数据不系统、不完整,不能共享,更为严重的是,没有形成一个统一的能够描述数字档案资源的格式规范和建设档案基础数据库的标准方法、实现档案资源的整合、组织与存储的技术方案和行之有效的建设思路。另外,建设档案基础数据库的关键技术如海量、非结构化的数据存储解决方案,基于知识管理的数据仓库和数据挖掘等技术尚未在档案信息化领域得到广泛应用,这些因素都大大降低了档案基础数据库建设的速度和质量,致使各类档案资源难以形成一个统一的资源库整体,限制了档案资源的深层次挖掘和广泛利用。因此,研究档案基础数据库的元数据标准集、数字化档案信息的格式规范以及档案基础数据库的建设思路和方法、各类结构化和非结构化档案数据的组织、存储和检索利用的关键技术、整合方案、提供检索服务和共享利用的有效机制等,将成为当前档案馆信息化建设重要的基础性工作。

(三)档案信息服务机制变革

随着全国各行各业信息化进程的加快,档案馆信息化应用也逐渐走向更广、更深的领域。档案信息服务将不再拘泥于传统的、单一的方式,将会有所创新,趋向多元化发展。

1.服务方式由被动性向主动性转变

改变传统的被动服务方式,积极主动地开展档案信息服务。长期以来,在档案信息利用上,总是遵循一种传统的服务方式——“等客上门”。这实质上与信息社会的发展极不协调,不利于档案信息价值的体现与发挥,封闭了档案信息表现价值的众多途径。而档案信息服务方式也必须考虑到档案的特性,“送货上门”也是不行的,不符合《中华人民共和国档案法》的基本要求。档案信息的主动服务方式应该是“请客入门”。具体的措施包括:

(1)开展针对档案利用者的利用需求研究,主动地提供档案信息利用,首先要广泛、深入地研究不同方面、不同层次的利用者;

(2)进行必要的档案宣传工作,社会对档案还没有广泛地认识、了解,利用它就无从谈起了;

(3)提供多种档案信息利用方式,编制多样化的检索工具,形成一个全功能、高效益的检索系统;加强编研工作,编研成果的出版发行及交流,能将档案价值的精华系统、全面、集中地向社会公布,向档案信息利用者提供有效捷径;拓展档案信息中介服务机构。目前,我国上海、苏州等城市已经出现了这种机构。

2.服务手段由传统型向现代化转变

计算机网络技术、数据库技术以及多媒体技术的发展使得档案信息服务手段发生了巨大的转变。借鉴相关学科数字化发展的研究成果,实现档案管理现代化应借助于数字化综合管理信息系统,把分散于不同载体、不同地理位置的档案信息资源以数字化的形式储存,以基于对象管理的模式管理,以网络化的方式互相连接,从而提供及时利用,实现档案信息资源共享。我国是发展中国家,经济和技术条件的制约决定了档案管理手段转变的长期性,传统的档案馆信息服务技术与服务手段将得到一定程度上的扬弃,将以新的信息传播循环方式提供档案信息服务。

3.服务内容由单一型向多元化发展

通过网络等信息技术与其他档案馆、信息机构及整个社会信息资源建立起紧密的联系。其信息服务将增加新的内容:诸如档案信息资源网络化组织管理、档案信息资源的网络导航、档案信息的数字化开发与提供利用、档案用户的教育培训等。例如,在档案利用者的教育培训方面,就要在对利用者进行传统档案检索和获取方式的培训的基础上,重点帮助利用者学会如何利用数字化的信息资源、如何选择档案信息数据库、如何从网上获取所需的档案信息、如何操作远程通信软件等。档案信息组织方式、检索方式、采集方式,较之其他类型的文献信息来说,具有复杂多样、技术含量高、对利用者信息能力要求高等特点,而我国熟练使用档案信息的人很少,所以对档案利用者的信息检索能力、信息获取能力、信息筛选能力、信息识别能力的培养是一项档案信息服务的重要内容。

4.档案资源由封闭性向开放性转变

在网络环境下,档案馆信息服务资源已不再仅仅局限于馆藏档案信息量等指标,而是着眼于档案馆获取档案信息、提供档案信息的能力。所以档案馆在充分开发利用本馆馆藏档案信息外,还必须通过网络检索利用其他档案馆馆藏信息和网上信息资源。建立档案信息资源的现代化管理系统,将档案信息纳入计算机网络,从而达到最快捷的信息资源利用效果。通过网络等信息技术实现档案信息价值的最大化,并最终取得档案信息服务于社会的最佳效果。这需要一个过程,从单机操作到建立档案管理信息系统网络、连接有关信息机构网站,最终并入国际互联网。从我国现实情况来看,这将有一个长远的过程,然而这必将是档案馆信息服务发展的终极目标。

5.档案资源由单一型向多样性转变

档案馆提供的单一信息服务的资源是以收藏纸质档案为主要内容。在网络环境下,档案馆综合信息服务模式的服务资源则要朝着多种载体形式并存的方向发展,包括各种电子文件、光盘、多媒体、缩微载体和声像载体等,尤其要增加数字化馆藏资源的建设。网络环境下的数字档案馆所拥有的完整的馆藏含义应该是"物理实体馆藏+数字化馆藏"。我国档案馆在档案信息数据库建设方面的任务是:在保留传统档案文献的同时,应通过协作与协调,在一定程度上对馆藏资源进行数字化,要注意将各馆独特价值的馆藏文献数字化,制成光盘或上网传播,使各馆上网信息独具特色,并在此基础上形成一个档案信息网络。

(四)档案文化产业的形成与发展

文化产业在全球范围内是一个新兴的产业。20世纪50年代,文化产业在西方一些发达国家逐渐兴起,随着社会物质文明的进步与发展,追求精神上的享受已经成为一种时尚,甚至成为人们生活的必需。我国文化产业的发展起步较晚,但在教育、体育、旅游、出版业、娱乐表演媒介广告、影视以及印刷、中介、经营、管理、咨询等方面已经形成规模,有相对完整的运作体系。这充分说明了新时期文化产业的形成与发展已经成为我国国民经济发展的重要内容。档案作为网络时代重要的信息资源,在现代知识经济型社会中起着越来越重要的作用,档案业务的开展正在被推向新的工作模式,档案文化的发展也被置于一个全新的市场背景之下。

具有深厚文化底蕴的档案,其固有的知识性、价值性、信息性、凭证性决定了档案是全社会重要的文化资源,具有潜在的开发利用价值和市场需求,这是档案文化产业能够形成的先决条件。这里试图按照文化产业的运作规律定义档案文化产业的理想模式,展望档案文化形成产业必须具备的基础环节以及这些环节之间的协调互动关系(如图6-2所示)。

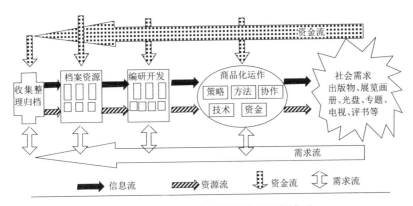

图6-2 档案文化产业链的业务过程模型

收集和整理、鉴定和归档业务是档案文化产业链的生存基础。不断积累和丰富的档案随着社会的发展和时间的推移,成为宝贵的社会资源,它的深挖掘、细加工和全方位的开发利用是使档案资源价值增值的基本手段。因此,专业化的编研与开发是产业链活动过程中最重要的内容之一,也是将档案资源转变为文化产品的重要环节。商品化运作是人们认识档案文化产品的根本途径,只有经过流通环节才能变成人们熟知的商品,才能被消费、被吸收,也才能产生更高层次的需求,这是产业链能否形成的核心因素。需求流(即市场信息流)、资源流和资金流贯穿档案文化产业发展的全过程,缺一不可。档案文化产业链中每个环节点上的活动可以自成体系,各个环节协调运作是档案文化产业链持续存在和良性发展的基本保障。档案文化产业的发展与壮大将会增强人们对档案资源的认知度,将会吸引更多的投资者,借助于档案文化产品产生越来越多的社会效益和经济效益。

全球经济一体化使得档案文化产业的形成具备了充足发展的条件,但要真正发展起来,形成以档案文化产品为服务对象的产业化服务,还需要根据我国档案事业发展的具体现状,适时、适度地开展,同时也需要看档案从业人员和相关领域的工作人员能否抓住机遇,迎接挑战,开展各项有益于社会发展的档案文化宣传和利用活动。当前,我国的档案事业已经在以公益性档案服务事业为主的基础上,开始了商品化档案文化产品市场的开发与发展,这是适应全球经济发展的重要举措。然而,为适应社会的进步与发展,我们还需要进一步在档案事业和档案科学领域中不断地探索和思考,不断地创新和发展。

1.更新观念、关注现实,按照先进文化的理念管理档案

按照先进文化的理念管理档案是摆在我们面前的极其重要的任务,也是历史赋予我们的重任。在理论上有所突破的同时,更应关注现实实践的探索与应用。就档案文化产业的功能而言,主要体现在利用档案资源为人类各种活动提供的服务上,而不在于其能否盈利和在多大程度上盈利;其服务的对象应该有社会性和广泛性,应该包括对社会各阶层、各领域的服务。当然,这种服务有一部分应该是有偿的,但其公益性决定了必须是微利的。事实上,档案的有偿服务已经在档案利用方面体现出来。可以预言,今后可能有多种收入渠道建立起来。档案有偿服务是一个十分复杂的问题,盈利在现阶段很难作为档案文化产业建立的前提,档案文化的发展也不可能靠档案部门自身的有偿服务来维系。

2.以政府改革为契机,调整工作体系,转变职能,创新档案文化发展体制

档案管理体制改革势在必行,应以政府改革为契机,调整档案工作体系,转变职能,适应知识经济时代档案文化发展的需要。可以考虑将学会改为协会,发挥协会工作制的积极作用,将教育培训、沟通协调评估等协同工作交给协会来开展。政府要把档案工作列入经济社会发展计划,各地方或专业协会的职能要用法律形式固定下来,以协会为纽带,以档案馆(室)为实体,加强档案局的执法监管力度,重构新型的档案管理工作体系。从功能上讲,档案局的工作重点放在如何保证国家对档案的依法管理和国家对档案资源的所有权,主要职能是要体现依法监管和服务。档案协会是以服务为主、监管为辅的行业组织。档案馆是档案工作实体,作为协会成员,应履行会员义务,缴纳会费,得到协会提供的服务,并接受协会监管。同时,协会也是档案工作或从业人员利益的保障组织,在"依法治档"和保守国家秘密的前提下开展活动。

3.以信息化为手段,促进档案行政管理体制改革

现行的档案上解制度、馆藏优化工作是长期未解决的重大课题。信息化工程的实施可以将档案的实体管理与信息管理实现物理分离,改变或取消多年沿袭的档案上解制度,仅此一举,就能为档案工作节约巨大的人力物力。在目前情况下,档案信息的网络服务则能从根本打破多年来档案重保管轻服务的现状,根本改变人们对档案工作的认知程度,这对开发档案信息

资源意义十分重大。我国信息化的理论和实践都证明,在实现管理机构的扁平化、提高行政效能等方面,信息技术起着重要的能动作用。就行业特点来讲,档案也是发挥信息化功能的最好应用领域之一,依靠信息决策依然是档案高层管理的主要理念,特别是办公自动化与电子文档管理的集成,现在和将来都是政务与企业信息化的重要方面。档案信息又成为各类数据仓库与决策支持系统的基础数据组成部分,为电子政务所必需。

4.开展旨在建设先进文化的各类档案收集、利用、宣传、服务活动和项目

当前我国档案文化产业活动主要依靠政府财政拨款的支持,在一个较长的时期内,仍会以这种方式为主。目前,各类档案文化活动相继开展,如教育、展览等活动取得了比较好的社会效益。重大事件和个人档案的征集工作也有新的突破,但在认证服务和各类提供凭证性的服务工作中,作为档案部门的特色服务方面仍无章可循,存在很大的随意性。在现有机制下,档案的收费服务规定也不统一,主要是科技、教育及文化档案本身的市场化利用没能反映知识产权的价值。在以后的改革和新的管理体制下,这些方面应该有所突破。今后,在档案服务方面,通过网络计算机提供的档案信息服务将成为档案文化服务的主流,这种服务无疑是面向全国经济政治的各个领域,其范围也将是全国化和国际化的,如果没有市场化运作的保障机制,将是不可能实现的。

5.提高档案工作人员或从业人员的综合素质

提高档案工作人员或从业人员的综合素质是档案文化得以发扬光大的关键。近年来,档案人员文化素质的变化很大。但是改变档案人员"档案保管员""资料保管员"的形象以适应现代社会发展,还需要一段较长的时间。档案工作者应该具备所在行业的普遍性常识和档案管理的专业知识,要掌握信息化知识、基本的计算机操作技能和数字化档案的管理与备份技巧,又要有文化产业要求的市场开发能力和服务能力,达到信息时代的公务员与文化工作者的双重要求。这无疑是对现在档案工作者的挑战。当前,我国正处在以档案文化产业政府监督与资助下的公益性档案服务事业为主、以商品化档案文化产品市场为辅的格局中,各级政府和档案部门正积极筹划,以深化改革为契机,把档案文化推向社会,推向市场。相信将来有一天,人们必定会迎来一个档案事业发展的新时期,档案文化将成为社会文化产业

中的一朵奇葩。

二、馆藏档案数字化应用

为适应公众网络化查档和档案信息化管理的多元化需求,馆藏档案数字化和开展档案数字化应用系统的建设已成为现代档案管理的一项重要内容,对档案工作者而言,这也是一项全新的任务,需要在充分认识到馆藏数字化重要性和必要性的基础上,采取有效的策略和方法,开展馆藏档案数字化系统的建设和有效使用。

(一)馆藏档案数字化的意义和任务

中共中央办公厅、国务院办公厅联合发布的《关于加强信息资源开发利用工作的若干意见》中明确指出:"各级党政机关、企事业单位要充分认识信息资源开发利用工作的重要性,加强政务、企业、产业等信息资源的开发与利用,充分发挥信息资源在信息化建设中的重要作用。"国家档案局在《关于加强档案信息资源开发利用工作的意见》中明确指出:"档案信息资源的开发与利用是现代档案工作的重中之重。"档案作为一种特殊的文化资源,是国家信息资源的重要组成部分,它的开发与利用具有非常广泛的社会价值和实际意义。馆藏档案数字化工作主要包括两项任务:一是将传统载体档案目录进行数字化。二是将档案内容进行数字化。档案目录数字化的主要工作是对载体档案进行编目,并将目录信息录入到计算机系统中,建立档案目录数据库,利用管理信息系统实现档案目录数据的计算机化管理和目录信息的资源共享。档案内容数字化的主要工作是将馆藏的纸质照片、录音、录像、缩微等档案通过扫描、加工、处理(包括去污处理、图像处理、OCR识别等),转变为文本、图像、图形、流媒体等数字格式的信息,存储在网络服务器中,利用计算机及信息系统提供查询、检索和浏览。

(二)馆藏档案数字化的思路与方法

"一切为了用"是开展馆藏档案数字化的主要目的。这就说明了档案馆工作人员不仅要开展档案目录信息的著录、馆藏档案内容的数字化加工与扫描,更需要建立一整套完整的综合业务管理信息系统,加强数字化后的档案信息的利用服务工作。由于馆藏数字化需要花费大量的人力、物力和财力,加之数字化加工过程对档案原件也会有或多或少的损害,所以,不能盲目地赶潮流、追先、不分先后、不讲策略地将馆内所有档案逐渐进行数字化。

1.做好馆藏档案数字化的前期基础工作

需要对哪些档案进行数字化、采取什么方法来开展、数字化加工需要购买哪些设备、除此之外还需要做哪些准备工作以及如何做等,都是馆藏数字化的前期基础性准备工作。

(1)做好可行性论证:要根据档案利用的需要、资金情况、馆内人员知识结构、馆内软硬件平台、馆内信息化应用现状等基本状况,在充分了解和认识馆藏档案数字化系统建设的复杂程度和技术要求之后,做好馆藏数字化系统建设的可行性论证工作,确保系统建设自始至终不被中断,确保数字化后的档案信息能够真正使用起来,见到实效。

(2)选择数字化加工方式:数字化是保管档案过程中所做的一项技术性较强的现代化处理工作,这对习惯了传统管理工作的档案工作人员来说,具有较大的难度。因此,需要提前做好规划,明确系统建设的实施方案。主要包括:馆藏档案数字化系统分几个阶段完成,每个阶段的任务和目标是什么,应对哪些档案做数字化加工和处理,数字化加工处理过程中的安全控制、进度控制、质量控制和成本控制等过程中应采取的方法与策略,数字化后的档案信息如何与现有的计算机信息系统实现集成,如何发布档案信息以提供利用,如何解决备份和长久保存等问题,这些都需要提前做好解决方案,并在档案工作人员和数字化加工协作人员之间达成共识后,才能开始工作。边加工边讨论的方式只能导致工期拖长、见效缓慢、安全性保障难,甚至导致项目失败。

对馆藏结构、馆藏量、馆藏利用量、馆藏档案年度、馆藏档案受损情况、档案存储介质、各存储介质的寿命等综合因素进行深入的分析,围绕档案永久保存特点、用户快速查档和高频查档的要求进行深入的研究,按照档案利用率和档案的紧急保护程度对库房档案进行量化分析,获得按年、季、月进行排序的需要进行数字化处理的档案案卷数量、纸张数量、纸张大小以及声像和缩微胶片的档案数量等,并以此来提出对购买设备的种类、数量和性能的要求。

如果档案馆内有缩微品档案且数量比较大,以后还会有进馆的缩微档案,就需要考虑是否在馆内购买缩微扫描仪,以解决长期的缩微品数字化的问题;如果数量很少而且以后也不会有缩微档案进馆,那么就不需要购买专用设备,可以考虑采用一次性的外协加工方式。录音、录像档案数字化方案也采用同样的分析方法,根据具体情况考虑是否需要购买专用设备并建立数字化加工流水线等事项。

多数档案馆藏以纸质档案为主,因此,建立纸质档案的数字化加工流水线几乎成为必须,当然各档案馆(室)也可以根据自己的实际情况,不购买扫描设备,采取分批分工的外协加工方式,只需要将加工后的数字档案信息进行科学管理、利用信息系统提供服务利用。这也是一种推荐的馆藏档案数字化加工的解决方案,特别是在数字化加工量比较大时,即便是在馆内建立数字化加工流水线,如果没有聘用足够的扫描加工工作人员,单靠档案馆内部工作人员很难在短时间内完成加工任务,达到良好效果,而专业化外包加工服务能够在保障质量和安全的前提下快速完成任务。

(3)筹备和落实资金:数字化加工的任务单靠档案馆的人力很难完成,往往需要采取商业化的运行模式或外协加工。另外,加工完成后,还需要购买网络化存储设备提供档案信息服务与利用,需要购买各种存储介质进行数据备份,而且数字化加工过程还需要购买保障安全的监控设施和扫描设备,系统实施后还需要聘用系统管理和数据管理人员开展大量运行与维护工作。建立馆藏档案数字化系统需要的资金大概包括以下几个部分:①扫描并且进行全文数字化加工的费用;②数据发布系统的购买费用包括全文检索、模糊检索、多分类系统、图文关联、元数据编辑器等功能;③购买服务器的花费;④进行馆内人员培训、引进网络管理员和系统管理员等都需要资金。因此,在进行馆藏档案数字化之前,应在资金准备上给予充分重视。

2.确定数字化加工的协作模式

档案内容数字化工作包括数字化预加工和深加工两步,预加工是能够将纸质档案、照片档案、缩微胶片等转变为电子图像文件,不能将纸质档案上的文字信息进行完全处理,深加工则是利用技术含量较高的OCR和语音识别等处理技术获取载体档案中的文字信息,以利于提供全文检索。

馆藏档案数字化工作量大,涉及扫描加工、图像处理、数字信息存储与管理OCR自动识别等技术,仅依靠档案部门的力量开展系统建设是很困难的事情,为解决这些难题,档案馆要做好以下几项工作:

在系统建设之初就需要开展需求调研与分析,考虑需要购买哪些硬件设备和软件支撑系统以及系统能够实现的自动化程度等,这必然需要开展大量的咨询诊断和分析等工作,聘请有经验的、开展数字化加工的专业服务机构来协助档案馆开展系统规划是非常必要的。

开展数字化加工,首先要建设一个能够支持加工过程各环节进行数据管理的信息系统,然后再基于该系统有条不紊地开展工作,只有熟练操作和使用各类数字化设备的加工服务人员才能确保速度快、质量高,确保工作的有序开展。

数字化加工完成后,生成的各类电子图像、原文信息、档案目录数据等都需要做关联处理,而且需要以光盘或者网络存储方式进行发布。信息发布本身又是一个系统,需要专门开发,如果采用成熟的软件将会大大缩短数字化后的档案数据的呆滞时间。目前,市场上开展数字化加工的专业IT公司已经在信息系统建设、加工流水线、安全保障等方面开展了大量的工作,积累了较为丰富的经验。借助于这些IT公司的力量来开展馆藏档案数字化是一个省时、省力、省钱且相对安全的高效方式。

3.保障数字化档案信息的真实性

在馆藏档案数字化过程中,数字化档案信息的真实性、完整性保障主要体现在档案实体的扫描加工和档案目录的数字化两个方面。

第一,扫描加工过程中的真实性保障。馆藏数字化档案信息在其形成、管理和提供利用的过程中,制定保障档案信息真实性的规章制度是非常重要的管理措施,各个阶段的安全保障侧重点不完全相同。

在数字化加工的档案信息形成阶段,加强对数字化加工人员的管理是非常重要的,其中最重要的是,不允许将档案带出加工基地。另外,数字化承包商为了保证信誉也需要制定严格的加工基地管理措施,多采用半军事化管理、流程化、自动化、岗位责任制等用以强化管理、反抄袭的管理模式,杜绝档案信息在处理过程人为外泄。在档案信息形成阶段,信息真实性的风险表现为技术上的不成熟因素,如扫描过程信息丢失,图像到文字转换过程中产生错误识别等因素,因此采取较高的技术手段是完全可以保障信息真实性的。由于每个过程、每个岗位都会将数字化后的档案信息与档案原件进行比较,而且参与加工的人员主要从事体力劳动,一般不雇用文化程度较高的人员,他们对档案也不是很了解,甚至无心了解,因而,这个阶段档案信息真实性的保障主要是采取先进的技术手段来减少误差。

在数字化档案信息的管理和提供利用阶段,这与电子文件归档后进入该阶段的管理相类似,同样利用灾难备份库对新形成的馆藏数字化后的档案信息进行备份,并在管理和提供利用的过程中加强网络安全管理,提高档案馆内部管理人员操作的规范性和管理工作的程序化,制定自动核对计划,确保档案信息的真实性。

第二,数字化档案目录信息的真实性保障。数字化档案目录信息一般都存储在数据库文件中,它的安全性主要取决于数据库管理系统自身的管理能力,它的真实性主要取决于档案管理员"依法管档"的严格程度。这一部分数据是管理人员根据档案原件提取出来的、用来描述档案原件核心内容的元数据信息(也可能是电子文件自动归档过程中通过预先设定的规则自动生成的、描述文件属性的元数据信息),这一部分信息并不像档案原件那样具有凭证性作用,它只是为了方便管理和快速检索而形成的,并且在以后的管理过程中某些信息可能会改变。因此,它的真实性并不像人们对档案原件数字信息的要求那样高,但为了不产生负面影响,要求档案目录信息的著录人员应依据档案管理学理论,按照档案著录的标准和规范严格要求自己,严格保障目录信息的真实性,从而更有效地提高档案的检索和利用效率。

4.加强数字化档案信息的整合与集成

馆藏档案数字化和电子文件归档后,产生了大量的数字化档案信息,如果只将其刻录于光盘或存储在磁盘中,不提供系统化的档案利用服务,是错误的和无意义的,也不是馆藏档案数字化的真正目的所在。一些档案馆在开展数字化之前就使用了档案管理信息系统来管理档案的目录信息,并在馆内提供档案目录信息的检索服务,也有一些档案馆在开展数字化的同时也建立起电子文件归档系统,收集电子文件并整理其目录信息,还有些是将馆藏档案数字化作为档案信息化的启动工程。但无论是哪种情况,都需要处理好当前档案馆面临的电子文件归档、馆藏档案数字化和对传统载体档案管理的业务关系,将这三项主要工作形成的数字化档案目录信息和档案内容对象实行同步管理,对于电子档案有纸质备份的或纸质档案有数字化拷贝的,都需要做关联处理,做到同一档案内容的一致性管理。否则,在档案馆分别建立电子文件管理系统馆藏档案数字化管理系统、纸质档案管理系统,必然会造成系统间数据重复,甚至不一致,从而增加管理的复杂程度。

21世纪初,我国的各级各类档案馆正处在纸质档案与电子档案并行接收和管理的特殊时期,传统载体档案的目录数字化需要计算机管理,馆藏档案数字化后形成的图像文件需要信息化管理,电子文件归档后形成的电子档案也需要信息化管理。因此,当前档案工作的复杂程度相对较大,需要制定科学的管理制度,梳理管理流程,加强对档案实体和档案数字化信息的集成化管理。只有这样,档案工作的效率才会得到较大程度的提高,档案信息才能得到有效的利用。

5.保障数字化档案信息的存储安全

数字化档案信息的安全管理是档案信息化应用的前提条件。档案安全管理的重要性是由档案本身和档案管理的性质决定的,档案信息化建设必须充分考虑电子环境、应用系统和档案数据存储等方面的安全问题,正确处理方便、高效使用与安全管理的关系,不能因过分考虑安全而限制了档案信息的网络化传输与使用,这样将大大降低网络化应用系统的使用价值。对于数字化档案的网络化存储系统,一方面要求使用带自动备份功能的专用服务器和数据库管理系统,能够配置备份作业计划并安全执行,如光盘库、磁盘阵列、专用网络存储设备等,对备份信息能够实现数据的迁移和方便的恢复;另一方面也应同时使用安全介质备份,定期刻录(复制)备份信息,实行异地保管。

当然,数字档案的安全保障更需要建立健全管理制度和安全操作规范,实行有效的网络安全管理手段和措施,采用严格的授权管理解决方案。从档案内容的安全管理角度来说,应充分考虑以下基本的安全保障原则:

(1)密级区分原则:对保密档案信息实行物理隔离并将责任落实到人。

(2)内外区分原则:将开发档案信息与受控使用的档案信息进行区分。

(3)用户区分原则:将档案形成人员、档案管理人员和公众用户分别设立不同的使用系统和浏览数据的权限。

(4)系统区分原则:将档案馆内部使用的档案管理信息系统、电子文件归档系统、档案信息发布与利用服务、行政规范性文件管理等系统加以区分,严格控制各自的安全操作权限。

6.提供数字化档案信息的方便利用

馆藏档案数字化的一个根本目的是方便利用,如果将数字化后的图像刻录成光盘存放在库房中,与纸质档案采用同样的管理方式,那么数字化的效果就很难体现出来。只有真正将档案的数字信息放在网络环境中,提供网络化的高效服务,才能确保投资有收益。

REFERENCES 参考文献

[1]柴长俞.档案管理与信息化建设[M].南京:江苏凤凰美术出版社,2017.

[2]董巧仙.档案管理信息化[M].郑州:大象出版社,2008.

[3]郭杨.档案信息化实践与管理创新[M].长春:吉林科学技术出版社,2019.

[4]金波,张大伟.档案信息化建设[M].上海:上海教育出版社,2016.

[5]刘亚静.档案管理信息化与自动化探索[M].天津:天津科学技术出版社,2018.

[6]马仁杰,张浩,马伏秋.社会转型期档案信息化与档案信息伦理建设研究[M].上海:世界图书上海出版公司,2014.

[7]马长林,宗培岭.档案馆信息化建设探论[M].上海:上海社会科学院出版社,2006.

[8]潘连根.数字档案馆研究[M].北京:中国档案出版社,2005.

[9]四川省档案局.档案信息化建设[M].成都:四川人民出版社,2017.

[10]王辉,关曼苓,杨哲.大数据环境下档案信息化管理[M].延吉:延边大学出版社,2018.

[11]谢钊.高校档案信息化建设[M].哈尔滨:哈尔滨工程大学出版社

[12]徐华,张敏,王顺.档案信息化建设实验教程[M].

北京:北京师范大学出版社,2012.

[13]许秀.高校档案管理与信息化建设研究[M].哈尔滨:哈尔滨工业大学出版社,2019.

[14]杨公之.档案信息化建设实务[M].北京:中国档案出版社,2003.

[15]杨红.浅析档案信息化管理的发展趋势[J].兰台世界,2014.

[16]杨阳.高校档案管理信息化建设[M].长春:吉林文史出版社,2019.

[17]张姬雯.档案信息化工作实用手册[M].南京:南京师范大学出版社,2005.

[18]张静.档案信息化与开发利用研究[M].长春:吉林人民出版社,2017.

[19]张照余.档案信息化理论与实践[M].北京:中国档案出版社,2007.

[20]赵娜,韩建春,谢娟等.信息化时代的档案管理精要[M].天津:天津科学技术出版社,2018.

[21]赵屹.档案信息网络化建设[M].北京:北京图书馆出版社,2003.

[22]王雨.企业档案信息化建设理论与实践[M].延吉:延边大学出版社,2018.